MOSES AND THE VENTURE OF FAITH

MOSES AND THE VENTURE OF FAITH

by
MICHAEL BAUGHEN

MOWBRAYS
LONDON & OXFORD

ISBN 0 264 66524 4

First published in 1978 by A. R. Mowbray & Co Ltd
Saint Thomas House, Becket Street, Oxford OX2 0EG

Typeset by Getset Ltd, Eynsham, Oxford
and printed in Great Britain by
Richard Clay (The Chaucer Press) Ltd, Bungay, Suffolk

FOREWORD

There can be few churches nowadays that have never experienced the urgent need for a large sum of money. Dry-rot in the floor, leaks in the roof, or tottering of the tower can suddenly present a hard-pressed congregation with a financial crisis. Equally, the desperate need for a youth centre, or a parish room, or a public address system can face church members with a similar dilemma.

The traditional answer is an 'appeal', which usually means putting one of those wooden thermometers outside the church, organising beetle drives and football pools and sponsored swims, and generally subordinating the energies and enthusiasms of the congregation to the overriding task of pushing up the sum raised towards the target indicated. Sometimes – often – the money is raised, but at an enormous cost in energy and time and frequently a corresponding loss of spiritual enthusiasm and commitment. As a sad by-product, the church also sometimes earns a local reputation for being obsessed with money.

In this book, Michael Baughen suggests an entirely different approach – what he calls the 'venture of faith'. It demands nothing in terms of fund-raising, but everything in terms of faith. Instead of beetle drives there will be prayer; instead of thermometers outside there will be Bible studies inside the church.

If this seems a somewhat impractical approach

to the intensely practical business of raising large sums of money, let it be said that not once, but twice, when Michael Baughen has put this theory to the most daunting test it has worked. The money has been raised, every penny of it, without any 'public' appeal, and with no gimmicks, stunts or fund-raising activities. And not only has the money been raised, but the spiritual temperature of the church has been raised, too.

It may also seem rather odd to suggest that the first step for a congregation towards raising, say, twenty thousand pounds for a new roof is to study the life of Moses. Yet that *is* what Michael Baughen proposes, and this book is specifically designed to help them do it. He believes that the answer to a need in the spiritual realm is to be found in the spiritual realm, and that faith is the divinely appointed key that unlocks that answer. He discovered this principle while studying the life of Moses, and has twice shared that experience with his congregations, with remarkable results. Now he has set it down, in his own conversational style, in print. Who knows how many churches may find their whole financial situation revolutionised by studying it?

David Winter

Contents

INTRODUCTION

In the summer of 1964 we moved to Manchester as a family to take up the Rectorship of Holy Trinity, Platt Fields, Rusholme – known affectionately to most people simply as 'Platt'. The church was the only surviving example of a building made of terra cotta, and, as I was instituted, a diocesan official heartened me by saying 'I pity any man who takes on a terra cotta church'. The rectory was designed on the grand scale – for a rector with a very large family and servants. It had potential, but it stood formidable and gloomy, dark stain almost everywhere, its stained glass windows destroying the light of even a summer's day. When we had gone to look at the place the previous rector's wife had entertained us in the lounge wearing a coat and scarf – necessary before heating was installed. The congregation was a faithful nucleus numbering around a hundred on a full muster, but with warm hearts and spiritual grounding. They gave us a great welcome, with a marquee on the lawn for the induction and many expressions of love. Yet the task facing us together was daunting.

The church building stands on the edge of a park, but at that time it served a fairly typical city area with a corner shop at the end of most streets, numerous 'beer-offs', and Manchester City football ground right alongside. (Weddings have to be arranged so as not to clash with matches when City are at home – and the Prayer Meeting is carefully fixed for a different night from the midweek home match!) The old church hall, some way from the church, was in a terrible state – all right for the hard bashing it received from some of the activities that went on in it, but certainly no 'home' for a church family to meet in. The old Victorian rectory's size was an asset in coping with a lot of the church's programme.

My wife and I knew that God had called us to Platt. He had marvellously sealed it as His way. My experience over the previous years of travelling round the country on deputation had given us a country-wide outlook. The Lord put everything together for us. The one date that was possible to go and see the church and parish was the one day that Myrtle was able to travel at that point of carrying our youngest child. She had been unwell right up to the day, and then again after that day for a different reason. I was already scheduled to be in the north and the Platt Church Council was also booked to meet that evening, having changed the date several times before fixing it. There was an immediate sense of unity with the committed group of believers who were the core of the church. All signals were set to green and this was a great help to us in facing the task ahead.

That task would have been overwhelming without the Lord, but the possibilities *with* the Lord in command were limitless, both in the parish and in the University close at hand. It was in fact through the student scene that the Lord particularly helped us, but through Oxford, not Manchester University. The OICCU (Oxford Inter-Collegiate Christian Union) held a pre-terminal conference each year and they had asked me to go to the one that autumn, before their October term began, to give two Bible readings on Moses. I had accepted a long while previously and now began to regret it! Not only did it mean travelling away from Platt for a few days, but it was demanding of me a thorough piece of work on Moses that would take days to prepare – days I could ill afford at that time. I tossed over whether to ask them to let me change the theme but, mercifully, decided against doing so. With a lot of hard work before and during that pre-terminal I gave the Bible readings as requested. It was to be a turning point in my ministry for, whatever it did to the students, its main effect was upon myself.

The burning question that repeated itself over and over again as I prepared was: Did I believe in *that* God? Was the God who brought his people out of Egypt and who pulled back the waters of the Red Sea, *my* God – the God whom I worshipped through Jesus Christ now? Did I really believe in God *as God*? (It's a question I have put to many others since, regarding their faith). Was God able to do great things for us in the situation at Platt? Indeed, the more I thought about it the more it became clear, that the mark above all else of Moses' life and leadership was not that he had great *faith* in God, but that he had faith in a *great* God. Faith can be as small as a grain of mustard seed but if it is faith in a great God it can bring tremendous results in the work of his Kingdom. God invites us to believe in him in this way, in such glorious passages as Malachi 3 or Isaiah 40, or in such a record as that of Hebrews 11, with faith demonstrated in exploits and deliverances and even in what the world would call disasters. It is this dimension of faith in a great God that can open up the most formidable situations, for God is the God of the Impossible.

Moses' leadership experience was impregnated with this faith and from it leaders, and all of us, can learn lessons that are relevant in our Christian lives. Indeed, what I would call the 'Moses Principle' has transformed me, and the two churches I have worked in, since I first discovered it that autumn. As we walk in the steps of Moses now, perhaps that will be your experience too.

Part I
Moses - Man of Faith

1 THE EARLY MOULDING

What an amazing upbringing Moses had! Like Wesley centuries later, who saw himself as a brand snatched from the burning, Moses was a babe 'snatched from the bulrushes' and destined to become one of the great landmarks of history, even to be portrayed by Burt Lancaster on film thousands of years later! Yet the nurturing of this child was itself amazing. On the one hand he was to receive the finest education the world of his day could offer, being brought up in Pharaoh's household; on the other hand he was to be nurtured by a godly woman in the person of his own mother. It is one of the delights of the story that when Pharaoh's daughter needed a nurse, Moses' own mother was taken on for the job. Dick Lucas (Rector of St Helen's, Bishopsgate) once told a group of ordinands that going into the ministry was like being Moses' mother – doing the thing nearest to your heart and being paid for it! The double influence of his godly nurse-mother and the secular education of Pharaoh's household gave a unique grounding for this man who was to be a leader for God. You can see him emerging into manhood, impeccable in manners (note how he stands up and helps the daughters of the priest of Midian in Exos. 2:17), perhaps a little spoilt and yet with enormous potential within him like a caged tiger longing to burst out and make its mark on the world. But he had a lot to learn – and there are three major factors in the next stage of his moulding by God.

A sense of sin

Firstly, he had to learn a sense of sin:

> 'One day, when Moses had grown up, he went out to his people and looked on their burdens; and he saw an Egyptian beating a Hebrew, one of his people. He looked this way and that, and seeing no one he killed the Egyptian and hid him in the sand. When he went out the next day, behold, two Hebrews were struggling together; and he said to the man that did the wrong, "Why do you strike your fellow?" He answered, "Who made you a prince and a judge over us? Do you mean to kill me as you killed the Egyptian?" Then Moses was afraid, and thought, "Surely the thing is known." When Pharaoh heard of it, he sought to kill Moses.'
>
> Exos. 2.11-15

Over-confidence

Many a young man or woman is in Moses' position, particularly if they have had a fairly privileged upbringing – comfortable home, good education, perhaps university. All the potential is there but not always the maturity that goes with it. Maturity is not achieved by short cuts. It comes through the school of life and in the passing of years. Youth can be a dangerous time of over-confidence. I remember the confidence I had in my driving just after learning to drive. I disdained my mother's pleas to drive more slowly up the side drive of our house – and, of course, I hit the gate post! It can be a time of throwing off restraint, with education over – free from home, free to do just what we want and how we want. The Christian needs to be aware of this danger-area and needs frequently to remind himself that he is a sinner and that he still has a tendency to sin even if he is in Christ. Even being in the ordained ministry is no protection!

Learning the hard way

Moses learnt the lesson the hard way. As he went out to visit his own people and looked on their burdens he burned with indignation and boiled over when he saw an Egyptian beating a Hebrew. It was no place for rowdy protest marches, safely at arms length (and usually much further!) from the action. The need was there in front of him and with the casual glance to left and right that we would associate with a person feeding his parking meter and ensuring the meter warden is not looking, he killed the Egyptian and buried him deep in the sand. It seemed to Moses a neat and easy gesture and, in its way, quite satisfying – until the next day. The realisation then that the deed was known, that even his own people did not approve and that he might well have been wrong in what he did, hit him like a sledgehammer. The further realisation that Pharaoh would get to know about it set him off in the opposite direction with all speed.

The consequences could have been worse Indeed some people have darkened their whole lives by having to live with the results of hasty action, uncontrolled passion or over-confident decisions. Of course we think it cannot happen to us, but let us be warned, it can. 'There but for the grace of God, go I' should often be on the Christian's lips. When we see such great men as King David, arranging Uriah's death so that he could take Bathsheba, or Peter denying Christ, we need to pray for daily grace and to recognize that we are never other than sinners by nature. Moses learnt it with a great shock – and it profoundly influenced his life.

Who is moulding us?

How far had Moses' action been merely a replay of what he had often seen done in Pharaoh's household? His thinking and acting must have been influenced by it in spite of his mother's teaching and nurturing. Paul's words in Rom. 12:2, 'Don't let the world squeeze you into its mould,' need to be written on our bedroom or bathroom mirror, to remind us each day of the way in which the attitude of others, the standards of society, the media, the films we see, are imperceptibly moulding us. We cannot avoid most of their influence but we *can* avoid being squeezed into the same mould.

If you happen to be short-sighted like me then you may remember that you only noticed it gradually at first and tried to fool yourself for a long time that you really *could* see. Eventually when you went to the optician and tried out the lenses he placed before your eyes, you realised just how much you had been missing. The change had been slow and gradual; the lenses showed you how far the deterioration had gone! Sin's influence is just like that. Let us be alert – prevention is better than cure – and if we have been much moulded by the world let us thank God for his mercy when 'he puts his lenses in front of our eyes' and suddenly shows us just how far we have been blinded. How many young people go through these experiences and later weep their hearts out. Psalm 51 has become vividly relevant to them at such times.

The crucified 'I'

C. S. Lewis expressed it vividly when he described how coming to Christ made him examine himself 'with a seriously practical purpose' and, he said, 'there I found what appalled me: a zoo of lusts, a bedlam of ambitions, a nursery of fears, a harem of fondled hatreds. My name was Legion'.

Professor C. E. M. Joad was renowned for his part in the BBC 'Brains Trust' series at the end of the Second World War – he was a forceful atheist until the later years of his life. His conversion to Christ was over this issue of sin. He admitted that all the Utopian hopes for a new society were bound to founder because they did not take into account original sin.

The man who is to be mighty for God must get this clear. He must see himself as he really is and if he keeps close to the Cross of Christ he will see more of himself as he goes on in the Christian life. This should not push us into morbid introspection but rather, in the light of its reality, throw us more upon the Lord to seek the daily refilling of the Holy Spirit, so that the crucified 'I' is matched by the indwelling Christ – and our testimony to the end of our life will be like the aged John Newton's:

'There are two things I *can* remember: I am a great sinner and Jesus Christ is a great Saviour!'

Solitude to stop and think

Secondly, he needed solitude to stop and think:

> 'Now Moses was keeping the flock of his father-in-law, Jethro, the priest of Midian; and he led his flock to the west side of the wilderness, and came to Horeb, the mountain of God.' Exos. 3:1

Slow down!

The 'backside of the desert' is how the King James' Version depicts where Moses went. The RSV calls it 'the west side of the wilderness' – perhaps geographically correct, but nowhere near as poignant as the KJV! But whether we would want to call this 'West Side Story' or 'Backside Story', it was a place of *solitude*. That is not a commodity with which most of us are familiar. For most of us, life consists of activity, vigour, work pressure and leisure-pressure. Even a Christian can live at a great pace of activity, rushing from one meeting to another, praying here, discussing there, befriending somewhere else, speaking, arranging, attending, supporting, evangelising, and, sometimes, working! How easily all the activity can become a substitute for 'the real thing' so that when the activity is removed their very Christian life collapses too. Imperceptibly it has shifted its foundations from Christ to mere activity, and, however exciting and enjoyable that activity had been, as foundation it was sand and not rock. So anyone who is going to go on for God and become useful for God in this world needs to learn the lessons of solitude – so that he can maintain firm foundations even in the midst of much activity. The Christian certainly still needs to work for God – but never at the expense of his spiritual roots.

Blessing in the silence

For Moses, the solitude was not a matter of choice – but it still turned into a time of blessing. If God puts us into the 'backside' or allows us to be there, we need to learn not to fret about it but to use it. It may be, in God's purposes, the most important time of our life. Perhaps every prop has been removed, or some of our cherished dreams have shattered in the dust, or we are literally on our back with illness, or away in some lonely part of the world. Matthew Henry has a good word on this theme: 'Let those that think themselves buried alive, be content to shine like lamps in their sepulchres – and wait till God's time comes for setting them on a candlestick'.

Discipline of time

Yet solitude and quiet with God *can* be a matter of choice within our programming. Moses frequently went apart to be alone with the Lord in the following years. Some people laugh at the idea of discipline in any form and some Christians seem to regard discipline as somehow unspiritual. Jesus did not laugh at it – he took time to be alone as often as he could; Paul didn't laugh at it – he 'buffeted' his body, prayed constantly, and even used his enforced imprisonments to great profit. It is not a matter of law but of love – a longing to learn, and to be corrected by God, to live more worthily for him, to hunger and thirst for his word and to live with his righteousness. How we need to know him more! This is only going to be true as we get along with him and his word, and use the opportunities for worship and to learn in the body of Christ, using any opportunities we can to be alone with him.

Restoring perspective

Solitude has another great asset. As the dust of activity settles we begin to get things back into perspective, we more easily discern what is important and what is of less importance and see the course ahead more clearly. Then we can mark out the guideposts on it so that when, later, we get immersed in activity again we can still navigate on course.

It is the same in our perspective on national and world events. As the storm clouds gather in the world and Christians in many parts undergo bitter persecution and massacre we know it could happen to us, too, as followers of Christ. The storm could break with rapidity and violence. Before it and during it, we need to have learnt the secret of solitude. Remember in Ps. 46 the confidence that God is our refuge and strength – in spite of earthquakes, wars and worldwide destruction. The key to that confidence is at the end of the psalm – 'Be still and know that I am God. I am exalted among the nations, I am exalted in the earth'. Or take the situation in Ps. 73. The psalmist feels overwhelmed by the success of evil people in the world and the rough time endured by believers. He only gets his perspective restored when, in verse 17, he goes into the sanctuary of God. Then he sees everything differently and the psalm continues to the end on a magnificent note of faith and triumph. So let us learn the habit of quiet with God, so that day by day we may not see the problems and then God somewhere in the background, but rise to the day seeing God, and then seeing life's problems in his light and from his perspective.

Sensitivity to the Lord

Thirdly, Moses had to have a sensitivity to the Lord.

> 'And the angel of the Lord appeared to him in a flame of fire out of the midst of a bush; and he looked, and lo, the bush was burning, yet it was not consumed. And Moses said, "I will turn aside and see this great sight, why the bush is not burnt."' Exos. 3:2-3.

When the bush burns

The burning bush must have been quite a sight in that lonely place. It was certainly more noticeable *because* it was not in the midst of rush and bustle. Moses realised that the bush was not being consumed and he turned aside to see the great sight. *Then* God spoke.

The sensitivity that 'God is in this' grows in our life as we experience more of the way in which the Lord works. The super-spiritual person who rushes around prefacing his remarks with 'The Lord told me' needs a douche of cold water. Indeed, it is near-blasphemy to attach the Lord's name and authority to our own desires or ideas. If we really believe 'this is of the Lord' we will say so with humility and recognition that we *could* be wrong. This is where the fellowship can have a splendidly correcting and confirming effect. When, after open discussion, we can say together, 'It seems good to the Holy Spirit *and to us*' we are most likely to be on track! Sometimes when God's call or conviction burns upon our hearts in our solitude with the Lord we will be well advised to go and share it with a godly counsellor and perhaps to ask a number of close friends to make it a matter of special prayer that the Lord will confirm his word. Such was the wise advice given to me when I awoke to God's call to the ministry – the first conviction was immediate (it was during the giving of the notices in church!) but the confirming was over some six or seven months as a group of close friends made it a matter of special prayer.

Out of the rut

However, a humility of approach about God's speaking to us or directing us does not mean that we need not listen for or expect his word to us. There are some Christians who would not see two hundred bushes all burning at the same time! They gave up expecting God to guide or challenge them ages ago. They are like the people in the Australian outback where, it is said, the muddy roads dry into deep ruts and a notice is put up, 'Choose your rut carefully, you'll be in it for the next thirty miles!' They have settled into the rut – buying their house, career mapped out to retirement, bringing up the family, life fairly comfortable, involved acceptably in the local church. Of course they know that the bible speaks about our being strangers and pilgrims, but they wouldn't expect God to change the course of their life now – after all, they're in their forties!

It reminds me of a man settled in his life in a comfortable suburb of London with a good job. He was a lay reader in his church – and he had to preach from time to time. One Sunday after a sermon an elderly lady came up to him and said 'Mr. . . have you ever thought that God might want you in the ministry?' He thought it very funny – that is, until later the same day when another elderly lady, without any collusion except by the Holy Spirit, said to him 'Mr. . . have you ever thought that God might want you in the ministry?' He did not laugh this time! Instead he knelt down and said to the Lord, 'You don't want me in the ministry, do you?' The Lord did. The man obeyed, went through college in spite of having a growing family, and is now in the ministry. But, you see, it was the first time for a long while that he had said to the Lord 'Am I where you want me to be?' The two old ladies (don't despise elderly people – they are often the praying backbone of a church) were unlikely burning bushes, but he saw and turned aside . . . and *God spoke.* So keep open to the Lord all your life, make it a constant prayer, 'Am I still where you want me to be?', keep sensitive to the Spirit's prompting and leading. Expect God to be involved in your life – listen for his voice, watch for his touch. Know when 'it is the Lord'.

DISCUSSION QUESTIONS

1. Consider the ways in which you use your time, and in which your Church uses its time. Is this use disciplined and is it effective?

2. How should we (individually, or as a Church) set about deciding what is important and what is less important?

3. What tests should we apply to a proposal or scheme to discover whether 'God is in it'?

2 KNOWING GOD (Exodus 3)

Waking up

Moses is now awake and alert to hear the living God. It sometimes takes a long time for us to come to that point. It is so easy to hear the gospel, to witness to thc faith, but not until later to realise the paucity of one's Christian knowledge and experience. It is then that we begin to want to know God more deeply – longing not just to know *about* the Lord but to know him in depth and reality. It can be a time of break-through in our Christian life. The bible begins to light up with fresh significance and impact; we hunger to know more of the word; we begin to experience God speaking to us through his word. Yet it may have taken many years of Christian involvement before we really became awake and alert to hear the living God.

He knows us by name

V4 'When the Lord saw that he turned aside to see, God called to him out of the bush, "Moses, Moses".'

The first revelation of Moses is that God knows him! 'Moses, Moses . . .' Here is the God of the Universe, creator of this amazing world, speaking to this little speck of humanity *by name.* Mystery is the keynote in many people's religious thinking — and mystery can easily keep God at a distance, with the support of the mystique of ritual and religious settings. The bible shows us the living God as one who reveals himself to us personally. Jesus underlined the fact that we are known through and through. He sees Peter for what he is and what he can be. Nathaniel is amazed that Christ knows him so accurately and asks, 'How do you know me?'. Jesus understands such diverse people as the rich young ruler, the woman at the well and Nicodemus, and he knew whom he was calling as his disciples. In John 10 the picture of the Lord as shepherd incorporates the fact that 'He calls his own sheep by name'.

No veneer

To anyone called to follow the Lord and serve him, this is both an exposing truth and a comforting one. It teaches us not to fool around with the living God, to pretend we can hide aspects of our life from him or to think that any spiritual veneer we may create, and which may mislead our friends, can impress the Lord. I find spiritual veneer sickening and when one gets a dose of it somewhere it is a good antidote to turn to the Psalms and to see again the blunt openness between the psalmist and God. Let us never attempt to impress God or our friends by making ourselves out to be what we are not. The deepest Christian friendships I experience are wonderfully open. There is no pretending. It is to be so with the Lord.

Comforting

Yet the same truth is greatly comforting. It is natural to feel that we cannot cope with leadership in God's service. Jeremiah's plea, 'I do not know how to speak, I am only a youth' is echoed by us all. At the same time it throws us back upon the wisdom and power of the Lord who is calling us. He knows our weaknesses and potential better than we do ourselves. He knows our internal conflicts, our uncertainties, our strengths and our intelligence – or lack of it! Hc also promises to equip those he calls. I find this enormously strengthening as I often shudder at the weight of responsibility in the ministry. What am I, fragile and inadequate, doing in such a work? The rock-certain answer is, 'Because God has called' and he knows the sort of material I am. Knowing God, then, begins by realising he knows us – completely.

Our God is holy

V4-5 'And Moses said "Here am I". Then God said "Do not come near; put off your shoes from your feet, for the place on which you are standing is holy ground."'

Next, Moses has to learn about the holiness of God. His casual answer, 'Here am I' is rapidly followed by his shoes being taken off and his being afraid. He is in the presence of the living God. It is surprisingly easy to treat God in a casual fashion. We can turn up late to worship him because (though we would never express it in such a way) we think our time is more important than his. We can approach worship without thought, care or preparation and arrive at church as if we were turning up to a football match or a cinema. We can dream our way through a service (just as we can in our times alone with God) and we can let our minds dwell on everything else except the Lord and his word. We can make vows to God in times of spiritual peak – at some convention or house-party or rally – and not keep them.

In his service the reality of his holiness dawns slowly. We are a leader of a church organization, on the executive of our Christian Union, teaching a Sunday school class, and only gradually do we wake up to the fact that this is a task being done for the Lord, that we are working and speaking in his name and that we are serving as part of his body.

This realisation burns hard into the preacher's heart. When I was first ordained I was quite sincere about preaching but did not give it the major preparation it required. The more I have gone on in the ministry the more time I have needed for preparing for preaching as I have come increasingly to feel the enormous responsibility of handling the word of God and of seeking to teach and expound it to others. The paradox of preaching is that one has both the joy and privilege of it as well as the burden and fear of it. In the sending out of the seventy in Luke 10, Jesus says these heart-stopping words as they go out in his name: 'He who hears you hears me and he who rejects you rejects me'. So all that we do in his service needs to be done conscious of the one for whom we are working and speaking. We bear the divine coat of arms and the words 'By appointment to the Lord'. The boldness which is our privilege in entering into the holiest is matched by the exhortation 'Let us offer to God acceptable worship, with reverence and awe'. Our God is holy.

Our God is great

V6 'God said "I am the God of your father, the God of Abraham, the God of Isaac, and the God of Jacob".'

The greatness of God now begins to dawn on Moses. 'I am the God of your father, . . . the God of Abraham, Isaac, Jacob . . .' This was no small territorially-confined God but the God of history. Open your eyes Moses, realise how God's purposes have been working out. He is God over all.

This is equally true for all of us living thousands of years later, with history stretched out behind us in a great panorama, and over it all is our God. We can trace the way in which God's purposes have been worked out in spite of all the attacks of the enemy. The person called to serve the Lord needs to grasp this truth of God's greatness firmly, for he is going to be called to trust beyond human reasoning, to launch out and dare for God, to face impossible situations without flinching. In order to do that when the test comes the lesson needs to be learnt in the calmness of God's schoolroom.

We are involved in God's work

V7 'Then the lord said . . .'

The Lord now emphasises this truth in a different way. What Moses is being called to do is *within the divine plan and purpose.* Moses is not being asked to start a work in his own strength or as his own idea but instead is being called by God and will be equipped by him. Moses is to be the channel, the servant, the tool, the agent, but not the director. The emphasis in verses 7-10 is entirely in that direction: 'I have seen . . . I have heard their cry . . . I know their sufferings . . . I have come down . . . I will bring them up . . . I will send you'. There is no doubt who is in control! So the fundamental question before any servant of God, any church council or committee, any student Christian executive is, 'Lord, what is your plan and purpose, and how can we fulfil it?'. It is the question we must put time and time again to the Lord – but we must be prepared to obey and follow when he makes his way plain. It is easy to have all sorts of ideas to stimulate and carry forward a piece of work for God but it is all wasted effort if it is not in God's timing and purpose. I wanted to start a men's group at Platt for years but could never get the seal that it was right in God's plan. Then the time came when a leader was available, a recently converted man, who could bring freshness and vigour to the work among other men. God confirmed the moment to start the group and gave it great fruitfulness. As Proverbs 19:21 says, 'Many are the plans in the mind of a man, but it is the purpose of the Lord that will be established'.

He is in control

V11 'But Moses said to God "Who am I that I should go to Pharaoh . . ."'

Yet this fact of our being involved in God's work is immensely comforting! The ultimate responsibility is the Lord's. As he is the head, he is also the source of strength and power. The plaintive, 'Who am I that I should go to Pharaoh and bring the sons of Israel out of Egypt?' sounds rather feeble after the Lord's revelation of his purposes, but it is natural! It is also preferable to thinking 'I can easily cope with that piece of work for God'. There was a preacher who, responding to an invitation to speak in the USA, replied, 'Pray that I might be nothing'. He received the answer, 'You *are* nothing, but we still want you to come!'.

The straight answer to Moses' question 'Who am I?' could have been devastating. God's answer is, instead, in terms of the divine guarantee: 'Certainly I will be with you'. That is really all that matters. It is the guarantee given by God at moments of stepping out in his service – to Isaac, Joseph, Joshua, Gideon, Saul, Isaiah, Jeremiah – and it is the guarantee given to every follower of Jesus Christ in Matt. 28:19-20: 'Go and make disciples of all nations . . . and lo I am with you always to the end of the age'. That verse is often mis-used as though it spoke of comfort. Instead, it is a guarantee given to all who are prepared to be involved in the Lord's work. It is the guarantee which has, on the other side of the coin, the words, 'Without me you can do nothing'. Take God from Moses and Moses is nothing. Take God from us and we are nothing. Yet with God and in him we are sealed by the I AM – the unchanging, all-powerful, gracious, covenant-loving, eternal God.

DISCUSSION QUESTIONS

1. How does the fact that God knows us (that is understands us perfectly) affect our attitude to Christian service?

2. What are the advantages – and what is the cost – of being 'open' to God and to others?

3. What factors determine whether a Christian project fails or succeeds and how do they affect our approach to it?

3 FROM THEORY TO PRACTICE

Tension of faith

No one would make out that learning to walk by faith is easy. An honest and delightful expression of the very real tension that exists between the faith-path and the sight-path is given to us in the journey made by Ezra in Ezra 8:21-22. He proclaims a fast – a call to prayer and an expression of dependence upon God for, he says, 'I was ashamed to ask the king for a band of soldiers and horsemen to protect us against the enemy on the way; since we had told the king "The hand of our God is for good upon all that seek him".' One part of him wanted the army; the other part looked to God, though trembling. The Lord's honour was involved and so Ezra stepped out in faith. How much blessing is missed by some Christians and some Churches because they will not launch out with God, but calculate resources and limit action to the knowable and seeable! How often God is dishonoured as a result!

Excuses, poised on the brink

Exos. 4:1 'Then Moses answered, "But behold they will not believe me . . ."'

God matched Moses' continuing excuses with his provision and answer. 'They will not believe me'

Moses protested. So the Lord provided an authenticating sign, as later he used signs to authenticate the messiahship of Jesus and the apostleship of the twelve. 'I am not eloquent' Moses protested. So God appointed Aaron as Moses' mouthpiece, though in the event Moses did pretty well as a speaker once he gets going! God is in control and when he calls he equips and prepares the way. As Moses learns this he finds his faith being even more severely tested. Pharaoh's heart is hardened, the Hebrews have to produce bricks without straw and Moses cries out (Exos. 5:22), 'Why didst thou ever send me?' God replies, 'Now you shall see what I will do . . . I am the Lord.' In the midst of a situation that would have made most people give up or wonder what was going to happen next, the Lord was going to manifest his glory. So impossible would the situation become that it would be clear to everyone that the deliverance from Egypt was by the Lord alone – no other explanation would be possible. The servant of God has to trust the overall purposes of God. God's purpose in a situation or series of events can be so much more than we can see in our natural desire for things to get sorted out as quickly as possible.

Impossible!

Exos. 14:9 'The Egyptians pursued them . . .'

If the delivery from Egypt had seemed to become increasingly impossible the situation at the Red Sea appeared impossible from the start. With the waters stretching out ahead, the rocks and forts barring the side exits and the Egyptian army rapidly approaching from the rear there seemed no way out. Yet God had brought them there and Moses' schooling in faith is now gloriously demonstrated in practice. He has no practical answer to give the people. He is unable to say how the situation can be solved. But he believes the Lord will somehow deliver them. It was Hudson Taylor who said that there are three stages in any work for God: 'Impossible, difficult, done!' It was Brother Andrew who said we should leave the possible things to unbelievers and tackle the impossible things as believers. George Muller is well known for his great work among orphan children but it is not so well known that he began that work first and foremost as a way of proving God in a work of faith. So when we meet impossible situations in our personal Christian life, in our corporate Christian activity or in our church community, let us thank God that he has allowed us to come to this point. It is going to be a time of proving him as the God able to save and deliver – the God of the Impossible!

Reaction

Exos. 14:10 'And the people of Israel cried out to the Lord, and they said to Moses "Is it because there are no graves in Egypt that you have taken us away to die in the wilderness? What have you done to us, in bringing us out of Egypt?"'

Of course, Moses did not carry everyone with him in his stand of faith. He faced expressions of fear in the people that turned into personal attacks upon him as the leader. One price of leadership is having to receive opposition and criticism. Very often it is, as here by the Red Sea, not so much a personal attack as an expression of a person's frustration, fear or inadequacy – and a Christian leader is deemed a good target upon which to unleash one's feelings, because he ought to be Christian enough not to answer back! If we are sensitive people we can find this sort of personal attack difficult to bear, even if we understand what is causing it in the criticiser. We may feel like giving up and at such a moment we are completely exposed to the attacks of our far more deadly enemy.

No Fear

Exos. 14:13 'And Moses said to the people "Fear not, stand firm, and see the salvation of the Lord, which he will work for you today; for the Egyptians whom you see today, you shall never see again. The Lord will fight for you and you have only to be still."

Moses' reaction is splendid. Firstly, he puts his finger on the cause of their panic – 'Fear not'. Only a man who could look beyond the circumstances to the living God could have said those words in that situation! It was the same centuries later with Paul in the storm-buffeted boat on the Mediterranean Sea – all cargo overboard, the ship undergirded, all hope of being saved completely gone. Paul came on deck and said 'Take heart, men, for I believe it will be exactly as God has told me'. Fear grips us when the earthly circumstances fill our vision.

A Chinese speaker used to advise us on how to worry over our fears. Don't worry at night, he said, because you will lose sleep and get tired; don't worry at mealtimes or you will get indigestion; don't worry while working or it will affect the standard of your work. Instead, choose a time to worry, and at the appointed time go and be alone, with your bible open and in a spirit of prayer. Then, he said, you will find your worry has disappeared! That is the Red Sea situation put into the practical day-to-day terms of Christian living – and it is the same principle: look at God first, not the circumstances.

Don't panic!

'Stand firm' is the next command. There was nowhere to run to, in any case, but if we let fear swamp us we can spend a great deal of time running round in circles. Yet the fibre of this command is the fibre of faith that God *must* deliver and that it *must* be 'today'. It had to be – there was no alternative!

How was God going to deliver them? They still did not know but somehow he would. Their part at this moment was to *be still* – to express in that simple way their faith in God. The Hebrew word used here has the idea of ploughing and suggests a deliberate and purposeful act of quelling fear and sealing it away with peaceful trust, not waiting for the right emotion but deliberately fostering a trusting attitude of mind. As Isaiah was to say in later centuries, 'You will keep him in perfect peace whose *mind* is stayed on you'. God invites us to cast our burdens upon him – and that means letting them go and not holding on, even after we have prayed about them. His peace is possible in the middle of the most impossible crises.

Go forward

Exos. 14:15-16 'The Lord said to Moses, "Why do you cry to me? Tell the people of Israel to go forward. Lift up your rod, and stretch out your hand over the sea and divide it, that the people of Israel may go on dry ground through the sea."'

Impressive though Moses' stand is at this point, he has a new lesson to learn about faith. Standing still may be an expression of trust but going forward *into* the impossible is a greater one! Let us be clear, however, that we do not walk into the impossible just because we choose to do so and then expect God to deliver us. It is only when we can do no other, when every door is shut and road closed, as when Paul found himself forbidden by the Spirit to go in various directions and found himself on the sea coast of Troas, to be called across the sea into Europe.

In the faith-project at All Souls we found ourselves facing the fastest national rate of inflation in our lifetime, rocketing at a speed of 25% a year, so that the estimated costs were leaping up every month. As this was in terms of hundreds of thousands of pounds, we had to ask ourselves whether we should go on. But God had so sealed his purpose in our hearts that though we could not see how we could get through we could do no other but go forward. We could not deny the call and leading of God by retreating. In the Lord's amazing power and grace he brought us through free of debt, to his glory. We saw the *impossible* become *difficult* and then *done*. God told Moses that through the great deliverance about to take place at the Red Sea, 'the Egyptians shall know that I am the Lord'. In ventures achieved by man's effort, man is glorified; in ventures of faith where God leads us into and through the impossible *he* is glorified.

My God

Exos. 15:1 'Then Moses and the people of Israel sang this song to the Lord . . .'

So the waters parted and the people of Israel crossed over on dry land, the Egyptians were confounded and the impossible had happened! It was a time for praising and they had a great time 'down by the Waterside' with Moses and the people praising God for his triumph. How quickly the crowd turned from grumbling and fear to praising and thanksgiving! The song of praise speaks of God as the God of history but clearly rejoices in him in personal terms: 'This is my God'. Ventures of faith sort us out. Secondhand faith, merely cerebral trust in God, arms-length relationship with the Lord, is exposed when we have to trust the Lord in real and practical terms whether in crossing the bed of the Red Sea, in sacrificial giving in a building project, or facing a challenge in our lives. Our faith has to become first-hand, something to be acted upon as well as held in mind. It so often brings people out of the shadows of Christian faith into its glorious sunlight. From the heart they can praise God for his greatness, a God majestic in holiness, for they have seen him act in power before their very eyes.

Covenant love

The climax of the praising is in verse 13: 'Thou hast led in your steadfast love the people whom you have redeemed'. This is the root of their relationship with the Lord. The Hebrew word *Hesed* is one of the most precious words of the Old Testament – translated as 'mercy' in KJV, as 'steadfast love' in the RSV, but perhaps most precisely expressed as 'covenant love'. It is the unchanging and committed love of the Lord for his people, sealed in covenants several times in the Old Testament and sealed for us in the new covenant of Christ's blood shed for us. It is the covenant-love on which the psalmist rests and to which he refers more than a hundred times; it is the covenant love for which God pleads through Hosea (Hosea 6:6) in place of empty sacrifices; it is the covenant-love on which the prophets rest their faith in the heart-turmoil of the exile. 'Give thanks to the Lord for he is good and his steadfast love endures for ever.'

The party is over

Exos. 15:22 'They went three days in the

wilderness and found no water . . . and the people murmured.'

Eventually the praising and rejoicing came to an end. Miriam packed her timbrel and the Israelites set off on the next stage of the journey. You would hardly think there would ever be any doubt again. The progress of the people of God would surely be now one of firm faith and delight. Not a bit of it! Three days without water and they were grumbling once again! How human – yes, but tragically how true, even of the people of God. The big-scale ventures of faith are often followed by trouble in relatively insignificant things. As Moses found this out, so later would Joshua and Nehemiah – and Paul. God allowed them an immediate solution to the problem with the water but in fact he had already made an ample provision of twelve springs and seventy palm trees at Elim, a little further on. He knew they needed water and he had a much better answer than the temporary sweetening of the waters of Marah. If only they had trusted him they would have arrived there sooner. Were they rebuked in heart at their faithlessness? It seems doubtful, for on the next stage of the journey they faced hunger and started grumbling yet again (and longing for the fleshpots of Egypt).

Working it out in practice

Faith in God in the middle of practical 'down-to-earth' day-to-day problems takes a lot of learning. At a houseparty in Austria we had spent the evenings studying the later part of Isaiah, from Chapter 40 onwards. It was not just the awesome cffcct of thosc passages we studied then but also the setting of the houseparty in the majesty of the mountains that had thrilled our hearts. By day and night the majesty of God was brought home to us. On the last night the inward glow of faith in such a God was sobered by the remark 'Will God now test us to see if we really *do* believe in him as a great God?'

He did – allowing it to be in very practical terms. First there was disappointment to discover that the final morning reserved for shopping was a wash-out, as all the shops were closed for a holy day. Then the hotel lunch was so late that there was barely enough time for the coach to get down the mountain side to catch the train at Innsbruck station. The coach roared off at speed, only to turn a corner and find a brand new barrier across the road saying 'Road Closed'. Those who were already in quite a state about the time, despaired at this sight. The coach driver got out, threw the sign on to the side of the road and roared on! At Innsbruck station the train pulled in – very full and no reserved coach for the party. More cries of frustration! But the reserved coach was already in the sidings and was shunted on. At Calais one of the girls collapsed in the customs shed – it was caused by a horse-fly bite back in Austria. She had to be carried on to the boat and was put in the captain's cabin. The Medical Officer of Health for Folkestone was radioed and asked to meet the boat there. Then the party missed the train to London. Myrtle and I had missed all the adventure because we were motoring back, but when the letters came a few days later it was clear who had learnt the lessons of faith and applied them! Some started 'You will have heard of the dreadful journey we had coming back from Austria . . .' and others began 'You will have heard of the wonderful way the Lord provided for us on the journey back from Austria'. The same journey viewed in very different ways! While some had been panicking at Innsbruck station, others had been cheerfully distributing German tracts. When some had been all worked up on the voyage across the English Channel, others had a prayer meeting on the deck and by the time the boat arrived in Folkestone the girl was perfectly well and the Medical Officer of Health went back to his office.

With Moses we have to learn in theory *and* practice that God is able to save, deliver, lead and provide. We have to prove God for ourselves. A diet of paperbacks telling us of the faith of others is no use unless we begin to walk by faith in the same God. Our first steps of faith may be faltering but if they are truly in faith we shall find the Lord meeting us, for it is not great faith in God that is required, but faith in a great God.

DISCUSSION QUESTIONS

1. How should we react to criticism (especially from within the Church) of a faith project and its leaders?

2. In what circumstances can we attempt an 'impossible' project confident that God will bring it about?

3. How can we make our faith practical as well as theoretical?

4. Can the group find examples in their own everyday experiences?

Part II
Moses - Man of Prayer

Effective leadership for the Lord seems always to have three basic ingredients: faith, prayer and faithfulness (usually expressed in terms of hard work). One such leader in modern times was Lt. Gen. Sir William Dobbie, who was governor of Malta in the Second World War. A secular newspaper wrote this in his obituary: 'His great personal courage, which he demonstrated by active leadership in rescue work during the raids on Malta, was harnessed to a passionate belief in the power of prayer. He read the Bible daily. He never deviated from the belief that divine mediation saved Malta. He deprecated the theory, advanced by most, that his own conduct and bearing, by inspiring others, had played no small part. He preferred to regard himself as an instrument.' Take away the Second World War setting and the tribute would equally apply to Moses and to thousands of other leaders for God down through the centuries. Certainly the link between the frail human being called Moses and the mighty man of God called Moses is the link of prayer – he had learnt how to come to the Lord in all circumstances. The walk of faith is impossible without a life of prayer.

1 PREVAILING PRAYER

> 'Then came Amalek and fought with Israel at Rephidim. And Moses said to Joshua, "Choose for us men, and go out, fight with Amalek; tomorrow I will stand on the top of the hill with the rod of God in my hand." So Joshua did as Moses told him, and fought with Amalek; and Moses, Aaron, and Hur went up to the top of the hill. Whenever Moses held up his hand, Israel prevailed; and whenever he lowered his hand, Amalek prevailed. But Moses' hands grew weary; so they took a stone and put it under him, and he sat upon it, and Aaron and Hur held up his hands, one on one side, and the other on the other side; so his hands were steady until the going down of the sun. And Joshua mowed down Amalek and his people with the edge of the sword.' (Exos. 17:8-13)

After the Lord's intervention to deliver them from Egypt and then to provide for them in the wilderness, there comes now a challenge – a direct attack to stop them from advancing on God's course. The lessons to be learnt here will apply in many spheres of Christian activity where the opposition of the devil is open and flagrant.

Prayer is no substitute for action

If you retreat to pray it may appear to be a highly

'spiritual' response, whereas really it is a comfortable way out of actually being involved in the battle. If however you plunge into the battle without prayer and so without dependence on the Lord, you are heading for defeat. There is at Rephidim a clear sharing of the fighting and the praying as a team. The younger men are more fit for the hand-to-hand fighting and the older people take the burden of prayer – and take it seriously. This is often the pattern in a church family where, though all will be involved in prayer and action, the younger will take more of the heat of the action and the older more of the responsibility to pray. It might also be argued that deepening levels of realistic prayer go hand in hand with deepening Christian maturity, and so Moses, Aaron and Hur take on themselves this great responsibility.

Rod in hand

Moses took the rod of God in his hand. It symbolized the deliverance from Egypt and was therefore a wordless sign – speaking of the power of the Lord and reminding everyone who saw it of the victories God had already achieved for them. Prevailing prayer has to begin in this way. It has to lay hold of the fact that we are on the Lord's side and that he is the God of victory. Today, as we come in prayer to him, we have the whole epic of biblical history from which to draw our demonstrations of the Lord's victory. That includes Egypt and the Red Sea, but supremely it includes the Cross of Jesus Christ, his resurrection from the dead, his pouring out of the Holy Spirit, his transforming of eleven timid disciples into great apostles, his building of his kingdom, his bringing of millions into the fellowship of his Son. This is our God – the God to whom we come in prayer.

On top of the hill

Why on top of the hill? Was it to encourage those fighting in the valley? There was a time when I would have dismissed such an idea and would have insisted that prayer is to bring results, not to encourage Christians. Yet I see now just what an encouragement it *can* be to know that others are supporting you in real prayer. I returned after many years to visit a church where I had served a mere two years as a curate and an elderly lady took me by the hand and said 'I pray for you every day'. I was deeply moved and greatly encouraged. So it is with missionaries – each one feels the need of constant support through prayer, so when they are home on leave they are encouraged by the people who so clearly support them in that way.

There is another reason for standing on top of the hill. You have a marvellous view. Moses would have been able to follow the course of the battle in detail and to see it more effectively than those actually involved down in the valley. It is this which enables him to pray with accuracy and detail. There is little value in such generalities as 'Lord, bless those in the battle' but here is the opportunity for the prayer that sees Joshua's particular need, the needs of the group commanders, the section most under pressure at any given moment, any weakness in the line and any mistaken strategy. Prevailing or 'battle' prayer needs to be informed. This is why it is often people closely involved in the work who will carry the prayer burden.

It is noteworthy that when Jesus wants to stimulate prayer for more labourers to be sent into the harvest field he asks the disciples to pray . . . the people already involved in that labouring. After all, they will see the need most of all.

This is why it is much easier for a church family to pray with most reality for the matters affecting its life, its witness and the needs of its area – because these matters are already on the heart and in the mind. It is not so easy to pray with such realism for people serving in other spheres (for instance, in open clubwork, in community service, in welfare work) nor for people serving in other countries of the world to which we have never gone. Endless pictures and descriptions can only get us part of the way – there is nothing like first-hand experience.

I felt that when I first went out to the Holy Land. I had seen so many films and slides, but they had only conveyed a fragment of what it was really like. You need to walk and smell as well as see and hear! What does this imply as far as 'missionary prayer' is concerned? I believe it means that those who have been to or served in a particular part of the world will need to carry the main burden of prayer. So in these days of world travel it is a good idea to encourage Christians to see more of the world and to welcome the ways in which enterprising missionary organisations are prepared to send out young people even for a few months' service. Others take the opportunity to take part of their academic training in another area of the world – or to use the openings provided by Voluntary Service Overseas. All this will bring more realistic prayer support as well as offers of longer overseas service.

Keeping informed

Not everybody can travel like that and it would be wrong to conclude that therefore they cannot pray. They will, however, need to be very well informed indeed. Would it not be better for missionaries to have a band of special prayer supporters – perhaps only 10 in number – who would give Number One priority to that missionary in prayer. They will read everything they can about that country and learn all they can about the situation. The missionary will keep them informed frequently by letter or cassette so that they can pray specifically for the details of the battle. It is not practicable for a praying Christian to be informed and involved at this level with all sorts of different countries and different missionaries. Many missionary prayer letters come through the post. Are they really read and used as the missionary hopes?

Of course, this selectivity cannot apply to the church family as a whole. They have a responsibility to support *all* their missionaries in prayer and if they have a lot of people serving abroad or here in this country they will have to do their best to keep informed and faithful. The more responsible prayer is going to be in groups and in the church to which I belong each of our fellowship groups has an adopted missionary – and as a group they seek to keep well informed and realistically praying for that one person or family. It becomes obvious when we are praying as a total church family, for the really informed prayers for specific missionaries come from people who belong to their supporting group.

Direct gearing

'Whenever Moses lifted up his hands, Israel prevailed; whenever Moses lowered his hands Amalek prevailed'. This is a crucial moment in the pilgrimage of God's people and they are taught a lesson about prayer in clear-cut and visual terms. Prayer and the resultant blessing are going to be directly geared together. It is not that prayer will always be answered like this, but experiences of this kind so strengthen one's belief in the power of prayer that you can never be the same again and the experience is recalled to mind in later times when the answer is neither immediate nor clearly visible. It seems that the Lord allows this direct 'gearing' to happen particularly at moments when the people of God need encouragement to step out in fresh faith.

In a church where I served as a curate, Reigate Parish Church in Surrey, we were learning a great deal about praying together. One Monday morning I asked my vicar, Peter Baker, whether he would be happy if I preached on healing on the coming Sunday evening. I explained the line I wanted to take and he happily agreed. On the Wednesday he was suddenly taken ill with a burst duodenal ulcer and rushed into hospital. He was seriously ill and the internal bleeding could not be stopped. The prayer gathering was that very evening and with great love the church brought him to the Lord in prayer. The bleeding stopped at that very time.

Then on the Friday the small son of Jimmy Liddon, a clergyman working for the Church Pastoral Aid Society and living in the parish, was rushed into hospital with meningitis. Jimmy asked me to go and anoint the child with oil early on the Sunday morning and this I did. The child remained absolutely motionless, seemingly on the brink between life and death.

So by the time I reached the pulpit on Sunday evening a lot had happened on the matter of illness and healing since the Monday morning! After the sermon we had an extended time of prayer as a congregation – mostly in silence, there in the church. It was at that very time that the Lord chose to restore that little boy (he is now a man!). Why was the blessing so directly geared to the prayer – for much healing prayer does not see things happen like that? I believe the answer is that the church family needed to be especially and particularly encouraged to lay hold of the priority of prayer. The whole incident was a mighty boost to the prayer life of the church.

In Platt, Manchester, the Lord encouraged us in similar ways and first of all at a moment when we were venturing forward at the start of a faith-project. The new curate, Robert Warren, came as a bachelor as we did not have a curate's house. He did not last long in the single state and when Ann came on the scene and marriage was imminent we had to get a house. A highly suitable one became available in the same road as the church – but we were not able to act and so it was sold.

Eventually we were sure it was right to go ahead with getting a house and so I rang up the estate agent. 'Funny you should have rung this morning,' he said, 'for that house in Platt Lane has just this minute been put back on the market – the purchaser could not get a mortgage.' Clearly the Lord had kept the house for us until the day he felt we could proceed! We immediately went ahead with the usual surveyor's report and a building society was prepared to give the church a mortgage. We had almost no funds except for a small amount put aside during the time when we had had no curate. The agent rang and said 'You must sort this out today." We needed another £100 for the deposit.

The three of us on the staff were going to a quiet morning at a neighbouring church. We talked it all over in the car and on our return went into my study and just laid it all before the Lord – simply that we believed it to be his choice of house and we needed £100 deposit that day.

It was later in the day, after tea, that my wife, Myrtle, suddenly said 'Oh, I forgot to tell you. Something quite unusual happened this morning. Miss . . . came to the door (actually it had been while we were praying) and as soon as I opened the door she blurted out 'I want the church to have my Defence Bonds and to have them *immediately*.' 'Oh, yes,' I said, 'and how much are they worth?!'

'£105!' Yet when we came to cash them we found that they had not run the full term, so there would be a deduction. Yes – £5!

The house became the curate's house but the result was far more profound. God was going to lead us out into ventures of faith over building for him which would mean tens of thousands of pounds. That incident of the £100 was a keystone to our going forward.

The Lord encouraged us several times in similar ways as we went forward in Manchester. He also allowed a similar seal of encouragement as our ministry ended there and we were about to move to London. Our penultimate Sunday was the annual Gift Day. We had set the target in exact figures because we knew precisely the cost of the items it was to cover. £2,325 was the target and it was agreed that the Parochial Church Council would meet on the Wednesday to decide action in the light of the amount given. The Sunday night saw far too much happening in people's lives for us to worry about the Gift Day total. So it was not ready for announcement until after everyone had gone home. It was, in fact, somewhat short of the target – but only one or two people knew. Money came in through the Monday and Tuesday. At 5.30 p.m. on Wednesday we went across to the Hall for a PCC farewell reception. The total was £2,321 – just £4 short of the target! We were grateful, but surprised.

When we returned to the rectory for the council meeting there was a white envelope in the letter box, and in the envelope four £1 notes! It transpired later that these were from a student who had been away for the weekend and, suddenly remembering that he had not given, had got on his bicycle and ridden to the rectory to deliver his gift. As we began the council meeting the target had been reached *exactly* – £2,325. The council sat in awe of the Living God, who at this moment of changing ministers was so clearly encouraging the church by this 'directly geared' answer to prayer.

In the All Souls Building Project we saw similar incidents of deep encouragement from the Lord at various stages. One obstructive local official who was causing us a great deal of trouble was made a specific subject of prayer one evening. He was promoted out of the district the very next day! Yet it is just this sort of 'geared' answer that encourages persistence in prayer when the answer is *not* seen and which encouraged us in that same project to pray persistently for one major aspect of the scheme for two and a half years and to see the answer given just one day before the final deadline! If we want all answers to prayer at once we are going to be sadly disillusioned and disappointed. If we use such geared answers as stimulus for persistent prayer we have learnt the lesson God has graciously given. Moses learnt it.

Holding up his hand

The raising of the arms level with one's sides and with palms upturned was the attitude of prayer. The Hebrew word used here is, however, also used for exalting and praising. There is the implication that sustained prayer will need to have an element of praise about it. Paul indicates the same idea in Colossians 4:2, 'Continue steadfastly in prayer, being watchful in it with thanksgiving'. The work of prayer needs to begin with a time of praise, needs to be infused with the spirit of praise and ought to send us on our way afterwards with expectant praise. A prayer gathering that only asks is going to seize up after a while. Long periods of corporate prayer – such as a three-hours of prayer, a day of prayer, a night of prayer – can be wonderful times if they have the balance of the Word, thanksgiving, praise and serious, practical petition.

The Hebrew word for 'let down' also has another meaning – 'rest, sleep, satisfaction'. As the disciples discovered in the Garden of Gethsemane it is much easier to sleep than to pray. Prayer is work. It can be also a joy, a blessing, a great experience, but it *is* work. Sometimes people say, 'I'm not going to the prayer gathering. I don't enjoy it.' If all Christian activity is judged by the enjoyment it gives us we are certainly well off course. We need to be committed to the prayer gathering whether we like it or not. It is vital to the life and health of the Christian community and its witness. Knock out the prayer gathering and you might as well shut down all other activity in the name of Christ.

Let me be clear. I am *not* saying that praying together (or alone) is a hard duty. It is – or ought to be – a great joy, a time not to be missed, the vibrant hub of the church family's life. But this joy is not the main purpose. It is a bonus. If it is not there it does not matter. We have come first and foremost to do business with the living God in prayer. It will require our concentration, our agreement with others leading us in prayer, our heart-longing for the Lord's answer to the prayers being offered and a deep awe at the privilege of prayer.

Prevailed

When Moses prayed, Israel prevailed. The word means 'given strength, or increasing in strength'. How does this work out? Is it in some general influence upon the forces locked in battle, or is it worked out in specific terms of each fighting man being strengthened and assisted in the battle? I think the latter is probably right.

Apply this to the local church situation. Is prayer for God's grace and strength in the battle in general terms, or is it worked out in each member of the body being strengthened in witness and service and growth? Surely the latter. Paul seems to indicate the same truth in his prayer in Ephesians 3:16: 'That he may grant you to be strengthened with might through his Spirit in the inner man', and in his testimony in Phil. 4:13: 'I can do all things in him who strengthens me.' I suggest then that if you are a member of a local church you should pray for the strength of the Lord to flow through each member, recognizing that the greatest witness in the neighbourhood will come from ordinary Christians living in the grace and strength of the Lord. Some members of the body are weaker than others and need special prayer: others appear to be quite adequate already – but they need prayer, too!

We expect the first part of verse 11 – Moses prays, Israel prevails. It is the second part of the verse that hits us unexpectedly. When Moses lowered his hand, Amalek prevailed. Is that right? Should it not read instead 'When Moses lowered his hand, Israel did not prevail'? That would seem to be fair and understandable. But no – it says Amalek *prevailed*, was strengthened. How slow we often are to realise the power of the enemy. How naive we are to think he will stand still if we do. When we expose ourselves in the weakness that comes from prayerlessness – whether as individuals or as a church – we expose ourselves to the *advance* of the enemy. Prayer holds the enemy and pushes him back. I think one of the greatest surprises we will have in heaven will be to look back and see the strength of the enemy in the fight here and realise how seriously we underestimated him. 'We wrestle,' says Paul, 'against the spiritual hosts of wickedness'.

Yet to look at some churches or fellowships you would never get that impression. They can argue and fall out over trivia; can offend one another by pettiness; can act without vision; and seem to go about their activities as if they were simply a human organisation dealing with merely earthly concerns. I long to go into some churches and shout: 'There's a war on!' We are in a battle and if we do not wake up to the issues involved and begin to fight realistically with the spiritual weapons of our warfare we cannot prevail – but the enemy *will*. The truth depicted graphically in the fight with Amalek needs grasping by us all.

So his hands were steady

Prevailing prayer can be very tiring. There are some

people who seem particularly gifted for long periods of prevailing prayer alone. Sometimes we are called to times of special prayer in our lives as we face a particular challenge and we are given special resources by the Holy Spirit for prevailing prayer. We read of such burdens driving people to special prayer in the pages of Christian biography. We learn it in our own lives. Yet on the whole it seems more likely that prevailing prayer will be in groups. It is so here. Moses needs the support of Aaron and Hur. They are three gathered together, even if the main burden is on Moses.

When Jesus gave the model prayer he taught us to begin 'OUR Father'. In Matt. 18 he says 'If two of you agree on earth about anything they ask, it will be done for them by my Father in heaven. For where two or three are gathered in my name, there am I in the midst of them.' Praying together gives a corporate strength and encouragement. Often one member of the group approaches the prayer need from one angle and another from a different and fresh aspect. We help one another in covering the subject as well as in the actual fellowship of praying together.

A few years ago I undertook an inquiry with a group of splendid Christian laymen concerning their prayer life. They all preserved times of being alone with God each day in personal devotional prayer and commitment, but not one of them had any regular intercession for wider concerns – it was almost totally absent except at the prayer gathering of the church, where they took a leading part. It would have been easy to be critical of them, but on reflection it seemed right that they should come *together* for this time of intercession. It means that the prayer gathering of the church fellowship has to be planned and prepared with great care and it may mean overhauling the whole of the church's programme so that the prayer gathering really is central and is really given priority by the whole group.

Often when we are praying for someone in special need at the All Souls prayer gathering we picture ourselves as the four men bringing their friend on a stretcher to Jesus. We may be a couple of hundred people but together we bring this person or this need. There can be a real group identification with the subject of our prayers – particularly when the person or need is known to most members of the group in a direct way. Take Acts 12:5 when the church was praying for Peter in prison. It must have been quite a prayer gathering and we are told that 'earnest' prayer was made to God for him. The word used in the Greek has the sense of laying hands on someone or stretching out the hands to them. Again this is a vivid picture of identification. The praying fellowship reaches out in prayer and identifies with the one for whom they are praying. There is a deep oneness and closeness, grounded in real love.

Earnestness does not imply a quavering voice or some very emotional stream of words, but reality and sincerity. Elijah is described in James 5:17 as one who prayed fervently. The Greek there is literally 'With prayer he prayed'. It does not mean some flowery voice-raising but rather absolute frankness and sincerity – meaning business with God. The reality of such a prayer gathering – even if it is in one sense hard work – is inspiring and liberating. It is inspiring because of the real knowledge that together we are meeting with the Lord and liberating because we have been able to come and put our needs at his feet – the one who is more ready to answer prayer than we to pray, the one who is able to do far more than we ask or even think. So one goes on one's way rejoicing in the privilege of belonging to the Lord and sharing in a real fellowship of his people, and with an eager expectation of all that God is going to do in answer to that evening of prayer.

Let us then ensure that each of us plays our part in the corporate prayer gathering so that in this praying fellowship together, whatever we face in the world, whatever storms break upon the church, whatever challenges we have to meet together and whatever ventures we are called to enter into for the Lord, we may 'keep our hands steady until the going down of the sun'.

DISCUSSION QUESTIONS

1. What are the basic ingredients of effective Christian leadership?

2. Some pray, some act. How can this be organised on a Church basis? and are there any dangers to be avoided?

3. If God wills something to happen, why does he often make it conditional upon our praying? For whose benefit does he do this?

4. In what ways can we make our group or corporate prayer more real, wider in its concerns and more closely identified with those for whom we pray?

2 THE PASSION OF PETITIONING PRAYER

> 'On the morrow Moses said to the people, "You have sinned a great sin. And now I will go up to the Lord; perhaps I can make atonement for your sin." So Moses returned to the Lord and said, "Alas, this people have sinned a great sin; they have made for themselves gods of gold. But now, if thou wilt forgive their sin – and if not, blot me, I pray thee, out of thy book which thou hast written." But the Lord said to Moses, "Whoever has sinned against me, him will I blot out of my book. But now go, lead the people to the place of which I have spoken to you; behold my angel shall go before you. Nevertheless, in the day when I visit, I will visit their sin upon them."
>
> And the Lord sent a plague upon the people, because they made the calf which Aaron made.'
>
> Exos. 32:30-35

Although intercessory prayer may, as we have said, normally take place in fellowship, there is also the place of personal petition and there are times, as in Exos. 32, where the burden has to be brought to the Lord by the individual believer because there are no others who can share it with us. For Moses as the ordained leader there is the clash here between what he sees clearly to be the vision of God for his people and the rather shallow response of the people, who seem easily swayed and turned away from the truth. When the attack comes from outside, as with Amalek, it is easy for the people to stand and be called out to special levels of faith and action. When the attack comes from within the people of God, it is far more difficult to tackle and the problem is compounded by the disunity it brings.

Organization does not solve everything!

Administration had been a heavy weight on Moses, and his father-in-law, Jethro, had recommended (18:18ff) the stronger teaching of the statutes of God so that people could discern the truth for themselves without bringing every cause of dispute to Moses. He also recommended the organization of the people into groups of an almost military style, with a commander over a thousand and each thousand broken down into hundreds, fifties and tens with leaders for each grouping.

Moses accepted the plan and put it into action. It was practical, and on paper seemed acceptable. Many Christian organizations work in this way and large church congregations set out to break the numbers down into smaller groups with leaders and assistant leaders. The complication with all such organization is that it is dealing with people and not with some collection of inanimate objects. Moses was told to 'choose able men from all the people, such as fear God, men who are trustworthy and hate a bribe'. This he did, but all who follow such a pattern learn quickly that the support of those leaders, their training, correction when wrong, and replacement when necessary, is immensely demanding. Any such system is, in the end, only as good as its leaders, so that some groupings will be successful, some mediocre and some weak. At least Moses' leaders were not liable to move away to another area because of their job, as seems to be the case constantly today!

Everything started well for Moses. He called the leaders (19:7) and told them of the Lord's promise that if Israel obeyed his voice they would be his people and his special possession. The message was transmitted to the people and they responded 'All that the Lord has spoken we will do'. The Ten Commandments were revealed and interpreted; the Covenant was sealed with the blood (Chaper 24) and Aaron, Nadab and Abihu, with the seventy elders, had the privilege of sharing the vision of God with Moses. It was a high peak of spiritual experience, commitment and promise. Moses could happily go alone up into the mountain and leave such leaders in charge of the people.

Trouble

The moment when everything seems to be going extremely well in a Christian church or work can become the moment of danger. That has been seen across the pages of Christian history. What happens? Is it a spiritual headiness that makes us feel like gods – that whatever we do must be right? Some extraordinary things have been done by people claiming super-spiritual experience – even flagrantly immoral actions. Is their judgement affected?

Perhaps the sinful nature within us can sour even a leadership role within the church. With subtlety we turn it to our own self-satisfaction, using it to dominate or manipulate others. Judging from the way some Christians hang on to their role in the church even when unable to fulfil it properly, our motive is also often entirely wrong.

Another root of leadership-warping comes from a lessening dependence upon the Lord and a consequently increasing confidence in our own strength, ability and judgment. We get so busy rushing about that our times of prayer and dependence on the Lord get fewer and fewer. The barrenness of a busy life is upon us and our leadership becomes a danger to the kingdom of God.

Popularity is another tripping point in a leader's path. It is natural that we want as many as possible to think well of us, but once our decisions are moulded by the pressure of opinion we may have yielded the clarity of a carefully-weighed leadership. It is not an easy path. To ignore the pressure of public opinion can also be stubborn and wrong. What is always needed is a calm detachment that can weigh the pros and cons in the light of the fuller picture which is normally available to us as leaders. Aaron seems to have been a victim of crowd pressure and in spite of all that had only recently happened in his experience of God and his promises of commitment, he took a course of action that would have seemed unthinkable a few days before. Such is the fickleness of human nature – 'Let him who thinks he stands, take heed lest he fall'.

Make us gods!

The making of the molten calf, the drinking and the sexual orgy that occurred were reflections of heathen idolatries and customs which had influenced the Israelites back in Egypt and lay surprisingly near the surface of their lives in spite of all that God had done for them. The Lord described it as corruption and as a turning aside quickly out of the way he had commanded. It is precisely what we say of our own generation and it has been said of many generations through the centuries. When such things happen in the people of God it brings shame and the enemies of the Lord are quick to observe and publicize them (32: 25). Newspapers love the stories about the immorality of a clergyman, the organist running off with the churchwarden's wife, or disputes and disagreements in church circles. We shudder as we read such reports for we share the shame of the people of God. We feel the wounds because the Lord is wounded and the whole body suffers.

Disappointment

Aaron must have been a bitter disappointment to Moses. His deputy, who had shared so deeply in the delivery from Egypt, was exposed in all his weakness and added to it by one of the weakest excuses in history: 'I threw this gold into the fire and out came this calf'. His sin was worsened by the fact that he really gave religious encouragement and sanction to corruption and disobedience. Our hearts ache when we see some so-called

Christian leaders in positions of responsibility doing the same today – twisting, adapting and misquoting scripture to give some semblance of authority to what they are saying or writing but actually giving religious support to corrupt and atheistic thinking.

What is the difference between a Moses and an Aaron? Surely the key is submission *under* the authority of the word of God. Moses' authority derived from God and he lived to communicate that word, to interpret it in day-to-day practical terms and to work his own life out under its direction and authority. Aaron vacillated. Sometimes he was like Moses but as easily he usurped the authority of the word and substituted his own authority, albeit with the appearance of religious integrity. It is a subtle distinction that can result in differences of belief and action that are separated by a great gulf. Judgment has to come in a situation of this sort and those who really are for the Lord, in spite of their weaknesses and failures, are given the opportunity to identify themselves in penitential re-commitment. 'Who is on the Lord's side? Come to me'. Those who come have to exercise the agonising administration of judgement on those who do not come. Blessing and judgement were in vivid and visible terms in the Old Testament.

And so to prayer

In this atmosphere Moses came alone in petitioning prayer. His heart must have been in a turmoil of conflicting emotions. He had been with the Lord on the mountain and had been shown the Lord's pattern for Israel. The experience must have been spiritually exhilarating but physically exhausting. Then he had met with the situation in the valley, engulfing him with heartrending disappointment, the painful executing of judgement, the responding and acting at speed and under tension, and the feeling of agonizing shame over it all. A lesser man might well have given up under the apparent hopelessness of it all, but Moses is a man of prayer.

Passion of prayer

It is the passion of this prayer that leaps from the pages and burns into one's own heart. This man comes with prayer for atonement – for sin to be forgiven. He does not try and whitewash the situation. He calls sin 'sin', but his whole approach is one of love. It is much easier to condemn than to forgive, to criticize than to encourage. A chiding sermon is easy to preach, but not very effective. Love has to surround us completely when we come to speak and pray in situations like this one. Do we really want people to be forgiven, or do we secretly harbour the hope that they might 'get what they deserve'? Jonah had a problem about that at Nineveh! The church has been harmed by someone's actions or by a group of people. Do we want to see them forgiven and restored? It is easy to respond 'Of course we do' – but, honestly, *do* we?

One of our dangers as Christians is that as we learn more of the word of God and know him better we see issues more sharply and clearly, often in a stark black or white, even when the Bible has a touch of grey. It is then an easy step to be quick in condemnation and slow in loving understanding.

Paul has to remind the Corinthian Church of this in 2 Cor. 2:6: 'For such a one this punishment by the majority is enough; so you should rather turn to forgive and comfort him, or he may be overwhelmed by excessive sorrow. So I beg you to reaffirm your love for him.'

Love – passionate love – is the very vehicle of Moses' prayer. As he pleads for the Lord's forgiveness of his people he lays himself on the altar. If God will not forgive their sin, then, he says, 'blot me, I pray you, out of your book which you have written'.

The same passion is in the heart of Paul in Rom. 9:2-3: 'I have great sorrow and unceasing anguish in my heart. For I could wish that I myself were accursed and cut off from Christ for the sake of my brethren, my kinsmen by race.' Of course he knows he could not be – he has just said that nothing can separate us from the love of God in Christ Jesus – but he speaks with a heart that bleeds for Israel, that longs for the glory of God rather than for personal glory. Paul is precisely in the footsteps of Moses, for his heart is fired with the same passion. Yet supremely this passionate love is at the heart of the Lord, and Moses and Paul merely reflect it. How often does the Lord plead with his people in the Old Testament record, and in the New Testament we see Jesus deeply moved with compassion as he sees the people as sheep without a shepherd or as he weeps over the stubbornness of his people in Jerusalem.

How much do we know of this deep, identifying love? Are we really concerned for the glory of God in the church? Are we so agonized by division and ungodly behaviour that we are driven to our knees *in love*?

Then what of our non-Christian relatives and friends? Are we really concerned for them in such a way that we bear them on our hearts, longing for them to know the Lord's atonement, and prepared to offer ourselves to be used as the Lord wishes on their behalf? We may be the only Christian in our street, in our place of work, in our sports club. Who else will carry the non-Christians around us in prayer? Who else will petition for them and bear them deeply on the heart in passionate prayer for their conversion?

It is amazing what happens when we begin to pray for others in this way. In Manchester we split the parish into four areas and those who lived in each of the areas were asked to make that their special spiritual concern. So prayer for streets and people living in them became part of our life together. Almost immediately after we began to pray like this a retired missionary living in the parish came to me almost open-mouthed one Sunday morning.

'You'll never guess what has happened,' she said, 'my next-door neighbour came out of the house this morning and said "I'm coming to church".'

She had never been before! I know that retired missionary was a great prayer warrior, and I am sure she carried her next-door neighbour to the Lord on her heart with deep love, but what happened was still a delightful surprise!

For Moses the outcome of the prayer was not so delightful. The Lord says that the blotting out in his book is something he does and will apply to those who have sinned against him. The Lord is over all and weighs all the circumstances. There is no assurance that if we pray for our relatives and friends they will all come to Christ. Yet this does not excuse us from the responsibility. It may demand much persistence in prayer for many years, or we may have the joy of seeing them come to Christ. The results must be in the Lord's hands.

The depth of Moses' passion in his petitioning prayer must surely challenge each of us. We need to pray for ourselves that the love of Christ may continue to fill us and flood our hearts more and more deeply, so that our times of petition, whether in private or in fellowship, will be with reality – not the reciting of items and needs like some shopping list, but the entrance into the holiest with names and needs written on our hearts with ever-deepening love.

DISCUSSION QUESTIONS

1. What are the advantages and the dangers of dividing congregations into groups? and what are the needs of their leaders?

2. How should leaders react to the pressure of public opinion?

3. What are the signs of danger for a successful church or fellowship?

4. How can we develop a true, deep and loving concern for those for whom we pray?

3 PERSONAL PRAYER

'The Lord said to Moses, "Depart, go up hence, you and the people whom you have brought up out of the land of Egypt, to the land of which I swore to Abraham, Isaac, and Jacob, saying, 'To your descendants I will give it.' And I will send an angel before you, and I will drive out the Canaanites, the Amorites, the Hittites, the Perizzites, the Hivites, and the Jebusites. Go up to a land flowing with milk and honey; but I will not go up among you, lest I consume you in the way, for you are a stiff-necked people."

When the people heard these evil tidings, they mourned; and no man put on his ornaments. For the Lord had said to Moses, "Say to the people of Israel, 'You are a stiff-necked people; if for a single moment I should go up among you, I would consume you. So now put off your ornaments from you, that I may know what to do with you'." Therefore the people of Israel stripped themselves of their ornaments, from Mount Horeb onward.

Now Moses used to take the tent and pitch it outside the camp, far off from the camp; and he called it the tent of meeting. And every one who sought the Lord would go out to the tent of meeting, which was outside the camp. Whenever Moses went out to the tent, all the people rose up, and every man stood at his tent door, and looked after Moses, until he had gone into the tent. When Moses entered the tent, the pillar of cloud would descend and stand at the door of the tent, and the Lord would speak with Moses. And when all the people saw the pillar of cloud standing at the door of the tent, all the people would rise up and worship, every man at his tent door. Thus the Lord used to speak to Moses face to face, as a man speaks to his friend. When Moses turned again into the camp, his servant Joshua the son of Nun, a young man, did not depart from the tent.

Moses said to the Lord, "See, thou sayest to me, 'Bring up this people'; but thou hast not let me know whom thou wilt send with me. Yet thou hast said, 'I know you by name, and you have also found favour in my sight.' Now therefore, I pray thee, if I have found favour in thy sight, show me now thy ways, that I may know thee and find favour in thy sight. Consider too that this nation is thy people." And he said, "My presence will go with you, and I will give you rest." And he said to him, "If thy presence will not go with me, do not carry us up from here. For how shall it be known that I have found favour in thy sight, I and thy people? Is it not in thy going with us, so that we are distinct, I and thy people, from all other people that are upon the face of the earth?"

And the Lord said to Moses, "This very thing that you have spoken I will do; for you have found favour in my sight, and I know you by name." Moses said, "I pray thee, show me thy glory." And he said, "I will make all my goodness pass before you, and will proclaim before you my name 'The Lord'; and I will be gracious to whom I will be gracious, and will show mercy on whom I will show mercy. But," he said, "you cannot see my face; for man shall not see me and live." And the Lord said, "Behold, there is a place by me where you shall stand upon the rock; and while my glory passes by I will put you in a cleft of the rock, and I will cover you with my hand until I have passed by; then I will take away my hand, and you shall see my back; but my face shall not be seen.'"

Exos. 33

Priority

There can never have been a Christian leader of maturity and effectiveness who has not given top priority to personal prayer. Once this is neglected the rot sets in and though the outward form may stagger on for a while the eventual result is emptiness and uselessness. It is obvious and yet we can be so blind to it.

Jesus underlined the importance of our abiding in him and he in us. The closeness of this relationship is vital to a fruitful ministry. Yet how subtly we can let things slide. It involves just a slight loosening of our personal discipline: the morning rush squeezing out any conscious commitment of the day to the Lord, the minister feeling he can rely on his preaching preparation and the Sunday worship, or any of us assuring ourselves that we are too busy to fit in this time alone with the Lord but that in any case we seem to be able to cope quite well without it. Sometimes it is a sickeningly 'super-spiritual' excuse: 'I am not under some legal bondage, I simply pray when the Spirit moves me', or 'I pray as I drive to work'. Obviously we will all differ as to what part of the day is best for us in our varied programmes, but the Lord is always ready to meet with us and it is vital to our Christian life that we place the highest importance on spending time with him as often as possible. Moses did.

Get apart

Moses used to take the tent and pitch it outside the camp, far off from the crowd. If we can really get apart from the hurly-burly of life into some special place it can be a great help and blessing – whether it is into a special part of the house, or out into the open air in the garden or a nearby park, or using a church building in our lunch hour. I realise it is difficult for those who share rooms or have no private place within the building where they live. Some people are able to 'shut out' the atmosphere around them; others are forced to find the answer to their need of quiet outside the place in which they live. When we *do* have a choice of place it seems wise to get away from distractions of work, books, letters, newspapers and radios so that we can give ourselves to the Lord. Most of us are easily distracted and may need consciously to leave all the pressure of life 'outside the room' for this special time, even if we bring those pressures to the Lord in prayer.

With whom?

'The tent of meeting' is Moses' own name for the place. It signifies the attitude he had to these times in the tent. If we follow in his steps we will do well to relegate such descriptions as 'quiet time', 'time of prayer and Bible study' or 'devotions' to second place in our thinking and put 'meeting with the Lord' in first place.

The approach to the tent was with the desire to 'seek the Lord' and the experience for Moses was one of intimate relationship: 'The Lord used to speak to Moses face to face, as a man speaks to his friend'. Here is a rich two-way relationship.

Moses received as well as gave; he heard as well as spoke; as he laid matters before the Lord so he understood the Lord's answer, the Lord's perspective and the Lord's way.

It takes some Christians a while to grasp this. If our meetings with the Lord are short and routine there is no time to think things over with the Lord. The right process seems to be that we tell the Lord all about the problem and then ask him to shed his light on it. Quite often as we continue to meditate on it with him he brings some scripture to mind or helps us see some other aspect or factor that we have overlooked.

This often happens to a preacher who is burdened about a particular speaking engagement and cannot get peace of mind about how to approach it – especially when the subject is not defined. He may need to have a pencil and paper at the ready as he prays, for very often, before he gets off his knees, he will have been shown the passage to take and the main burden of what is to be said. Whenever that happens there is an evident sense of 'rightness' as the sermon or talk is given.

Receiving

During the All Souls Building Project there were many instances of this 'receiving'. About five months before the actual contract was due to start we were still as a church at the stage of plans and contract tenders. The final decision would not be made until the tenders were received and that would be only weeks before the starting of the building work. Some decisions could not wait until then. One was that we would need a land-line link for television relay from our temporary 'home' in our other church to an ancillary building, for overflows. The Post Office needed six months to install it. The cost would be high. Should this step be taken or not?

As I meditated on the dilemma the Bible in front of me was open at Mark 11:22-23: 'Have faith in God. Truly I say to you, whoever says to this mountain, "Be taken up and cast into the sea" and does not doubt in his heart, but believes that what he says will come to pass, it will be done for him.' Did I believe? Had not God so clearly led us as a church to move forward on this project? Would he put all signals to red a few months later? It was for me a sort of crisis of faith. I laid hold of Mark 11 and immediately telephoned the Post Office to order the landline – it was a tangible expression of faith. The Lord had put his finger on that passage for me in answer to prayer.

Later on, when the project was actually under way, we had to face another big decision. We could delay no longer over the rebuilding of the organ. The cost was colossal on top of all that we were already committed to with the main building project. We arranged a meeting for the whole church family to share the matter frankly and openly and to decide what to do. For me the burden was one of integrity. We had committed ourselves to the builder in financially binding contracts and as Christians our word of commitment had to be with integrity. A large amount of the money was still to be given – so should we add to that with further financial commitment?

As I laid this heartache before the Lord and meditated on all that was involved, wondering how to face the church meeting that very evening, the telephone rang. I got up to answer it, carrying my Bible with me. After the telephone conversation I put the receiver down and glanced at the Bible open on my lap at a completely different place from before. My eyes caught the words – 1 Kings 8:56: 'Blessed be the Lord who has given rest to his people Israel, according to all that he promised; not one word has failed of all his good promise, which he uttered by Moses his servant'. For Solomon the integrity was of the *Lord's* word, not man's. This clinched matters for me. Did I not believe the Lord had led us all this way? And if he was leading us to take this next step would he not see us through? If it was his way it involved *his* integrity – and that integrity is as certain as eternity.

Danger!

There are, sadly, those who seem to think that the Lord is telling them things all the time. As a result their lives are erratic and unreliable. Although the actions the Lord 'tells' them to do often have fruitless or disastrous results, they cannot see that this suggests a fault in their spiritual 'receivers'. If we are responding to the genuine leading of the Lord he will clearly confirm it as his way. On the other hand, if we proceed but find his presence is not with us, then we should stop at once and come back to him on our knees. Verse 15 shows us how clearly Moses grasps this.

One such meeting

Having been shown (in Exos. 33:15) that Moses frequently went apart to be with the Lord, we are allowed to enter into the privacy and frankness of one such meeting with the Lord. Moses comes still carrying the agony and heartache of the golden calf incident. He is tired and exhausted. He begins with the assurance of his call: 'You said to me, bring up this people.' Without the conviction of the Lord's call he would have given up, for the whole task was beyond his human resources. Physical opposition had been one thing but this spiritual malaise in his assistant leaders and the rest of the people was another.

Many a person called to leadership for God has knelt where Moses knelt. They feel swamped by the size of the task, disappointed by the fickleness of human nature even amongst Christians, unsure about the way forward, and spiritually drained. The one and only rock in the midst of this swamp is the rock of God's call.

In the Church of England, although the people to be ordained have been interviewed, selected by a board and trained in theological college for several years, they are still asked on the day of Ordination: 'Do you trust that you are inwardly moved by the Holy Ghost to take upon you this Office and Ministration?' and a year later 'Do you think in your heart that you be truly called?' The *call* is the anchor in the storm, the firm ground for our feet, the navigation post to which we can constantly return.

By grace we come

The conviction of Moses' call is followed by the conviction of his right to come into the presence of the living God and to meet with him. This is based on two facts: 'You said "I know you by name" and "You have found favour in my sight".'

The conditions are the same for us. We come as children of God, brought into his family by his gracious love and mercy. Instead of setting out to beg for action from a distant mysterious God, we slip into our Father's presence and share everything with him. For us the 'finding favour' is expressed in the Cross of Jesus and the free salvation we have received by his grace alone.

Yet this 'right to come' must also remind us of the need to be cleansed and renewed day by day.

When the believer allows known sin to obstruct his life and witness he is harming his relationship with the Father, dishonouring the body of Christ and grieving the Spirit. As the psalmist said (Ps. 66:18), 'If I had cherished iniquity in my heart the Lord would not have listened'. Personal and corporate prayer should always begin with this consciousness of our need of forgiveness and of cleansing even from secret faults.

Asking

Moses' prayer centres on two petitions: 'Show me your ways' and 'Show me your glory'. They are splendidly inclusive requests and could most helpfully be the main pegs or areas of all our personal times of prayer.

'Show me your ways'

Moses said, 'Show me your ways': not 'This is what I want'. Moses' personal prayer is in the context of his work within the plan and purposes of God. We need to put all our life within this context – our studies, our work, our career, our recreation, our Christian activities, our personal relationships, our ambition, our use of money, our attitude to possessions and security, the use of our mind, the development of our talents and our whole life-style. The prayer 'Show me your ways' is wide enough in scope to include everything!

On this occasion Moses is not going to rise from prayer with the next stage of God's plan revealed to him. God's answer is in terms of the divine guarantee, 'My presence will go with you and I will give you rest'. Moses may not see the next stage, but he can be assured that he is still on God's track and that the *direction* is right. This was God's course for him. To jump off it without the conviction that God is calling him off it would be to step out of the Lord's purposes.

Moses responded with the heart-cry, 'If your presence will not go with me, do not carry us up from here'. Note the personalisation: 'with *me*'. Here is the leader deeply conscious of the enormous responsibility resting upon him as the servant of the living God. The one thing that matters is that he is in the Lord's path and that the Lord is with him. He knows, as we must, that without the Lord he can do nothing. Yet he also sees the importance of the Lord's presence among the whole people of God. How else, he says, will those outside the people of God see any difference? When a group of God's people are really within his purpose, and his presence is manifestly upon them, it is an undeniable evidence to the unbelievers. As they see people of all sorts and conditions being united in love they know that this is not possible in merely human terms. As they see the people of God launching out in faith and the impossible becoming the possible, they know that this is not possible simply in human strength. It is the manifest presence of the Lord in our midst that should mark out every church congregation/family, and every Christian grouping of any kind. It should be the evident mark of every mission centre and of every Christian committee and hierarchical structuring and administration. *Is the Lord in the midst?* Those who, from the heart, bring their work and life to the Lord, crying, 'Show me your ways', will know that he is.

'Show me your glory'

The other part of Moses' personal prayer is a hungering to know more of the Lord. How often is that part of our prayer? It is a burden in the prayer life of Paul for himself and for his converts. In the famous prayer of Eph. 3:14 he prays that they might know more of Christ and his love and of the fulness of God. A comment made some years ago about preaching was arresting to me: 'Don't preach so much about *how* we should respond to the Lord but rather preach more of the Lord to whom we should respond'.

How did God show Moses his glory? There was certainly a special experience of the Lord. Moses would be in the cleft of the rock as the Lord granted this revelation in physical terms. It was to be truly a glorious experience, and one to be savoured and treasured. It would live on in the memory. However, the experience was not continuous – it was passing. Like the disciples on the mount of transfiguration centuries later we may want to stay in heaven while on earth, but there is work to be done – the special manifestations of God and mountain-top experiences of his majesty and love are to renew us in his service.

When working in Nottingham in my first curacy we saw a young man won to Christ by being challenged on the street by a Christian. He was a tough lad – he could not read or write at that time. After a while he went away for a holiday at a Christian holiday centre. It was simply marvellous for him. When he came back he said, 'It was like heaven – and coming back here is like hell!' We knew what he meant! The glorious times at house-parties and conventions or retreats, when we meet with the Lord in a new way, are times to treasure and savour, but we cannot live there. We have work to do. Those who want to be on the mountain-top all the time end up by creating pseudo-spiritual experiences by the energy of the flesh and become useless as servants of Christ in the world.

There is something much more lasting about God's revelation of his glory. It is to be in terms of his goodness and mercy. These can be seen day by day – starting with ourselves. In the midst of the most godless surroundings we can see the Lord at work in people's lives. Here the glory of the Lord is being manifested. We see the Lord's overruling of circumstances, his answer to prayer, his light shining in dark places, his triumph in the lives of martyrs, his victory and peace in the midst of suffering, his opening of blind eyes that they may see him. Time and time again we cry, 'This is the Lord's goodness; this is his mercy – Hallelujah!' So, though special experiences of his glory may come and go, we must say with the psalmist, 'Surely goodness and mercy shall follow me *all* the days of my life'.

Lord, show us your ways; show us your glory

Much was to happen. The people were about to

share and co-operate in a thrilling way. People with gifts of workmanship and other talents would willingly come forward to help. The people would start giving and offering with such enthusiasm that they would need to be restrained from giving more (36:6) and when the tabernacle was made the glory of the Lord would fill it (40:34). But the key to it all was back in the tent of meeting – Moses alone with the Lord, laying his heart open and receiving the Lord's encouragement and confirmation.

No wonder Moses' face shone (34:29). And his experience is to be ours. 'We all, with unveiled face, beholding the glory of the Lord, are being changed into his likeness from one degree of glory to another; for this comes from the Lord who is the Spirit' (2 Cor. 3:18).

There are always new realms of prayer to be discovered as we go on in our Christian lives, new understandings of his ways, new causes for praise, new areas in which to see the Lord at work, new experiences in which to prove him. So Moses' own testimony at the end of his life was 'There is none like God, who rides through the heavens to your help, and in his majesty through the skies. The eternal God is your dwelling place and underneath are the everlasting arms' (Deuteronomy 33:26-27). And the final verdict of the Pentateuch as to the key to Moses' greatness (Deut. 34:10) was this: 'There has not arisen a prophet since in Israel like Moses, whom the Lord knew *face to face*'. Moses was a man of prayer.

DISCUSSION QUESTIONS

1. What are the early warning signs of spiritual slackness; How can we counter it?

2. How can we know whether it is God speaking to us, or our own ambitions and desires?

3. How should we react to a situation in which only the next stage of a faith project has been revealed to us, and the final outcome remains hidden?

Part III
Moses - Man of Faithfulness

After the 'big' events of faith and action it is often quite difficult to cope with the 'going on', dealing with smaller issues that can often loom large and get out of all proportion. Faithfulness has to balance faith and prayer. Moses was someone the Lord could trust (Num. 12:7). It seems a simple thing to be trustworthy, but any Christian leader knows that one person who can really be relied upon to carry a work through is worth ten who approach Christian work casually. Jesus, says Heb. 3:2, 'was *faithful* to him who appointed him, just as Moses was *faithful* in God's house'. Our minds will readily recall the accolade of Matt. 25:21, 'Well done, good and *faithful* servant,' or the question of Luke 12:42, 'Who then is that *faithful* and wise steward?' or the statement of 1 Cor. 4:2 'It is required of stewards that they be found *faithful*'.

It is a regrettable facet of some Christian talking and writing that it seems to regard 'success' in terms of numbers and size. The bible sees it in terms of faithfulness. Faithfulness may mean a lifetime of sowing without seeing any harvest, while another may reap the harvest; it may mean working away in an unseen corner of the Lord's vineyard or being exposed to the limelight, but whatever the task, in whatever the place we are called to serve, the Lord requires faithfulness. Can he trust us where we are now?

There are many examples of that faithfulness worked out in the life of Moses as he led the people on through the wilderness. Let us look at some of them and apply their lessons to ourselves.

1 FAITHFUL IN THE CONVICTION OF THE LORD'S PRIORITY

Who is Lord? The issue of the Lordship of Christ in our lives is one to be worked out in every Christian's experience. The response to Jesus as Saviour can be a very self-centred thing if it is not matched by openness to Christ as Lord. We can 'use' Jesus and get the benefits of salvation, rather like using the National Health system and getting the benefits we can. In such a case Jesus is on the periphery with all the other people and things, there to serve and keep and benefit *us*. It is a very comfortable form of Christianity – if it can be called Christian at all. Christ will be there to be prayed to for security of home and job and family; to give us a warm feeling each Sunday in church; to comfort us in sorrow and to be a safe refuge at death. If anything in church life or around disturbs our comfort we are upset. If we are not benefiting from the fellowship we complain – isn't it there for our benefit? If the church gets concerned about social justice or service or starts demanding sacrificial giving and costly faith, we move elsewhere. Such 'Christianity' is next to worthless.

The paradox of Christianity is that it is both comfortable and uncomfortable at the same time. Our times of worship and study of the Word should bring calm to our souls and action to our lives. We should be both calmed and stirred; convinced and convicted; refilled and recommitted;

conscious of our blessings and aware of our failings; glad to glory in the Cross as the means of our salvation and ready daily to take up the Cross and follow Christ whatever the cost. With many who come to faith in Christ this double aspect is present at once. Some others need a spiritual revolution to stir them from merely self-centred Christian living. They need the dynamite of the Holy Spirit.

Priority of the Lord's will

'On the day that the tabernacle was set up, the cloud covered the tabernacle, the tent of the testimony; and at evening it was over the tabernacle like the appearance of fire until morning. So it was continually; the cloud covered it by day, and the appearance of fire by night. And whenever the cloud was taken up from over the tent, after that the people of Israel set out; and in the place where the cloud settled down, there the people of Israel encamped. At the command of the Lord the people of Israel set out, and at the command of the Lord they encamped; as long as the cloud rested over the tabernacle, they remained in camp. Even when the cloud continued over the tabernacle many days, the people of Israel kept the charge of the Lord, and did not set out. Sometimes the cloud was a few days over the tabernacle, and according to the command of the Lord they remained in camp; then according to the command of the Lord they set out. And sometimes the cloud remained from evening until morning; and when the cloud was taken up in the morning, they set out, or

> if it continued for a day and a night, when the cloud was taken up they set out. Whether it was two days, or a month, or a longer time, that the cloud continued over the tabernacle, abiding there, the people of Israel remained in camp and did not set out; but when it was taken up they set out. At the command of the Lord they encamped, and at the command of the Lord they set out; they kept the charge of the Lord, at the command of the Lord by Moses.'
>
> Numbers 9:15-23

One important lesson for the Christian to learn is that he is a pilgrim, with no fixed abode here. If the Lord's will has priority in his life he will be constantly ready to change course or, like the soldier, always ready for fresh orders. Our readiness to think and act like that when security can so often be in materialistic terms is not easy. Paul tells Timothy (2 Tim. 2:4) 'No soldier on service gets entangled in civilian pursuits, since his aim is to satisfy the one who enlisted him'. The key is there – it is in what we aim for, and if the Lord's will is our aim, the obeying is much easier.

In Numbers 9:15-23 there is a vivid picture of this truth. The Lord's guiding is by the cloud and the fire. It was a very visible form of guidance – we all prefer guidance in plain unmistakable terms! But the very clarity of the guiding signs meant that there was no doubt when they were to move on or stay – there was no possibility of discussing whether they were interpreting guidance correctly!

Don't get too settled

The point of this passage is in the 'restlessness' of the Lord's leading. The Israelites had to live with the daily possibility of moving on. Sometimes (v21) they stayed just a night – hardly worth unpacking. It could be a two-day stop (v22) or for a month, or for a longer time. You could never be sure. You could not afford to get so settled that you could not move when the moment came. You were a pilgrim.

So is the believer today. To say 'I am in this job and settled in this house until retirement' is to deny my pilgrim status. We may stay there until we die, but we should never count on it. Throughout our lives we need to ask God, 'Do you want me to move on?'

Sometimes, of course, it is harder to stay where we are – we long to move, but the cloud stays still. We wish we could go off to Africa to serve God but instead we are cooped up in a small flat in a British city, and we look like being there for life. We can feel hurt, and hard done by. A spirit of resentment can come in, unless we have clearly the Lord's priority at the centre of our lives and can grasp afresh that *faithfulness where we are* is what the Lord requires. If we get into self-pity we can become quite useless. People who have soured, who always think the grass is greener on the other side of the fence, are invariably useless in the service of God and his church.

God's time-keeping

This passage also teaches us to trust the Lord's

timings. We are often in such a hurry. People in training at bible or theological college have been known to throw up their studies and go off 'as they cannot wait to get on with the Lord's work'. They are seldom heard of again. It is good, in the urgency of youth, to remember that the Lord Jesus did not begin his public ministry until he was thirty years of age – but how richly prepared he was for that ministry! We may need very much more training than we are prepared to admit and that will mean submission to the unwelcome discipline of more study or wider experience. Such submission is part of faithfulness. We also get restless at apparent delays in the working out of some task for the Lord. Why is it not happening *now*? Why is that blockage allowed? Why is that circumstance not overruled? If we are sincerely taking the matter to the Lord in prayer we must believe that there is a far greater purpose in the delay than we can see. The Lord can see the whole picture – we can only ever see a tiny part of it. Later as we look back we can see why things happened as they did – and then we praise him.

One of my favourite books is a railway time-table. I am fascinated by the way all the different connecting routes are fitted together on the train schedules. Some delayed waits at stations are deliberately planned to allow an express to go through or to suit a branch-line connection. Yet even on the best-run railway system there are the unexpected delays. Air travellers experience even more of this kind of delay, sometimes on the ground, sometimes circling while waiting clearance to land. We never like sitting in a train or a plane seeing the minutes tick by in delay but we know that if the driver or pilot proceeded under his own authority a major disaster could occur. We know that someone somewhere sees the whole picture and is acting in the best possible way. So it is with the Lord.

Under the Lord's command

No word of command is spoken by the Lord – simply the sign of cloud and fire. Yet Num. 9:23 says, 'At the command of the Lord they encamped and at the command of the Lord they set out'. There are many ways in which God guides, and we have to be careful not to restrict our ideas of his guidance to one particular way. Some six months after I had the shock of believing God was calling me into the ministry, I was still seeking confirmation of that call. I wanted to be in no doubt. Late one night I was reading a comment of Oswald Chambers' on Isaiah 6. Effectively for me he pointed out that 'God did not address the call to Isaiah; Isaiah overheard God saying – "who will go for us?" Get out of your mind the idea of expecting God to come with compulsions and pleadings'. That is what I wanted – some angelic being, some blazing message, some *certainty*! But, as he pointed out, if we are called of God we just hear the still small voice questioning all the time, 'Who will go for us?' I had been limiting God's ways of guidance and I realised that the insistent conviction of the call that had gone over for more than six months was indeed the call. I needed no other sign or word. I knelt in adoration and said, 'Here am I, send me'.

I have found this with many others. One young man considering the church ministry came to see me one day. 'I'm told by my minister and friends that it is right to go ahead. All the circumstances are fitting together, I have a real inward conviction about it, but I am just waiting for a word from the Lord. Then I'll go!' He meant some word of Scripture. But he did not need it. God had written it plain and clear!

Guidance seems to get less clear for some Christians as they get older – perhaps that is the mark of growing maturity in the faith. We do not need it written plain. But we do need to have learnt that the ways in which God guides vary and that even inward conviction can be missing if we are too deeply involved emotionally in the place where we are at that time. It is something of the entanglement of 2 Tim. 4. Usually there will be guidance by inward conviction *or* circumstances, or by the advice of others *or* by a direct word of Scripture. Sometimes in at least two ways – or more.

Let me go back to railways and signalling. Two yellows encourage the driver to go on with more confidence – at least two sections are clear. Green means proceed at full speed. It is a fair rule-of-thumb about guidance in terms of the four main ways mentioned above. Yet the Lord of our lives is not restricted by any of them and if we deeply desire his will and way he will show us and whatever way he uses we shall say as Moses did: 'At the command of the Lord we encamped and at the command of the Lord we set out'.

Priority of the Lord's worth (Numbers 11)

Moses was constantly under attack about 'things' – ordinary things, like food and comfort. It is true that we do not know how much we value things until we lose them. As a student I was responsible for getting a large party of boys to camp. The journey was long and eventful but finally we arrived at the Devon railway station and half-an-hour later at the camp site. All the luggage was collected. The responsibility was over. I looked for my case. It was not there! It had in it most of what I possessed in those days and I was thrown off balance by the loss. It actually turned up the next day – it had been thrown off at an earlier station – but not before I had learnt to my surprise how much I valued things. It is no surprise that Israel reacted in this way, though it is still inexcusable.

'The people complained about their misfortunes'. How easily the deliverance from oppression was forgotten. 'O that we had meat to eat! We remember the fish we ate in Egypt for nothing, the cucumbers, the melons, the leeks, the onions and the garlic; but now our strength is dried up and there is nothing at all but this manna to look at.' They all wept for meat! As Acts 7:39 puts it, 'In their hearts they turned back again into Egypt'. They did not choose to remember the taskmasters, the making of bricks without straw, and their cries then for deliverance! The memory has a convenient way of selecting what it wants to remember. Yet the awful thing about this incident is the way in which they despise the manna. Without it they would have been dead. True, it was the same thing every day cooked the same way, but it was still God-given and life-sustaining. Every day's fresh supply should have been a cause of praise and thanksgiving: 'New every morning is your love'.

Tired of the same old thing?

We need to be reminded of this lesson. A similar spirit of tiredness can occur in a Christian community or church fellowship. We may have the same sort of programme each week, similar services, the same preachers, the same people, the same diet of worship or teaching and the same evangelism to be done. So by all means let us have some variety, some special excitement, something extraordinary rather than this 'manna' every week. But let me also hasten to say that ordinary church worship and Christian activity need not be dull or unvaried.

Of course, much of the life of the Christian church *is* the same, because it is feeding on the same Lord, and working out what it means to be in the same Body. This 'sameness' is a matter of joy and praise, a cause for thankfulness. The centre of our worship is at the Lord's Table and here we joyfully celebrate our deliverance Sunday by Sunday. Let us not be fooled into thinking that it is really more attractive or exciting outside Christ! The glorious privileges that are ours as members of the Lord's family are overwhelming.

One decisive Lent

For many people this conflict between hankering

for the past and rejoicing in the present has to be fought out in a decisive battle. The late Alan Stibbs, great expositor of the Scriptures, used to say that in his life there had been 'one decisive Lent' – when he thrashed out the principles and priorities of his life. He then lived them out for the rest of his life. The missionary or minister may find himself hankering after the salaries and standards of living he sees in his contemporaries in secular occupations. It will go on being a matter that niggles the heart unless there is a 'decisive Lent' when the principles of the Lordship of Christ and his supreme value over all else this world can offer are thrashed out and established once and for all.

Moses must have sorted this out more than anyone else on that great pilgrimage. He had experienced the luxury living of Pharaoh's household and had known much more than free fish and garlic. Heb. 11:24-6 expresses it thus: 'By faith, Moses, when he was grown up, refused to be called the son of Pharaoh's daughter, *choosing* rather to share ill-treatment with the people of God than to enjoy the fleeting pleasures of sin. He considered abuse suffered for the Christ greater wealth than all treasures of Egypt, for he looked to the reward.' Moses became sorted out for life on this issue. Jesus expects us to get sorted out, too. The latter part of Matt. 6 puts the issue clearly. Things – material possessions – are relatively unimportant. Certainly we should not worry about them, but 'seek first God's kingdom and his righteousness, and all these things will be yours as well'.

How does God deal with the people? He does the opposite of what one might expect. He sent *meat* (Num 11:19-20), not for one day, or ten, but for a whole month, 'until it comes out of your nostrils and becomes loathsome to you'. It is an effective teaching method! Often one finds young Christians who want a cream-cake Christianity rather than a bread one. Like spoilt children they refuse to feed on the bread of the word but rush from one cream-cake 'happening' to another, revelling in them until eventually they are nauseated by their emptiness and superficiality. In the mercy of God one trusts that then they learn to hunger for the true bread rather than drop away from the faith altogether.

It is seldom much use reasoning with someone who has set his heart on the cream-cake existence. He will regard you as dull, fuddy-duddy, or even unspiritual. He has to get sick of it before he will listen.

So it is here in the wilderness. Only when the Israelities start loathing the very thing they crave for will they see that what they have been doing with their complaining is to reject the Lord. For that is the issue. Is being with the Lord, as part of his people – being led by him and fed by him – worth everything else? Do they believe in the worth-ship of the Lord?

Job had to learn that lesson the hard way. Habakkuk expresses his conviction of the Lord's worth-ship in those marvellous words: 'Though the fig-trees do not blossom, nor fruit be on the vines . . . Yet I will rejoice in the Lord, I will joy in the God of my salvation'. Paul was prepared to count 'all things as loss' for the excellency of knowing the Lord. The disciples left everything to follow Christ. Is the Lord worth everything to us?

DISCUSSION QUESTIONS

1. In practical terms, what does it mean for a Christian to be constantly ready to change course at God's bidding?

2. What principles do you consider determine God's guidance for an individual or a Church?

3. Has your Church or fellowship become stale and tired? If so, what can be done about it?

2 FAITHFUL IN THE CONVICTION OF THE LORD'S CALLING

The sure conviction of the Lord's calling was a touch-stone for Moses at several points in his life – we have seen it in the early days and in his personal prayer at Sinai. It was tested in the wilderness journey in several different ways, and it underlines yet again the importance of the assurance of God's call in any work for him. We will be forced back to it many times and the test of it will come through even unexpected events.

People who are unsure of themselves or their vocation can be very protective of their position and react by being critical of or unsympathetic to the position of others. They can seek to bolster their own security by running down potential opposition. This can become a vicious and malicious activity, with jockeying for jobs, currying of favours, destroying of characters by innuendo and warped rumour. In Christian circles it can even be spiritualized, to gain a spurious acceptability.

Somebody is out of line?

The gathering of the seventy (Num. 11:24) was marked by a special touch of the Lord, as the Spirit rested on them and they prophesied. It happened for a time and then the prophesy ceased. There were two men who for some reason did not go out to the tent – Eldad and Medad. The Spirit rested on them, too, as part of the seventy, and they prophesied but, of course, only in the camp. This caused quite a stir. One young man was sent running to tell Moses, and Joshua was all for forbidding them.

But Moses answers 'Are you jealous for my sake?' *Why*, he asks, are you upset about it? What is really causing your reaction? Was it a form of jealousy? Or a wrong view of authority? Moses had no doubt that they should have rejoiced at seeing these two men prophesy, rather than complain. He longed that the Spirit might inspire and bless all the Lord's people. He did not feel threatened by the event and so he could assess it with a clear eye to the real spiritual issues.

Paul has the same clear eye in Phil. 1:17. As he sits in prison he hears of those who are preaching Christ from envy and rivalry. He writes: 'they proclaim Christ out of partisanship, not sincerely, but thinking to afflict me in my imprisonment'.

I ask myself how I would react in such circumstances. I think my natural reaction would be indignation – but not Paul! He rejoices that 'whether in pretence or in truth, Christ is proclaimed'. It is an amazing reaction and springs from someone who knows his calling, does not feel personally threatened by others fulfilling a similar calling and who can look through the outward concerns into the real issues. There would be other situations where a study of the real issues would cause him not to approve or allow something. Then the right approach would be to criticise and expose the falsity. For Moses the touch of the Spirit had been upon the seventy, not just upon the two, and was therefore genuinely of the Lord. For Paul, the preaching was about Christ – hence he could rejoice. If it had been anti-Christ or denigrating the truth he could not have rejoiced in the same way. It is not simply a matter of tolerance but of asking whether the Lord is in this thing or is being uplifted by it. If he is not, we must gently but firmly oppose it.

Jealousy

Clearly Moses is not jealous for his reputation. 'Are you jealous for my sake?'. Would to God that was true of every Christian worker. How easily jealousies can arise and in some Christian communities the atmosphere has been ruined by the sort of pettiness that ought to have been left behind in kindergarten. Tragically, it can occur anywhere. The root of jealousy often lies in an uncertainty of our calling from the Lord. We fail to grasp what it means to be in the Body of Christ, where the Head of the Body puts us in different functions and gifts us appropriately.

When another person in the church seems to win many to Christ and we do not, we can be jealous instead of rejoicing in their particular evangelistic gift. Someone else is called to missionary work overseas. Their name gets included on the church prayer diary. They have the new status of 'missionary', with a valedictory service, travelling off to a far country, special prayer support in the church at home, and a great deal of attention when they come back on furlough. And we are stuck right here, teaching, perhaps, in a tough school where there is little if any real Christian fellowship and support. We are not featured and fêted. It is natural that we feel jealous, though we would not admit it.

King Saul had a problem of jealousy. When the women started singing that Saul had slain his thousands and David his ten thousands, he threw a javelin at David to kill him. Supposing the rector of the church hears all around him, 'The curate preaches much better than the rector'. That is not easy to take! Or perhaps you have been occupying the piano stool at Sunday School for 20 years – it is your 'right' as well as your place of service. You prize it – secretly of course! Then along comes this much younger Christian who has a far wider musical training, who could do all sorts of things musically with the children. Do you hand over? Or do you dig your heels in and find reason to criticise 'these young things and their modern ideas'. Is the best for God what we want or the best for ourselves? Faithfulness in God's calling means appreciating gladly and freely the calling of others, and rejoicing in what they are doing for the Lord.

Leadership crisis

No sooner had Moses coped with the Eldad and Medad 'threat' than he had to face a direct attack from his two assistant leaders – Aaron and Miriam (Num. 12). The real point of their attack was veiled at first. They criticised him for marrying a Cushite woman. But the real issue was over his leadership. Leaders have to learn to discern what lies behind a criticism or attack. Is it the critic's own anxieties that are being worked out under the guise of some apparently spiritual attack? Is what is being said in criticism the real issue or is there something deeper underneath which is causing it? Usually there is. It now comes out: 'Has the Lord indeed spoken only through Moses? Has he not spoken through us also?' Attacks from your colleagues, your staff, your Council or Committee, are probably more hard to bear than from others. The first thing to ask ourselves is 'Are the criticisms justified?' We can be over-protective of our position, but open sharing within a staff team should mean that direct criticism is unnecessary – we can learn from one another far better in loving openness and fellowship.

Silent response

How does Moses meet this attack? It seems he met it with silence, until the judgement of Miriam when, in love, he speaks to plead for her healing. Our Saviour showed us the majesty of silence as he was accused, insulted and goaded at his 'trial'. I had to learn my first lesson in this soon after I was ordained. One Tuesday morning I received a letter from two ladies in the church in which I was more or less told to get out of the ministry – the sermon I had preached on the Sunday night would have put them off Christianity for ever if they had been simple enquirers and not more 'mature' Christians. There were pages and pages. I felt hurt, wounded and angry. After all, several people had told me they been especially helped through the sermon. I went to show the letter to my vicar.

'Michael,' he said, 'you must write a soft answer that turns away wrath.'

'But I can't!' I exclaimed.

'You must,' he said.

It took me all day to find ways of writing a 'soft answer'. The next Sunday the ladies ignored me. The following week as I arrived at the gate of the church grounds for the prayer gathering there they were. I could not run away. They stepped forward. 'Mr. Baughen . . . do let me carry your bag!' So this young curate found himself having his attache case carried by two older ladies up the path. My vicar was right!

Later on in my life I found myself caught in the middle of cross-fire over the future of a theological college. All sorts of unfair, distorted and grossly inaccurate things were written and said in the heat of the argument. In such a situation the only course for me was one of silence. To have tried to justify myself would have been of no avail. But it still hurt – very deeply. Most of us are at least able to share with others when such attacks come, and receive loving wisdom and support. Moses had to take it alone.

Vindication by the Lord

The silence of Moses allowed the vindication of God to be crystal clear. The Lord declared his calling of Moses and his sealing of him in this special leadership role. Moses is more than a prophet – 'he is entrusted with all my house,' said the Lord, 'With him I speak mouth to mouth clearly and not in dark speech.' Aaron and Miriam, in their outcry of jealousy, had therefore spoken against the Lord's calling and designation of Moses. He was clearly set apart by God. So 'Why then were you not afraid to speak against my servant Moses?'

It is a salutary shock to realise that easy criticism of others may well be criticism of the Lord who called them. Judgement came with Miriam turning leprous. Aaron as High Priest would have had to declare her a leper – almost worse for him than suffering the disease himself. Aaron confessed their sin and foolishness but Miriam had to be put outside the camp in shame for seven days.

There is heartache, the fellowship is wounded, the leadership has been put into disarray, and the cloud of the Lord is removed from the tent. In exactly the same way, divisions and disputes in churches and staff teams bring blessing virtually to a stop. So how necessary it is that we 'endeavour to keep the unity of the Spirit in the bond of peace' – for the kingdom's sake as well as our own. Quick action can often prevent damage worsening. The injunction not to let the sun go down on our anger (Eph. 4:26) is so that we 'give no opportunity to the devil'. The exhortation to loving forgiveness in the fellowship in 2 Cor. 2 is 'to keep Satan from gaining the advantage over us; for we are not ignorant of his designs.' If Satan can split our fellowship he has won a major victory.

Yet again – and more so!

There is to follow a third attack on Moses' leadership. You would have thought everyone had learned the lesson by now, for everyone had had to wait until Miriam was restored to the camp. But no! In Num. 16 Korah leads a rebellion. He organized it well and brought with him two hundred and fifty leaders from the congregation, chosen from the assembly, well-known men. It would be interesting to know if some of these leaders had nursed a grievance at not being included in the selected seventy elders when the Spirit was given.

Selecting people is always dangerous. I dislike our annual parochial church council elections. With more nominations than places, there are bound to be those not elected, and even the most self-effacing person can feel a little hurt. Selection of candidates for the ordained ministry can have a similar effect on those who do not get chosen, for one reason or another. Some men go on with a chip on their shoulder for the rest of their lives, instead of getting their coats off and sharing in the wider ministry with the gifts God has given them and the commitment to him they claimed to have. Could it be that the 250 leaders involved in Korah's rebellion were people who had nursed a grievance since the selection of the seventy and the smouldering had now burst out into a conflagration?

Korah attacked Moses and Aaron. 'You have gone too far! For all the congregation are holy, every one of them, and the Lord is among them; why then do you exalt yourselves above the assembly of the Lord?' It sounds very holy talk! It is also remarkably up-to-date, as we hear people today argue that there is no need for any form of ordained ministry or special training or even for church government and that we can all run our own spontaneous groups.

Of course, in one sense that is right. We do believe in the priesthood of all believers. No human priest is necessary to intercede between us and God. Yet we also believe in the Body of Christ and the many different forms of service within the body for which the Lord gives gifts to the members. Some of those roles are leadership ones, with responsibility in teaching or administration. If we read the New Testament we can hardly think of leadership as unbiblical. True, it is not to be a leadership of 'lording it over others' but rather one of humble feet-washing servanthood – but it is still leadership. How can we 'manage' the church if we cannot 'manage' our own family? Paul asks Timothy. Humility in the body will esteem others better than ourselves and will recognize when God has called some to places of responsibility. Korah did not admit this.

How does Moses react this time? Not in complete silence. He has, in any case, Aaron sharing with him. He is not alone. But once again vindication is left to the Lord rather than Moses making some spirited personal defence.

'In the morning the Lord will show who is his and who is holy and will cause him to come to him.'

Moses has no grandiose sense of position. He is not fighting to hold on to his office or role. He is perfectly willing to leave it to the Lord, to go on in the role or yield it, however he wills. It is a very necessary thing for Christian leaders to sit lightly to the 'dignity' of their office and to be able to turn to some completely different and humble role in the Lord's service if required.

Nevertheless, having been accused of going too far, Moses returns the compliment: '*You* have gone too far!' The reason for his accusation is that 'it is against the Lord that you and all your company have gathered.' Although prepared to have his role put to the test before the Lord he is also still faithful in his conviction of the Lord's calling. This means that he sees that what is happening in this rebellion is much more serious than human jealousy or antagonism.

For Moses and Aaron the judgement on Korah and the others is an agony to the heart. They fall on their faces to plead with the Lord for his mercy on the people. There is no vengeful spirit in Moses. But although it caused him heartache to see judgement taking place, the people blame *him* for the loss of lives involved.

So faithfulness in the Lord's calling can be a costly experience. But what emerges clearly from these incidents in Moses' life is that it is only possible to keep things in their correct perspective by keeping our eyes on the Lord, in the constantly-renewed conviction that he has called us. Only that clear-sighted vision which the Holy Spirit gives us can help us identify the real issues and so promote the glory of the Lord.

DISCUSSION QUESTIONS

1. How should Christian leaders react to the emergence of rivals?

2. What are the causes of jealousy in a Church, and how can it be countered?

3. What is the best way to meet criticism of our leadership?

4. If it seems that opposition to a faith project is more than petty jealousy or pique, but real opposition to God's will, how should it be dealt with?

3 FAITHFUL IN THE CONVICTION OF THE LORD'S VICTORY
(Numbers 13-14)

Do you know the story of the two Frenchmen who lived in England for many years? Eventually one of them decided he was going to be in England for life and so applied for British citizenship. His friend teased him about it but went along on the day that the citizenship papers were to be received. Afterwards he smiled and said to his now-English friend, 'Do you feel any different?' He replied, 'Well, yesterday Waterloo was a defeat; today, it is a victory!'

When we came into the Kingdom of God we came on to the victory side. Our God will have the final word. It is his world: he created it and he will wrap it up in his own time. 'At the name of Jesus every knee shall bow'. Whatever the sufferings and buffetings of the people of God down through the annals of history, the Lord will vindicate his word and his truth.

For Moses the conviction of eventual victory and of coming into the promised land was based entirely on the promise of God. The Lord had said it would happen and so it would. Deterrents might loom up, but nothing could stop the purposes of God from being worked out. There might be delays, but not defeat. It is this fundamental conviction that sustained Moses as they went forward step by step. Now the promised land is within reach and the spies are sent out. One leader from each of the twelve tribes is sent. Their task is to survey the land thoroughly – and to bring back a report of the strength of the people and their cities, as well as some fruit.

Faith versus faithlessness

When the spies came back after forty days there ensued the battle between faith and faithlessness. All of them agreed that the land was flowing with milk and honey and the cluster of grapes was produced as evidence. They also agreed in their report that the people and the cities were strong. There was no question about the facts. The question was over how one should respond to them. Caleb spoke out with clear-cut faith in the Lord: 'Let us go up at once, and occupy it; for we are well able to overcome it.' Then most of the other spies gave the opposite view: 'We are not able to go up against the people for they are stronger than we.' They then exaggerated the difficulties and the 'strong people' became giants who devoured their enemies.

This is a classic example of the 'faith battle'. It has been repeated many thousands of times in local churches and groups facing some particular challenge for the kingdom. There are those who see the challenge in the full darkness of the difficulties and those who see it in the full light of the Lord. There is seldom a middle path. In this instance, the difference is this: the ten spies – the majority – see the difficulties first, and through them see God, but are not convinced the difficulties can be overcome; the two spies – the minority, Caleb and Joshua – see God first and then see the difficulties in his light. No one denies the existence of the problems. The difference is over whether they believe God is able to fulfil his promise and give them victory.

TEN SPIES → THE STRONG PEOPLE AND CITIES → GOD
TWO SPIES → GOD → THE STRONG PEOPLE AND CITIES

Faithlessness looks so helpless. '*We* are not able.' It measures things entirely in human terms. What are our resources? What can we muster in numerical strength? How much money can we raise? Trust is entirely in human and earthly terms.

Faith cannot work on those terms. It has to start by asking the fundamental question: Is God in this thing or not? Is he leading us or not? Once that conviction of his leading has taken hold of us, there can be no looking back. The one unshakeable fact is that God is in this and he is the Lord who fulfils his promise and leads his people on in victory. Going ahead in faith is not confined to the calculation of our petty resources but is based on the limitless resources of the Lord, who created heaven and earth and who can supply all the need of his people.

This faith issue has to be fought out in our individual lives as well as in the Christian fellowship. It presses us back to our fundamental belief in God as God. In the faith-project on our buildings at All Souls we found ourselves steadily hemmed in to one and only one possibility. The only way of solving the pressing problem of our accommodation was by excavating beneath the church. The very thought of doing that, in the heart of London's West End, was enough to make one go cold. Indeed, as the plan developed, the estimated costings escalated to what seemed astronomical proportions.

On one of the days away that the church council had, earlier in our deliberations, God met with us in a very special way. It seemed as if cold plans and schemes became alight, like a wood fire suddenly bursting into flame. Nearly everyone present on that day knew that the Holy Spirit had come amongst us, touching us individually and uniting us corporately, so that we were left in no doubt that it was the *Lord* who was leading us into this 'impossible' task.

It was that conviction that kept our heads cool, though our hearts were pounding as we eventually set the architects at work, knowing that the costs would be around three-quarters of a million pounds and we had only £26,000 in hand.

It seemed to some outsiders absolutely crazy, but we knew we could do no other. The Lord was in this project and we were to follow as he led. We could only see the problems 'through' him. If we had calculated according to known human resources we would have given up on the spot.

Such steps of faith are exciting and demanding. There are those who will never associate themselves with such steps, though they will revel in success when it comes! One elderly church member in Manchester, where God taught us so much about trusting him, said (in a loud voice!) over and over again: 'They'll never do it . . . they'll never do it.' But on the day that, by God's grace, the hall opened free of debt, he said: 'We've done it!'

Faith, on the other hand, lays hold of the fact that the Lord is going to do it even when no human calculation can see how, when circumstances seem ranged against the project and when unbelievers pour their scorn or bitterness upon us.

It is this faith that marks out God's 'Honours Board' in Heb. 11. Moses is included firmly in the list. So is Noah – how could he have calculated how God would end *that* project? So is Abraham, going out into the unknown, and Joseph, not singled out for being Prime Minister of Egypt but rather that he believed God was going to lead the people out and hence gave directions that his bones should be kept ready for the journey! Hebrews starts with the people who embarked on these great exploits of faith; then it tells us of some who received great deliverances by faith – stopping the mouths of lions, quenching raging fire, escaping the edge of the sword. Finally it deals with a third category of faith – one that is often ignored: those who suffered for their faith, were tortured and murdered and left destitute, 'of whom the world was not worthy'. This is not 'success' faith in human terms, but it *is* in divine terms, because the key to all the examples of faith in this chapter is that these people believed in God *as God*, whatever happened. 'Without faith,' says verse 6, 'it is impossible to please God.' These people pleased God because they believed, in the face of challenge and even disaster. They may or may not have known special deliverance or victory in this life, but they all share in the eternal triumph of the Lord and they make up a 'great cloud of witnesses' to us, testifying that they believed God and he was glorified through them. They encourage us to run the race set before us, looking to Jesus – there is no other way to keep the faith-perspective.

Back at Kadesh, the 'faith' argument went on. The people moaned and harked back yet again to the idea of returning to Egypt. Joshua and Caleb pleaded further with the people: 'If the Lord delights in us he will bring us.' They saw once again that the issue was not simply a human one, but was concerned with the Lord and their response to him. Not to go forward would not be simply a matter of prudence but rebellion against God. The argument is spelt out in clear terms and the faith that 'the Lord is with us' is well expressed.

What was the outcome? The congregation decided to stone Joshua and Caleb. Faithlessness can be very vicious. One clergyman was deeply burdened about some building work that needed to be done in his church. He believed strongly that this was of the Lord but he had some faithless people to deal with in his church and on his church council. At one council meeting, in desperation at their refusal to go forward, he said, 'I believe that if the Lord is in this he will show it to us at once in some tangible and evident form.' Next morning a completely unexpected legacy turned up in the post, sufficient to cover the cost of the project. He joyfully rang up one of his church leaders to tell him. 'I said the Lord would show it,' he added. The answer came sourly back: 'You must have known about that legacy last night.'

Faithlessness is miserable. It misses all the joy, praising and rejoicing, and usually gets more and more sour. Worst of all, as Num. 14:11 says, it despises God. That is the crunch. The hurt to the clergyman could be healed. But *God* was despised. That brings judgement.

Moses interceded for the Lord's mercy: 'The Lord is slow to anger and abounding in steadfast love, forgiving iniquity and transgression . . .' Pardon was granted but the people would need to understand the deep wrong of what had happened. Instead of entering the promised land they were to wander for forty years – one year for each of the days the spies spent in the land. And those spies who doubted the Lord would not see the land at all. Joshua and Caleb alone would see the fulfilment of their faith and enter into the joy of the Lord's prepared inheritance.

One wonders how often a piece of Christian work, or the work of a local church, has been harmed and held up for years because of the faithlessness of its members or leaders. People may look at the church and attribute its emptiness, weakness or powerlessness to the times in which we live, when quite often the real reason is a failure of faith, a failure of nerve for God, a failure to believe in God *as God*, leading his people and able to overcome any opposition.

'Giants' do not disappear – they have to be tackled. Caleb had the opportunity more than forty years later to prove that his faith that God could help them overcome was right. In Joshua 14 he asks for his inheritance and even though he is 85 years old he is ready to do what he wanted to do all those years before – go against the Anakim (the giants) and the fortified cities, and show that the Lord is able to overcome. He is still wanting to serve the Lord and his faith is still as strong and true. He still wants 'wholly to follow the Lord'.

There are often 'giants' in the way in a venture of faith. They can be official bodies, or people, or other 'fortified' circumstances. They need to be tackled in prayer. Each 'giant' needs to be particularly and deliberately brought to the Lord. There will often need to be a personal meeting with the 'giant', and at such times we will want others to be supporting in specific prayer. All the 'giants' will come down to size, and usually will 'disappear' altogether. At the very least their opposition will melt away and the victory will be the Lord's and to his glory.

God wants people to believe in him and he wants churches to believe in him. Paul gives the ascription in Eph. 3:20 to 'Him who by the power at work within us is able to do far more abundantly than all that we ask or think.' That really stretches our vision. Think of all we can expect God to do, ask in those terms – and then expect *much more!* This promise is one of cascading overflow. The 'exceeding abundantly' is as strong an expression of overflowing as Paul can possibly find. Our God is not a miser who reluctantly doles out a rationed response to our requests, but a God who wants to pour out his blessing and swamp us with it, so that we cry out 'This is the Lord's doing and it is marvellous in our eyes.'

The only limiting factor in this verse is 'the power at work within us'. It is the power of the

Spirit to believe in God as God. This glorious promise can never be worked out and demonstrated where there is no faith. But once it is laid hold of in faith it encourages us to step out into the unknown with him, to see deliverances from bondage, to see the impossible happen as the waters of our Red Seas part before us, to see the amazing provision and timing of the Lord, to see his planning ahead long before we could have known anything about it, and to see his plans being fulfilled, bringing glory to his name.

Faith in the living God is a great adventure and is limitless in its possibilities. There are so many areas of life simply waiting for the people of God to enter and triumph in them. The lessons of Moses are lessons for every believer to grasp and apply in his own situation. We are called, as so many before us, to walk by faith in God. It is not a matter of great faith in God – a faith that has to be worked up in some frenzied effort of will. Faith can be as small as a grain of mustard seed. It is the one in whom that faith is put that matters. We are called not to great faith in God but to faith in a great God.

DISCUSSION QUESTIONS

1. How should we react to people who see only the difficulties and problems of a faith project? How should we deal with a defeatist attitude in ourselves?

2. What is the essential difference between faith and recklessness? To what extent to normal consideration of common sense and providence apply?

3. How should a church with a faith project deal with opposition from Church, Government officials or other 'outside bodies'?

Postscript - A Warning

Ventures of faith are dangerous – indeed, if the Lord is not with us they are disastrous. In Num. 14.40, the people, seeing they had sinned against the Lord in their faithlessness, decided to act 'in faith' and to go up against the enemy in the hill country. It seemed a praiseworthy reaction, demonstrating repentance for their previous unbelief. But there was one thing wrong. The sin had been committed and the damage done. They now had to ask afresh whether the Lord was still with them and whether *he* was still leading them to go up to the hill country. Moses told them that in planning to go up now they were *transgressing* the command of the Lord. So they would not succeed. 'But they presumed to go up'. In the event, they brought dishonour on the name of the Lord, for they had to run before their enemies. Any venture which is not within the calling and purpose of the Lord will be disastrous.

It is a salutary lesson. Sometimes people get hold of part of the idea but not the whole. They decide that they will make this matter or project one of faith. Indeed, they may admit that they should have done so in the beginning – and believe sincerely that it will now be completed. 'God is God of the Impossible. We believe in him.' It all sounds praiseworthy, but there is one thing missing. They have not asked: Is *God* leading? Is this step of faith in his plan? Have we so weighed the circumstances and the challenge and so prayed about it that it seems to us to be *God* who is leaving us no option but to proceed in this way? Then we can step out in faith. But if we do not have that conviction then we can only bring dishonour on the name of the Lord and shame on his people before the eyes of the watching world. Tragically, this has often happened. So let us be warned.

Those of us who have had the privilege of being involved in faith-projects and especially in leadership responsibility within them also need to take warning from Moses himself. It is sad that at the end of his life he should slip momentarily from the God-centredness that had always marked his leadership, into a self-centred action. 'Hear now you rebels, shall *we* bring forth water for you out of this rock?' (Numbers 20:10) It is very easy for us to think *we* have done great things in some sphere of leadership. Personalities are extolled in books and magazines and in the popular mind of the Christian community. It is vital that we keep our perspective clear and maintain as low a profile as is possible.

Obviously we cannot avoid being seen and known as leaders but we must never cease to give the glory to the Lord and to express our utter dependence on him. It is sad that this Meribah incident happened and even more sad to hear the Lord's words (20:12): 'Because you did not believe in me, to sanctify me in the eyes of the people of Israel, therefore you shall not bring this assembly into the land which I have given them.' We are all dispensable, however much we may fool ourselves to the contrary. God's work is far greater than the comings and goings of those he calls to leadership positions; and his glory is far more important than the magnifying or preserving of our personal pride and glory.

Some Principles of Faith Ventures

1 SENSING THE NEED

Faith projects are seldom, if ever, luxury extras. They arise from a real sense of need (as at the Red Sea). The work of God is being obstructed or held up. Often this will be in terms of buildings and facilities, for these are 'concrete evidences' – literally – of what God can do. Of course, it is not confined to buildings.

Is the need as we see it something bearing in upon our hearts from the Lord? Is he calling us to act? Such a conviction may grow over a long period of time or it may arise suddenly in the face of an unexpected barrier to the progress of the people of God.

2 EXPLORING THE POSSIBILITIES

We need to look at the situation 'all ends up' – examining every possible idea for tackling it. We may then have to explore these ideas further, 'earthing them' into practical thinking. For various reasons we may find obstructions and difficulties until (if this venture into which God is calling us) we shall find encouragement from the Lord. Then we shall sense that 'the wind of the Spirit is in our favour', and see the first steps of testing the scheme bring positive results.

3 ATTAINING A FELLOWSHIP-UNDERSTANDING

Those who have been directly involved up to this stage now have the task of helping the rest of the fellowship to catch up, to share the vision and come to the same conviction that 'this is of the Lord'. The way in which the conviction has grown in the leaders needs to be carefully shared with the church or group; the way in which some doors have closed and others have opened needs to be expounded in detail. In this way, everyone can 'walk the same path', seeing how God has brought the group to this point and that they can do 'no other' but go forward trusting the Lord.

4 ATTAINING A FELLOWSHIP-COMMITMENT

Action needs to support words. In the venture of a building-project, for instance, a next step may possibly be that of 'prayerful pledges'. These need not be signed. They can simply be made between the individual and the Lord, but offered publicly though anonymously in a pledge-offering service. Some guidelines may be helpful – for example, to think in 'units' of £100. The raising of sights needs to be matched by the preaching and teaching of the Word about giving. Once the heart has been set on fire with a project and the Lord's glory has been written on our hearts, pledges are soon doubled and trebled and then left behind in the joy and blessing of giving. Some who feel they can only think in terms of tens end up in terms of hundreds. It is probably no exaggeration to say, 'Think of the highest amount you can possibly give – then double it' and you will be nearer what you will actually give in the end. Other faith-ventures may require a commitment of another kind – perhaps without any money involvement at all – but they are seldom without sacrifice. The involvement of most members of a church or other Christian group in a faith-venture brings overflowing blessing that will far outweigh any financial sacrifice. God is certainly no man's debtor. It is only those who will not believe or commit who will be sad.

5 A REAL PRAYER-INVOLVEMENT

No faith-venture can be carried through in our own strength, even though we may be convinced that God is calling us to the venture. The priority of prayer needs to be seen and shared. God's honour is involved as we launch out on a faith-venture. So we shall be deeply concerned to keep in his plan, to see obstacles removed and problems overcome, and the whole venture come to glorious fruition. Then it will be evident to all that only God could have done this thing. We shall organize special times of prayer, perhaps special evenings of prayer once a month, or nights of prayer, or daily prayer, according to the urgency and the local situation. We may encourage the whole church to have a prayer pledge on the same morning each week – wherever they are at the time.

6 PRESSING ON TO THE END

Once we have set our hands to the task, the project has begun, and we are involved together, nothing must frighten us. Whatever it is that seems to threaten the progress – whether circumstances, people, opposition from without or within – we must stand firm on the conviction that the Lord has led us into this and the Lord will lead us through, if we remain faithful. We may sometimes wake up in a cold sweat wondering just what we have done in going ahead on this impossible course. Yet as we steady our nerve, laying hold again and again and again of the fact that God has called us into this and that it is not our own idea for which we have sought God's approval, then we have peace in the middle of the storm. As we go forward step by step and see the waters part in front of us we shall know more assuredly every day that the Lord is with us and will us through – to his glory.

D0674785

Nous remercions le Conseil des Arts du Canada,
le ministère du Patrimoine canadien et la SODEC
de l'aide accordée à notre programme de publication.

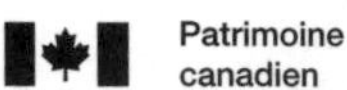

Logo de la collection:
Vincent Lauzon

Illustration de la couverture:
Odile Ouellet

Édition électronique:
Infographie DN

Dépôt légal: 4er trimestre 1999
Bibliothèque nationale du Canada
Bibliothèque nationale du Québec

123456789 AGMV 05432109

ISBN 2-89051-753-5
10923

Le porte-bonheur

DE LA MÊME AUTEURE
AUX ÉDITIONS PIERRE TISSEYRE

Collection Conquêtes

Jour blanc, roman. 1986. Collaboration avec Frances Morgan.
Flash sur un destin, roman. 1990. En collaboration.
Le silence des maux, roman, 1994. En collaboration.
L'appel de l'abîme, nouvelle, in *Peurs sauvages,* 1998.

Collection Faubourg St-Rock

L'engrenage, roman, 1991.
Roche de St-Cœur, roman, 1992.
Double foyer, roman, 1993.
D'amour et d'eau trouble, roman, 1994.
Le gros lot, nouvelle in *Nouvelles du Faubourg,* 1995.
La marque rouge, roman, 1995.
La gitane, roman, 1996.
Pontchartrain, trilogie de nouvelles, in *Ça fête au Faubourg,* 1997.
La première paye, nouvelle, in *Ça bosse au Faubourg,* 1999.
Le porte-bonheur, roman, 1999.

Collection Papillon

À la belle étoile, conte fantastique, 1995. En collaboration.

AUX ÉDITIONS FIDES

Alerte au lac des Loups, roman,1980, coll. du Goéland.
Les aventuriers de la canicule, roman, 1982, coll. des Mille îles.
Destination aventure, chronique de voyage rédigée
en collaboration, 1985.

AUX ÉDITIONS HURTUBISE HMH

La nuit mouvementée de Rachel, nouvelle, 1991, coll. Plus.
Poursuite, nouvelle, 1992, coll. Plus.

AUX ÉDITIONS VENTS D'OUEST

Le masque de la démesure, nouvelle, in *Ah! Aimer...* 1997.

AUX ÉDITIONS MÉDIASPAUL

Retrouvailles, nouvelle, in *Mauve et autres nouvelles,* 1988, coll.
Lectures-VIP.

Marie-Andrée Clermont

Le porte-bonheur

Roman

ÉDITIONS
PIERRE TISSEYRE

5757, rue Cypihot, Saint-Laurent (Québec) H4S 1R3
Téléphone: (514) 334-2690 – Télécopieur: (514) 334-8395
http://ed.tisseyre.qc.ca
Courriel: info@éd.tisseyre.qc.ca

Données de catalogage avant publication (Canada)

Clermont, Marie-Andrée

Le porte-bonheur

(Collection Faubourg St-Rock ; 28)
Pour les jeunes.

ISBN 2-89051-753-5

I. Titre II. Collection

PS8555.L47P67 1999 jC843'.54 C99-941709-6
PS9555.L47P67 1999
PZ23.C53Po 1999

Nous savons tous que l'art
n'est pas la vérité.
L'art est un mensonge qui
nous révèle la vérité,
du moins la vérité qu'il nous
est donné de comprendre.

Pablo Picasso, 1923

1

Déniaise !

En ce 7 mai, jour de mes dix-sept ans, le vieux décréta unilatéralement que l'heure du déniaisage (le mien, bien sûr) venait de sonner. À peine était-il rentré du bureau qu'il m'apostrophait :

— Prépare des vêtements chauds, Jean-Philippe, je t'emmène à la pêche en fin de semaine. On lève l'ancre demain aux aurores et on rentre dimanche après souper. Des amis nous prêtent leur chalet au lac du Carcajou. On en profitera pour se parler entre quat'z'yeux, d'homme à homme.

Oh, l'extraordinaire perspective que ce long tête-à-tête avec le paternel ! Il allait encore essayer de me stimuler les hormones. Il s'en faisait réellement avec ça. Il ne pouvait pas être plus angoissé que moi, mais ça, je n'étais pas prêt à le lui avouer. Le dialogue entre quat'z'yeux risquait d'être à sens unique.

Mon premier réflexe fut de protester, de lui mentionner la pratique du lendemain après-midi et le tournoi du dimanche. Mais bof! il suffisait de prévenir l'entraîneur Forest et voilà tout. Qui peut se prétendre irremplaçable? J'étais peut-être costaud, mais certainement pas un joueur étoile, tant s'en fallait, et c'était seulement un minitournoi de consolation. Les Béliers du Faubourg n'étaient même pas foutus de faire les séries cette année. Et puis, au fond, le hockey me servait surtout de prétexte pour m'évader de chez moi. Pour tout vous dire, le vieux m'en imposait et je n'avais pas le courage de lui tenir tête. Ce fut donc mon deuxième réflexe qui l'emporta:

— Pourquoi ne pppas partir maintenant?

Non, vos oreilles ne vous jouent pas de tours: il m'arrive de bbbégayer à l'occasion, histoire de ne pas devoir trop parler.

Pour en revenir à la question que j'avais posée au vieux, le fait est que le cœur me levait à l'idée de partager mon souper d'anniversaire avec cet ersatz de famille sans âme. Le paternel lui-même semblait passablement contrarié. Il avait bel et bien planifié notre départ pour ce soir-là, mais ses chères sœurs m'avaient préparé un repas de fête, alors...

Alors, on savoura en famille le gigagigot au gingembre de tatie Gaga avec ses gourganes gorgées de jus de gadelle, suivi du taboulé aux légumes d'Olé-Olé la sorcière. Avec un pitoyable *TALAAM!* digne des spectacles comico-tragiques des bidonvilles de Saint-Ben-Loin, le cousin Edmond déposa ensuite devant moi le baba à l'érable – à quoi d'autre! – qu'il avait commandé à l'Oasis gourmande – sa contribution à la fête –, et je réussis – je ne sais trop comment – à contenir mon exaspération pendant le traditionnel *Cher Jean-Philippe, c'est à ton tour...* qu'ils faussèrent à qui mieux mieux.

Pendant que je me défoulais en postillonnant sur les bougies, le vieux fit sauter le bouchon d'une bouteille de mousseux et on attaqua le dessert sirupeux dans une bonne humeur factice dont personne n'était dupe, et moi moins que tout le monde.

— Dix-sept ans, l'âge des folies ! clama le vieux en levant son verre. Je t'en souhaite de belles, mon gars !

Son œil salace et son ton rempli de sous-entendus firent blêmir Gaga, et Olé-Olé haussa les épaules. Le vieux adorait choquer ses sœurs et il pimentait nos repas de propos qui n'avaient d'autre but que celui-là. Mais, en ce soir festif, mes taties se contentèrent de le fusiller du regard. Le cousin Edmond quitta sa réserve habituelle pour prononcer un discours grandiloquent :

— Sois heureux, Jean-Philippe !

Mes taties n'allaient pas demeurer en reste devant cette profusion de vœux. Gaga me souhaita du succès dans mes études – preuve qu'en dépit de son attitude grincheuse et terre à terre elle croyait quand même au miracle – et Olé-Olé ferma les yeux, comme chaque fois qu'elle entrait dans une de ses pseudo-transes.

— Puisses-tu découvrir la clé de ton harmonie intérieure, psalmodia-t-elle de sa voix chevrotante de médium manqué. Rien d'autre n'a la moindre importance.

Ce qui eut l'heur de faire sortir le vieux de ses gonds. Mais – fête oblige ! – il contrôla sa fureur. En guise de représailles, il insista pour que je fasse cul sec, provoquant la colère de Gaga et la désapprobation d'Olé-Olé. Il faut croire que mes tantes et le vieux différaient d'opinion sur l'âge idéal pour le déniaisage.

Après quelques bouchées avalées en silence, le vieux reprit :

— À dix-sept ans, Jean-Philippe, il serait normal que tu amènes des copines à la maison. Ce soir, par exemple...

Un frisson me parcourut. Non mais quel culot ! Réprimant un rugissement, je le coupai en pleine lancée :

— C'est vrai qu'il manque quelqu'un ici ce soir.

Je les regardai en frémissant et leur jetai à la tête :

— Ma mère !

Puis, de peur de m'effondrer, je me levai et quittai la salle à manger, non sans avoir vu glisser sur leur visage un soupçon de stupéfaction, voire de frayeur.

○

Je vais être bien franc avec vous : cette escapade avec mon père me puait au nez. Oh ! ce n'était pas tant la pêche qui me dérangeait ; en fait, la pêche était mon activité préférée pendant les camps de vacances. J'adorais la nature, la montagne, les grands espaces et le plein air, et je rêvais au jour où je pourrais quitter Montréal pour m'installer à la campagne et ne plus voir personne.

Non, ce qui me défrisait, c'était de me retrouver en tête-à-tête avec Normand Valois pendant deux jours. Mon géniteur et moi avions si peu en commun et, surtout, j'éprouvais une telle répugnance à lui parler.

Fidèle à sa menace, le vieux avait cependant préparé un interminable laïus qu'il attaqua dès qu'on eut enfilé l'autoroute et avec lequel il allait me casser les oreilles pendant des kilomètres et des kilomètres.

Le sujet : les femmes. Son obsession, son dada. Sa *passion,* affirmait-il pompeusement. Le vieux tapissait son cabinet de travail d'œuvres érotiques – sculptures et peintures diverses, sans oublier la vidéothèque pour adultes avertis cachée dans son coffre-fort. En outre, il possédait le plus grand répertoire d'histoires lubriques – cochonnes, si vous préférez – au Québec, peut-être même au monde. Quand il partait là-dessus, ça pouvait durer longtemps !

Pour comble, la tortue ne roulait qu'à quatre-vingt-dix à l'heure ! Le vieux conduisait avec une lenteur exaspérante. Le supplice promettait de s'éterniser et je n'avais pas fini d'en entendre des vertes et des pas mûres ! Je haïssais ces farces salaces qui réduisaient l'amour à une affaire de cul. Sans compter que cela m'embarrassait : le sang me montait aux oreilles et je devenais tout rouge. C'était au point que je n'invitais plus mes copains à la maison de peur que le vieux se mette à déconner.

Je me trompais, cependant. Cette fois-ci, le paternel ne cherchait pas à me dérider avec son humour porno. Sauf que, quand je réalisai où il voulait en venir, je me mis à regretter ses histoires grivoises ! C'était cent fois pire : il voulait me psychanalyser sur mon inexpérience amoureuse.

— Tu ne crois pas que le temps est venu de t'initier à certains plaisirs, mon garçon ? Tu lorgnes du côté des filles, j'espère ?

Une pause. Il attendait une réponse, mais s'il pensait que j'allais mordre à l'hameçon, il se trompait. On s'en allait à la pêche, soit ! Mais ce n'était pas moi qui jouerais le poisson ! J'allumai la radio et je regardai l'antenne sortir de sa cachette du côté gauche du capot. Je choisis un poste qui présentait du rock énergique, de la musique dans laquelle on pouvait s'envoler dans sa tête pour autant qu'elle fût assez forte. Évidemment, le vieux baissa aussitôt le volume.

Je haussai les épaules. On ne pouvait pas gagner sur tous les fronts. J'avais tout de même détourné son attention un moment. Pas pour longtemps, cependant.

— Embrasser une femme, une fille, peut être infiniment agréable, reprit-il. J'aime croire que tu en as déjà fait l'expérience.

Autre pause. Autre fin de non-recevoir. Je lui répondis pourtant en mon for intérieur : *Non papa, je n'ai pas encore fait la sublime expérience du baiser. Mais tu ne le sauras pas. Ainsi pourras-tu toujours me donner le bénéfice du doute.*

— Parmi tes compagnes de classe, il y en a sûrement qui sont intéressantes...

Une image fugace surgit dans mon esprit. Corps plantureux, sourire dévastateur. Je m'empressai de la bloquer et je me secouai, agacé. Ce n'était pas parce que nous avions dansé une fois ensemble que cette fille pouvait se permettre d'envahir mon subconscient. Je ne voulais pas penser à Violaine et à ce party débile chez mon ami Francis auquel je l'avais invitée à m'accompagner.

— Peut-être devrais-tu songer à varier tes loisirs ? poursuivait le vieux. Le hockey est un sport de gars.

Pourquoi n'essaierais-tu pas le ski, la natation, l'escalade ou que sais-je ? Tu consacrerais autant de temps à l'activité physique, mais dans des groupes mixtes.

Et bla-bla-bla… Je fixai l'antenne avec intensité. Voilà un truc auquel je recourais souvent : je rivais les yeux sur un objet qui se trouvait dans mon environnement immédiat et, immanquablement, je finissais par en voir deux. On élargit ses horizons comme on peut. Et voilà un excellent exercice pour la vue, sans compter ses autres avantages : non seulement il occupe l'esprit, ce qui permet de ne pas penser ni d'entendre ce qu'on ne veut pas entendre, mais il développe considérablement le sens de l'observation. Vous ne vous imaginez pas toutes les choses intéressantes que je pourrais vous apprendre sur la composition des antennes.

— Je t'avertis, Jean-Philippe, je ne vais pas parler tout seul jusqu'à dimanche soir. Ce week-end, c'est ton cadeau de fête, après tout !

Cette énormité, proférée d'un ton froissé, faillit m'éjecter hors de mon mutisme, une de mes armes les plus efficaces contre le vieux, mais je réussis à me contenir.

— Tu m'entends, Jean-Philippe ?

Tiens, tiens, le ton montait ! Je réprimai un fou rire. Je me sentais nerveux, mais je m'efforçai de demeurer parfaitement impassible. Le corps nous trahit parfois. On n'a pas vraiment besoin d'ouvrir la bouche pour répondre oui ou non.

— Écoute bien, mon gars. Il serait temps que tu commences… que tu aies… que tu amènes parfois des filles à la maison. Je suis prêt à t'aménager un coin à toi dans le sous-sol, un petit appartement pour recevoir tes copines, avec une entrée privée... Je ne crois pas aux endroits publics pour faire ses premières expériences amoureuses.

Un long hurlement se formait dans ma gorge! J'avais envie de lui crier par la tête tout ce que je gardais en moi depuis si longtemps. Il avait le culot de me suggérer d'emmener des filles à la maison quand lui-même n'avait pas su retenir sa propre femme!

J'étouffais. Je me sentais oppressé. C'était chronique. Il n'y avait rien à faire. Je n'arrivais pas à exprimer ces choses-là. Comme un boomerang, mon arme se retournait contre moi. Le vieux en était conscient et il en profitait. Il connaissait mes limites, mon blocage; il me dominait et il le savait; je filais doux en sa présence et je gardais mes rancœurs à l'intérieur. Mon bégaiement n'était pas toujours volontaire, malgré ce que je me plaisais à croire. Alors, il avait beau jeu de jouer les pères frustrés en mal de dialogue! Mais il pouvait bien s'étrangler avec ses questions! Les miennes restaient accrochées aux nœuds de ma gorge et devenaient de plus en plus douloureuses avec le temps.

Qu'as-tu fait à maman pour qu'elle parte sans jamais me redonner signe de vie, à moi, son petit garçon qu'elle aimait tant? Hein, papa? Pourquoi m'as-tu toujours caché la vérité? Qu'est-il arrivé, cette nuit-là? J'ai entendu ses sanglots mais je n'ai pas compris... Pourquoi ce désespoir? Pourquoi ce long cri de douleur? Où est-elle?

Comme chaque fois que j'évoquais le souvenir de ma mère, une émotion me transperçait, mélange de tendresse et d'amertume. Une musique jouait dans ma tête, une fragrance flottait autour de moi. Je n'avais que trois ans lorsque nous avions été séparés, mais mon odorat se rappelait parfaitement le parfum de maman. Ma titulaire de première secondaire utilisait le même. Que j'avais donc été serviable, cette année-là! Pour le plaisir de humer son odeur, j'effaçais le tableau, je venais chercher les feuilles à distribuer, je vidais la corbeille à papier.

Où était ma mère? Que faisait-elle? *Rainville, Justine,* voilà ce que j'inscrivais sur les formulaires sous la rubrique: *Nom de jeune fille et prénom de la mère.* Qui était cette femme qui m'avait mis au monde pour me quitter après trois ans et demi? Je ne savais rien d'elle, sinon qu'elle m'aimait. De cela j'étais certain – je n'avais qu'à évoquer sa tendresse quand elle me berçait et la douceur des mélodies qu'elle me jouait au piano.

Pourquoi le vieux l'avait-il chassée? Pourquoi s'était-elle laissé faire? Certaines nuits où je filais un mauvais coton, c'était à elle que j'en voulais et je l'accablais d'injures. Ces nuits-là étaient terribles: j'avais envie de crier ma rage et de tout saccager autour de moi.

Maman, pourquoi tu m'as fait ça?

«Quand est-ce qu'elle va revenir?» Je n'en finissais pas de poser la question, les premiers jours après son départ. «Elle est malade, Jean-Philippe.» «Oui, mais quand est-ce qu'elle va être guérie?» «On ne sait pas si elle va guérir», disaient alors papa et Gaga. Au bout de je ne sais combien de mois, j'avais compris l'inutilité de mon insistance et j'avais cessé mon lamento.

Sauf une fois, au début de la maternelle. Je voyais des camarades courir vers leur maman après l'école et la question avait recommencé à clignoter dans ma tête. Alors, un bon après-midi, j'avais demandé à Gaga, qui me ramenait de l'école: «Où elle est, ma maman à moi ? » Tatie s'était mise à hyperventiler. Elle m'avait murmuré que ma maman était partie pour toujours. J'avais demandé : « Elle est morte ? » et deviné que Gaga avait envie de répondre oui. Mais, dans un soupir, elle a fini par me dire avec une certaine réticence que, même à cinq ans, j'avais été capable de déceler : « Non, Jean-Philippe, mais elle est très malade. Elle ne reviendra pas. » « Je veux la voir », avais-je supplié. Gaga avait haussé les épaules. Je pleurais : « Je veux maman ! » Tatie Gaga m'avait serré la main en me traitant de sans-cœur ! « Tu n'es donc pas bien avec moi ? »

Et *clac !* que l'on n'en parle plus ! Affaire classée.

Jamais je n'y étais revenu. La question demeurait coincée entre mes cordes vocales et, plus le temps passait, plus le mystère me hantait.

À mes côtés, le vieux s'impatientait. Le silence commençait à lui peser.

— Bon sang ! pesta-t-il en enfonçant l'accélérateur.

Ce fut lui, cette fois, qui monta le volume de la radio.

○

Nous arrivâmes au lac du Carcajou à la pluie battante. La dernière heure de route s'était déroulée en silence. Le signal radio ne rentrait pas. De toute façon, le vieux avait besoin de toute son attention pour garder le cap à travers les trombes d'eau, et moi, comme d'habitude, je ruminais.

Même lavé par ce déluge qui n'en finissait pas, le paysage tout de gris fondu me séduisit d'emblée. La majesté tranquille des sommets arrondis qui encerclaient l'immense plan d'eau m'investit par tous les pores de la peau. Je descendis de la voiture comme en un rêve et volai en direction du lac. Ivre de liberté, je dévalai le raidillon qui menait à la grève en me délestant de mes vêtements. L'eau, merveilleusement glaciale, m'obligea à m'ébattre furieusement pour ne pas me transformer en iceberg et je m'éloignai vers le large à grands mouvements vigoureux.

Je nageai à plein régime jusqu'à ce que mon feu intérieur devienne supportable et que je me sente enfin d'attaque pour l'affrontement du week-end. Alors, seulement, je fis demi-tour pour revenir vers le chalet.

J'eus droit à une engueulade en règle lorsque je touchai la rive. Selon le vieux, l'eau était encore beaucoup trop froide pour la baignade et j'aurais pu attraper mon coup de mort ! D'ailleurs, ce n'était pas le temps de commettre des imprudences après la bronchite dont j'avais souffert au cours de l'hiver ! Et patati et patata. Je me rhabillai en concentrant mon attention sur la boîte à ordures, à l'épreuve des ratons laveurs, installée près du chalet. Astucieux, vraiment, mais je ne vais pas vous ennuyer avec une description fastidieuse.

Ma résolution se précisa pendant que je déchargeais les bagages. Le vieux souhaitait une conversation entre quat'z'yeux ! Eh bien, soit ! Je lui en donnerais pour son argent. J'allais même prendre les devants ! Je le forcerais à me révéler ce qui était arrivé à ma mère.

Il était révolu le temps du silence !

Je me jurai que j'en aurais le cœur net.

2

La mendiante de la gare St-Rock

Avec son regard de bête traquée, la mendiante arpentait la gare St-Rock, accueillant à sa manière les passagers du train qui débarquaient au Faubourg avec deux heures de retard, en cet après-midi pluvieux. Le teint cireux, les yeux cernés, elle portait une jupe détrempée qui pendait à ses chevilles, surmontée d'un ciré trop court. Un fichu en laine noire auréolait son visage ravagé. Des bottes et un baluchon complétaient son accoutrement. La main tendue, elle baragouinait d'une voix de fausset :

— *Me from Kosovo,* deux enfants, rien à manger, *no food.*

La bourrasque qui balayait le Faubourg ajoutait à la pitié qu'elle inspirait aux uns et à l'impatience qu'elle provoquait chez les autres. Les premiers prenaient conscience de leur opulence relative et les seconds, agressés par cette misère indécente, passaient près d'elle en vilipendant les fainéants. Quelques-uns se résignaient à vider leurs goussets dans sa sébile, par crainte que son visage pathétique ne les hante jusque dans leur sommeil s'ils ne lui offraient quelque obole. Une dame enveloppée dans une ample cape vert foncé lui remit un billet de vingt dollars, aussitôt imitée par un homme et une femme.

Immobile sous son parapluie, Violaine Galdès observait la scène. L'adolescente replète tentait d'imaginer les circonstances qui avaient forcé l'inconnue à s'exiler et qui l'amenaient aujourd'hui à étaler sa pauvreté à la face du monde, dans une gare de Montréal. Vivait-elle paisiblement au Kosovo, avant la guerre ? Comment avait-elle réagi lorsque la haine s'était déchaînée autour d'elle ? L'avait-on délogée brutalement, comme tant de réfugiés l'ont raconté à la télé pendant la guerre ? Sa maison avait-elle été incendiée ? Est-ce qu'elle avait dû tout laisser derrière, sauf ses petits ? Son mari avait-il été fusillé sous ses yeux ? Où étaient ses marmots en ce moment ? Qui s'en occupait pendant qu'elle mendiait pour les nourrir ? Quel âge avait-elle ? Pensant aux enfants affamés et aux repas copieux qu'elle-même engouffrait chaque jour, Violaine sortit la barre au caramel qui traînait au fond de sa poche et la tendit à la quêteuse.

— Merci, dit celle-ci d'une voix soudain très rauque, en l'enfouissant dans la poche de sa jupe. *Thank you.*

Croisant le regard de la Kosovare, Violaine frémit. Une puissante impulsion la saisit de communiquer à cette femme sa sympathie. Plus que jamais les questions pleuvaient dans sa tête. Violaine n'espérait pas pouvoir satisfaire sa curiosité, mais elle voulait au moins montrer sa sympathie. Elle cueillit au fond de sa mémoire les quelques mots albanais que sa mère lui avait appris, naguère, lors d'un court séjour à Pristina, et elle les prononça à mi-voix :

— *Fatë të mbarë.* (Bonne chance.)

Sur ces entrefaites, un rugissement de métal marqua l'entrée en gare du train qui allait vers l'ouest, jusqu'à Rigaud. Dans un grand brouhaha, les passagers en partance rapaillèrent leurs effets et s'agglomérèrent sur le quai, tandis que, des wagons, se déversait le flot des arrivants. La mendiante fut agitée d'un violent frisson et son regard exprima la panique. Elle tourna brusquement les talons et détala sans demander son reste, jouant des coudes pour se frayer un passage à travers les voyageurs.

Violaine resta là, paralysée. Indifférente à tout ce va-et-vient, elle essayait de comprendre la réaction insolite de la Kosovare. Une annonce à l'interphone la tira de sa torpeur et elle se résigna à quitter les lieux.

○

Se servant de son parapluie comme d'un bouclier contre la rafale, Violaine pressa l'allure. La halte à la gare n'avait pas été prévue dans son horaire. La pluie la faisait grelotter, ou était-ce l'image de la mendiante qui refusait de la quitter ? « Pourquoi cette réaction ? se demandait-elle. Lui ai-je fait peur ? » Violaine comprenait qu'on eût du mal à supporter la pitié, elle qui avait envie de ruer dans les brancards devant les regards de commisération qu'on lui adressait souvent en reluquant ses contours plantureux. Mais quand on quête, on joue forcément sur ce sentiment-là, alors... Non, il y avait autre chose, qu'elle aurait bien voulu comprendre. « J'aurais dû la suivre ! » se reprocha-t-elle en luttant contre l'envie de revenir sur ses pas.

Elle tourna son attention vers la délicate mission dont elle devait maintenant s'acquitter. Depuis le départ de sa sœur Rébecca, Violaine rendait quelquefois visite à Marc-André Courchesne, qui en avait plein les bras à s'occuper de sa nièce Mariane, un bébé de cinq mois dont la maman était décédée le lendemain de sa naissance. « Comment réagira-t-il à ma question ? » se demandait Violaine avec anxiété. Mais comme sa sœur avait le droit de savoir, l'adolescente de seize ans s'engagea résolument dans la rue du Ruisseau et monta les marches menant au perron des Courchesne.

Des jappements excités soulignèrent son coup de sonnette.

— C'est ouvert, cria Marc-André. Entrez ! Qui va là ? Violaine, c'est la Providence qui t'envoie ! Laisse-toi guider par l'odeur.

Le golden retriever fit fête à la jeune fille tandis qu'elle retirait son imperméable dégoulinant et le suspendait à la patère. Elle caressa l'animal, puis se dirigea vers la chambre où bébé Mariane venait de souiller sa couche. Marc-André lui jeta un regard si implorant qu'elle éclata de rire et retroussa ses manches.

— C'est pareil après chaque biberon, expliqua-t-il, mais ça me prend toujours par surprise.

En bavardant gaiement, ils vinrent à bout de tout nettoyer et de préparer la petite Mariane pour sa sieste de l'après-midi.

— Regarde, Marc-André, elle me fait une risette!

Violaine souleva le bébé et le serra contre sa poitrine. Marc-André ravala l'émotion inattendue qui lui broyait les tripes. Il se secoua et s'efforça de prendre un ton léger:

— Vous êtes belles à voir, toutes les deux. Ça me rappelle les tableaux de Rubens. Sais-tu que tu ressembles à ses modèles de femmes?

— Il les aimait grosses, faut croire!

— Tu n'es pas gr..., protesta Marc-André, mais il s'interrompit. Tu es très bien comme tu es, reprit-il gentiment, et je ne t'imaginerais pas autrement!

— Eh bien, moi, si! ricana-t-elle. Je m'imagine très bien avec quarante kilos en moins et une taille de mannequin.

Marc-André ne savait pas quoi dire. Violaine pencha la tête vers le bébé et l'embrassa avec fougue.

— En fait, je ne devrais pas déprimer comme ça, reprit-elle d'un ton plus léger. Jean-Philippe Valois m'invite à un party chez un ami à lui qui habite Ahuntsic. On va danser.

— Et répéter votre exploit de la Saint-Valentin! Wow! Tu le trouves à ton goût, ce gars-là?

— À première vue, oui, il me paraît intéressant, mais je le connais trop peu. S'il m'en donne la chance, je veux bien percer sa carapace de gars bizarre qui ne parle à peu près pas.

— Quand on est bègue, on en dit le moins possible, faut croire.

— Laissons Jean-Philippe et parlons de toi, maintenant. Tu me parais fatigué. Je pense que tu ne dors pas assez.

— Bah, quand Mariane me lance ses charmes à la figure, avec ses sourires et ses babils, j'oublie ses couches puantes et les nuits blanches qu'elle me fait passer.

— Et les jours de classe qu'elle te fait manquer. Tu n'es pas venu à l'école de la semaine ! Si ça continue, tu vas couler ta cinquième secondaire !

— Je n'y peux rien. Quand grand-maman Abuelita est malade, je reste à la maison ! Pas question que Mariane attrape un virus.

— Dire que ton frère travaille comme si de rien n'était ! s'indigna Violaine. Il devrait faire sa part, me semble ! C'est lui, le père !

Le visage du garçon s'assombrit.

— Christian n'a pas surmonté son deuil. Il noie son chagrin dans le travail, en faisant des semaines de soixante heures. Il serait bien incapable de prendre soin de sa fille. Il a envie de chialer quand il la tient dans ses bras. Le temps arrangera les choses, mais, en attendant, c'est moi qui joue les papas.

— Et tu t'en tires pas mal, ma foi.

— Pas besoin d'avoir l'air aussi surpris !

Le jeune homme reprit le poupon avec délicatesse, puis, après l'avoir déposé tendrement dans son moïse, il sortit de la chambre sur la pointe des pieds. Violaine s'étonnait chaque fois qu'elle voyait ce garçon bougon et habituellement un peu gourd s'occuper du bébé avec autant de douceur et d'adresse.

Elle le suivit au salon, passablement embêtée. Il n'était plus question de reporter sa mission. Elle inspira profondément :

— Euh... je voulais te dire, Marc-André, j'ai... hum... reçu une lettre de Rébecca...

Le garçon tressaillit et se ferma comme une huître. L'automne dernier, Marc-André et Rébecca avaient vécu de bien belles amours et projeté un voyage à deux au bout du monde. Mais, alors que lui avait renoncé au voyage pour s'occuper du bébé, Rébecca, elle, était partie pour l'Australie.

Devant la chaîne stéréo, le jeune homme fouillait à travers une pile de disques, cherchant une musique susceptible de bercer le sommeil de Mariane. Ses mains tremblaient. Il soufflait. Se raclant la gorge, Violaine enchaîna :

— Elle est allée voir tes parents à Sydney, le savais-tu ?

Non, il l'ignorait, elle le lut dans son regard ébahi, voire furieux. Normalement, comprenant à quel point le départ de Rébecca l'avait écorché vif, Violaine aurait laissé tomber le sujet, sauf que sa sœur posait dans sa lettre une question précise.

— Elle ne t'écrit pas, à toi ? reprit-elle doucement.

Voilà ! C'était fait. La jeune fille sentit aussitôt la colère désespérée de Marc-André, qui se retourna brusquement, le visage décomposé.

— Le billet doux hautement inspiré qu'elle a daigné me griffonner avant de partir m'a achevé, lui cria-t-il à la figure. Elle m'a *flushé*, un point c'est tout. Rien à rajouter. N'en parlons plus. Tu peux dire à ta sœur que j'ai brûlé ses autres lettres sans les ouvrir et que les prochaines subiront le même sort.

Il s'interrompit, puis reprit d'une voix sourde :

— Et toi, va-t'en, et ne reviens jamais !

Bouleversée, Violaine voulut lui serrer le bras, mais il la repoussa brutalement. Elle se contenta de murmurer :

— Si j'avais été à sa place, je ne serais pas partie.

Marc-André pivota vers le mur tandis que Violaine attrapait ses vêtements et sortait. En dévalant l'escalier de la façade, elle reconnut les accords fougueux d'une ballade de Joaquim Rodrigo.

3
Xandro

La mendiante s'était tirée de la gare en catastrophe et fonçait à une vitesse surprenante, compte tenu de son accoutrement encombrant. Tous les dix pas, elle regardait par-dessus son épaule, persuadée qu'on la poursuivait. Effectivement, une policière en uniforme courait dans son sillage. Or les policiers, avec ou sans uniforme, étaient les dernières personnes que la mendiante avait envie d'avoir à ses trousses. Elle traversa le croissant St-Rock sans ralentir, esquivant habilement voitures et autobus, enfila la rue des Églantiers et, déterminée à semer sa poursuivante, elle bifurqua brusquement dans une ruelle. Avisant un conteneur qui flanquait les cours arrière d'un pâté de maisons en rangées, elle se donna un élan assez puissant pour prendre appui sur le rebord et sauter à l'intérieur. Elle réprima un cri de douleur lorsque son poignet droit se déchira le long du rebord rugueux, et elle atterrit sur un tas de journaux. Avec fébrilité, elle se débarrassa de son ciré, de ses bottes et de la jupe détrempée qui lui collait aux chevilles, puis arracha fichu et perruque, découvrant une courte chevelure jaune, plaquée sur sa tête par la sueur et surmontant un visage d'adolescent.

Redevenu lui-même, Xandro inspecta le lieu où il se trouvait : un conteneur servant à la récupération. « J'aurais pu tomber plus mal », conclut-il en essayant de déplier un journal pour se glisser dessous. Mais la pluie avait repris de plus belle et tout était détrempé. Son poignet lacéré saignait abondamment et la vue de ce sang le révulsait. Avec un morceau du cahier A de *La Presse,* il fabriqua un tampon de fortune qu'il appliqua sur la blessure pour contenir l'hémorragie. Puis il tenta de penser à autre chose. Il se félicita d'avoir gardé son short et son tee-shirt sous ses hardes. Il avait enfoui l'argent dans une de ses poches. Le fruit de sa mendicité. Il le sortit, compta cent douze dollars et soixante cents, le remit en lieu sûr. Il entendit des pas précipités à travers l'averse et une dose d'adrénaline l'envahit. Il s'aplatit et tenta de faire le mort, sauf que sa respiration sifflait bruyamment et que les battements de son cœur sonnaient le glas dans ses oreilles. Tous les sens aux aguets, il croisait les doigts, suspendu au fil ténu de son espérance. Avec un peu de chance, la policière – si c'était elle – croirait que la mendiante s'était réfugiée dans l'immeuble à logements d'en face. Le garçon avait eu le temps d'en remarquer la porte de service entrebâillée.

Au bout d'un moment, les pas s'estompèrent. Il ne se sentit pas soulagé pour autant. Rien ne serait gagné tant qu'il ne serait pas à des lieues de là. La vie lui avait ménagé trop de surprises désagréables dans le passé pour qu'il crie victoire trop vite.

Il reprenait tant bien que mal une respiration normale quand l'image de la grosse fille s'imposa à lui. L'intensité de son regard. La sincérité de son sourire. Sa main ouverte. Il ressentit une émotion inattendue et sursauta. *La barre au caramel.* S'il fallait qu'il l'eût perdue ! Dans l'état survolté où il se trouvait, cette éventualité prenait des allures de catastrophe. « Où ai-je fourré cette foutue jupe ? » se demanda-t-il. Il tâtonna autour de lui en s'efforçant de ne pas faire de bruit. Le grincement d'un camion le fit tressaillir. Venait-on vider le bac ? Il fallait déguerpir, au risque de tomber dans les pattes de la policière qui l'attendait peut-être, embusquée quelque part. Curieusement, l'idée que la barre au caramel fût perdue à tout jamais l'attristait davantage que la perspective d'être découvert. Farfouillant fébrilement sous le tas de bouteilles où il avait enfoui son déguisement, il retrouva enfin ce qu'il cherchait. Ses doigts enserrèrent la friandise et il ferma les yeux, transfiguré.

Un étourdissement soudain ; tout basculait autour de lui. Que lui arrivait-il ? Jamais il n'aurait cru qu'un sentiment si fort pût l'envahir. Il se pinça pour vérifier qu'il ne rêvait pas. « Elle était là. Elle m'a donné une barre au caramel. Elle m'a souri. Elle m'a regardé avec amour. Elle m'a touché. Dans tous les sens. Je suis fou d'elle. Totalement. Absolument. Pour toujours, non, toujours ne suffit pas. Éternellement, voilà ! » Il fallait qu'il la revoie, et vite. Ah ! pourquoi s'était-il sauvé ? « Je l'avais trouvée, ma sœur, mon âme, mon âme-sœur, et il a fallu que je déguerpisse ! Tout ça parce que je suis trop froussard. Maudite peur ! »

Il allait la retrouver. Cette décision le fouetta. Il retournerait aux environs de la gare, elle reviendrait sûrement dans le coin un de ces jours, et alors il l'aborderait. Mais parlait-elle seulement français ? Elle s'était adressée à lui en une langue inconnue. Se pouvait-il qu'elle fût elle-même kosovare ?

En proie à un besoin soudain de goûter la barre au caramel, il en défit l'emballage avec fébrilité. À la première bouchée, une chaleur l'envahit. Il la porta à son nez. Au-delà de la senteur sucrée, il aspirait le parfum de la fille. Un parfum qu'il ne pouvait identifier mais qui l'envoûtait. « *Son* parfum », songea-t-il, et son cœur battit la chamade. Il prit une autre bouchée, mais le bruit du camion qui se rapprochait lui rappela l'urgence de détaler. Se hissant le long de la paroi du conteneur, il risqua un œil, puis s'envola.

Il mastiqua la dernière bouchée en déambulant dans la rue des Églantiers, le long de l'hôpital St-Rock. Soulagé de n'être pas suivi, il tentait de faire le point sur sa situation. Pour la première fois depuis sa sortie du centre jeunesse, il regrettait ses cheveux agressifs, symbole de sa liberté nouvelle.

Sans crier gare, un salmigondis de souvenirs et d'émotions l'assaillirent, sens dessus dessous : la sensation de légèreté quand il avait quitté le centre jeunesse ; la rancœur accumulée au fil des neuf années passées à l'intérieur des murs ; le besoin de s'éclater en affichant une tenue extravagante maintenant qu'il vivait dehors. Jusqu'au scénario de la mendiante, cependant, il n'avait jamais rien fait pour attirer les problèmes. « Je n'aurais jamais dû marcher dans la combine de M. Therrio, songea-t-il avec amertume. On ne m'y reprendra plus. » Il avait l'impression de s'être fait manipuler. Il commençait à nourrir certains doutes sur les intentions de son libérateur. « Allons donc, avait fait Bertin Therrio lorsque Xandro lui avait avoué ses inquiétudes. Les mendiants sont tolérés à Montréal. Que vous soyez vous-même ou déguisé en Kosovare, où est la différence ? » Malgré tout, le garçon n'aurait pas aimé que la policière le mette à nu. C'est quand la fille lui avait parlé dans cette langue incompréhensible qu'il avait paniqué. Il s'en voulait de s'être sauvé, mais il n'avait pu courir le risque d'être démasqué, surtout par elle. Comme il regrettait, cependant, de n'avoir pas mieux enregistré le son de sa voix pendant qu'elle s'adressait à lui ! Et s'il ne la retrouvait pas ? Cette pensée le plongea dans l'angoisse.

Il s'arrêta brusquement, en proie à la panique. Sa plaie s'était rouverte et le sang coulait, se mêlant à la pluie. Il n'avait rien pour l'éponger, rien. Ce fut la goutte qui fit déborder le vase. Les nerfs, le désespoir, la fatigue. Les sanglots le prirent malgré tout par surprise et il se réfugia dans le stationnement de l'hôpital pour les laisser déferler. Il n'avait pas braillé comme ça depuis l'âge de cinq ans, le jour où des travailleurs sociaux étaient venus l'arracher à ses parents, soi-disant pour le soustraire à un environnement *malsain* – le mot était d'eux. Ce chagrin-là, pourtant enfoui dans les retranchements de sa mémoire, avait surgi sans prévenir, aussi aigu qu'au premier jour malgré les années écoulées. Xandro avait grandi au milieu d'une faune étrange, constituée, d'une part, de garçons abandonnés, comme lui, et, d'autre part, de contrevenants condamnés à vivre en institution par le

Tribunal de la jeunesse. Après quelques essais désastreux en famille d'accueil, Xandro était revenu au centre où il avait fini par se construire une carapace de dur à cuire pour camoufler sa sensibilité excessive. Il s'était souvent demandé, cependant, lequel des deux environnements était en fait le plus malsain.

S'il avait nourri l'espoir que ses parents viennent le chercher, cet espoir s'était éteint le jour où on lui avait appris leur mort. Une bagarre qui avait mal tourné. Xandro avait alors onze ans. Il avait serré les dents, comprenant qu'il n'y avait plus d'espoir, qu'il devrait se résoudre à attendre sa majorité. Dès ce moment, il avait compté les jours.

Il s'appuya contre une voiture grise, ferma les yeux et frissonna. Il entendait le surveillant beugler. Un moment, il crut que c'était vrai, que quelqu'un était là, derrière lui, à lui crier par la tête. Il faillit perdre connaissance. Se retournant, il vit un homme qui secouait un petit garçon en l'accablant de bêtises. Sa poitrine ne se décrispa pas pour autant. Il eut une pensée de sympathie pour l'enfant et s'affaissa contre la voiture. La nausée le saisit. Ah! s'il avait pu effacer à tout jamais de sa mémoire le trop long temps passé au centre.

L'année précédente, un arc-en-ciel s'était pourtant dessiné dans la grisaille de son firmament, sous les traits d'un nouveau prof de français à l'école du centre jeunesse, Bertin Therrio, qui s'était mis en tête de monter un spectacle. Envers et contre tous. Lorsqu'il avait proposé son projet aux autorités, les réactions n'avaient pas pêché par excès d'enthousiasme, c'est le moins qu'on puisse dire. Inquiétude et réticence. Mais M. Therrio avait défendu son idée et affiché son annonce sur tous les babillards de l'institution.

C'est le souvenir du cirque qui avait poussé l'adolescent à s'inscrire. Un des rares souvenirs heureux du temps où il vivait avec ses parents. Le grand chapiteau. Le décor fabuleux. Les animaux. La musique envoûtante. Les clowns. Et, surtout, les acrobates qui défiaient audacieusement toutes les lois de la gravité, en faisant palpiter le cœur des spectateurs éblouis. Les bravos frénétiques. Ses parents qui haletaient avec lui dans les moments dramatiques. Le rêve était né en lui, ce soir-là. Participer un jour à un spectacle. Marcher sur la corde raide comme les funambules. Jouer de la flûte ou de l'harmonica à dos d'éléphant. Dompter des tigres. Réussir des tours de passe-passe comme les magiciens. Jongler comme les clowns.

En secret, il s'exerçait à lancer des quilles – deux, trois, quatre et même cinq – et à les rattraper. Il s'amusait à faire tourner des frisbees autour d'un bâton en courant ou en cabriolant. Il s'inventait des exercices pour augmenter sa coordination, regrettant qu'on intègre si peu de sports et d'éducation physique dans l'horaire du centre jeunesse.

Ce spectacle, cet unique spectacle de cirque auquel il avait assisté, enfant, lui avait inspiré des poèmes, des esquisses, et un grand rêve. Vivre du cirque, voilà ce qu'il aurait voulu faire. Rêve inaccessible, caressé en silence aux heures d'orage.

Une bouffée de joie l'avait envahi lorsqu'il avait lu l'annonce de M. Therrio. « Volontaires demandés pour participer à un spectacle. » En inscrivant son nom au bas de l'annonce, il avait changé le cours de sa vie.

M. Therrio s'était vite aperçu de son talent et l'avait pris sous son aile. « Vous avez l'âme d'un poète, Xandro, lui avait-il dit, et la créativité d'une bête de scène. » À cette évocation, les larmes lui montèrent encore aux yeux, qu'il chassa avec agacement.

En se redressant, il aperçut le sang qui giclait par secousses hors de son bras et il pâlit d'effroi.

— M'est avis qu'on devrait soigner ça, mon garçon.

Sursautant, il se retourna vers celui qui venait de lui parler. Il se sentit défaillir, voulut se sauver, mais n'en eut pas la force. L'homme d'une cinquantaine d'années qui le regardait avec bienveillance n'était ni un policier ni un brigand, mais bien le propriétaire de la voiture sur laquelle il s'appuyait.

— Ne bouge pas. Je m'occupe de ta blessure.

Voyant la terreur altérer de nouveau les traits du garçon, l'homme précisa avec une bonhomie un peu bourrue :

— Je suis le docteur Pontchartrain. On va régler ça en deux temps, trois mouvements.

Tout en parlant, le médecin avait déverrouillé les portes de la voiture et ouvert sa trousse. Il fit asseoir le garçon sur le siège du passager, lui prit le poignet d'autorité et pressa sur la blessure un tampon imbibé d'alcool.

— Ça va chauffer. Respire à fond, ça aide.

Il lui plia le coude et maintint son poignet à la hauteur de son épaule.

— Soulève ton poignet plus haut que ton cœur et la plaie ne saignera plus, dit-il. Je vais te mettre un pansement enduit d'antiseptique. En voici un autre, pour que tu puisses le changer dans la soirée. À propos, quel est ton nom ?

— Xandro.

— Eh, Xandro, je ne sais pas où tu t'es fait cette magnifique entaille mais, à tout hasard, je te fais une piqûre antitétanique. À moins que tu n'en aies eu une depuis cinq ans.

C'est au moment où l'aiguille pénétrait dans sa peau que Xandro reconnut sa belle. Elle marchait d'un pas vigoureux, courant presque sous son parapluie, tout droit vers la station de métro. Il se mit à frétiller, n'osant croire à sa chance. Il ne la lâcha pas des yeux et, à peine l'aiguille eut-elle quitté son bras qu'il se levait et partait au pas de course, sans même un merci pour le bon docteur.

4
L'éléphant et le mulet

Les yeux sur l'horloge électronique de la station des Églantiers, Violaine attendait le métro qui la conduirait au Complexe Desjardins où elle avait rendez-vous avec ses copines. Elle était restée plus longtemps que prévu chez Marc-André et elle trépignait sur place en imaginant les autres qui poireautaient à la porte du cinéma. «Arrive, métro de malheur!» maugréait-elle intérieurement tout en mastiquant un caramel mou. Elle repensa à sa conversation avec le jeune homme et des larmes lui montèrent aux yeux, qu'elle essuya avec irritation. «Rébecca n'aurait jamais dû s'en aller! bougonna-t-elle. Marc-André aurait autant de boulot avec Mariane, mais il se sentirait aimé et il vivrait parfois des moments heureux. Tandis que là... Comme ce doit être affreux de se faire abandonner!» Elle revoyait la détresse du jeune homme, sa tête tournée contre le mur, le chien affalé à ses côtés. Elle ferma les yeux pour encaisser la bouffée d'émotion qui la secouait.

Le quai se remplissait, mais le métro brillait par son absence. L'air devenait étouffant. Violaine jongla avec l'idée de retourner chez elle. Pouvait-elle encore arriver à temps, à l'heure qu'il était ? Ses copines ne l'attendraient pas pour entrer dans le cinéma et elle manquerait les premières minutes du film. Pour tromper son impatience, elle laissa son regard errer sur les panneaux publicitaires du quai d'en face. Une affiche géante retint son attention : une jolie brunette au visage lumineux, suspendue entre ciel et terre, les mains tendues vers un ballon qu'elle venait de lancer avec succès dans un panier. Son paréo volant au vent et sa camisole ajustée faisaient ressortir l'équilibre de ses proportions. Son corps, concentré dans l'action, irradiait la joie de vivre et l'ivresse du jeu. Sous l'image, quelques mots en lettres d'or : *Ton problème de poids, on en fait notre affaire. Viens nous voir.* Suivaient les coordonnées de la Clinique Santé/Nutrition du Faubourg. Étouffant un soupir, Violaine détourna les yeux et les reporta sur l'horloge.

C'est alors qu'une voix caverneuse grésilla dans l'interphone : « Un problème technique nous oblige à interrompre le service entre les stations Berri-UQAM et des Églantiers. Des autobus seront mis en service pour accommoder les passagers… »

Un tonnerre de jurons enterra la fin de l'annonce et la ruée vers la sortie s'amorça dans le désordre. Bousculée de tous bords, tous côtés, Violaine s'engouffra dans l'escalier roulant où se pressait une foule en colère.

— Tasse-toi, bébé éléphant! tonna une voix taquine. Tu prends toute la place!

«Ah non, pas lui!» pensa Violaine, piquée au vif. Elle se retourna vers celui qui venait de l'insulter et, comme de fait, aperçut Sergio Brunetti, un camarade de classe qui se croyait comique et qui avait l'heur de lui tomber sur les nerfs. Depuis quelque temps, à l'école, il avait pris l'habitude de s'amuser aux dépens de ses rondeurs. Oh, gentiment et sans malice, sauf que ces quolibets, acceptables (et encore!?!) dans le contexte familier d'une salle de classe, constituaient un affront sur la place publique, en particulier dans une situation de frustration comme celle-ci. Mais elle n'allait pas se laisser insulter ainsi sans se défendre. Les joues en feu, elle riposta du tac au tac:

— Tu peux bien parler, espèce de mulet surchargé!

Un fou rire se répandit autour d'eux. Avec ses patins et son bâton de hockey sur l'épaule, et l'énorme sac de sport qu'il transportait, Sergio prenait au moins deux fois plus de place que Violaine.

— Erreur, pouffa-t-il. Tu te trompes.

Sans quitter son air narquois, il se mit alors à fredonner: *Un éléphant, ça trompe, ça trompe. Un éléphant, ça trompe énormément.* Sa rengaine ne s'arrêta que lorsqu'il se retrouva au rez-de-chaussée de la station. Passant devant Violaine, il se dirigea vers la sortie, sans remarquer la jeune fille qui le talonnait avec la ferme intention de ne pas le laisser s'en tirer impunément. Ce n'est qu'une fois rendu à la porte que Sergio l'aperçut de nouveau.

— À lundi, bébé éléphant, lui jeta-t-il, moqueur.

Le sang de Violaine ne fit qu'un tour. Les émotions accumulées depuis le début de l'après-midi lui montaient à la gorge et décuplaient son énergie. Elle agrippa Sergio par le patin qui lui pendait dans le dos et le força à pivoter vers elle. De surprise, il en laissa tomber son sac. Sans se soucier de l'attroupement qu'elle provoquait, la jeune fille, les yeux jetant des éclairs, lui siffla à l'oreille :

— Dis donc, mulet de mon cœur, penserais-tu par hasard que je suis aveugle ? Ou que j'ai la vision déformée ? Eh bien, je te rassure tout de suite : je le sais que je suis toutoune. Et *non,* je n'engouffre pas deux douzaines d'œufs et trente kilos de patates par jour, désolée de te décevoir. Je suis bien bâtie, je pèse plus que la moyenne et je n'y peux rien. Et ne t'attends surtout pas à ce que je me mette aux cucurbitacées-et-rien-d'autre juste pour te faire plaisir jusqu'à ce que je maigrisse ou crève. Je n'ai pas l'étoffe d'une martyre. Alors, j'ai des *grosses* nouvelles pour toi, mulet : tu vas devoir m'accepter comme je suis, c'est-y clair ?

— Bravo ! cria quelqu'un.

Une lueur de panique traversa le regard de Sergio. Le jeune homme aurait bien voulu rentrer sous terre mais, comme le métro était en panne…

— Euh ! pompe-toi pas comme ça, voyons ! marmonna-t-il, cramoisi. Je n'ai... j'ai... c'est... Jamais…

— Inutile de bredouiller pour si peu, l'interrompit Violaine en lui donnant une pichenotte sur la joue. En fait, mulet, j'apprécierais que tu te la fermes et que tu cesses de faire allusion à ma toutounerie à cœur de jour !

Sur quoi, pour cacher ses larmes intempestives, elle tourna les talons et franchit au pas militaire la porte battante de la station.

5

Entre quat'z'yeux

Complètement épuisés, nous nous retrouvâmes dans le chalet, le vieux et moi, après un rude combat contre les éléments. La pluie avait cessé au cours de l'après-midi, mais, après une courte trêve, Dame Nature y était allée de ses fantaisies nouvelles. De méchantes rafales soufflaient du nord. Des vagues déferlantes nous fouettaient sans pitié, ballottant la chaloupe en tous sens, menaçant de nous faire chavirer. Nous étions tout près du bord, mais les bourrasques entravaient tellement notre course qu'il nous fallut un gros quart d'heure pour accoster à notre quai.

J'avais eu la chienne de ma vie et le vieux avait viré au vert ; cependant, une fois hors de danger, je me rendais compte que ces manœuvres d'urgence avaient huilé mon système et m'avaient revigoré. Même si je dégoulinais comme une fontaine, je me sentais exalté, vibrant d'énergie et confiant de pouvoir enfin mener à bien mon enquête.

Toute la journée, j'avais travaillé à me crinquer, pendant qu'on appâtait les lignes, pendant qu'on se laissait dériver sur le lac dans l'espoir de trouver des bancs de poissons, puis, plus tard, quand la truite eut commencé à mordre. Je n'avais pensé à rien d'autre. De temps en temps, le vieux avait fait du bla-bla. À un moment donné, il s'était mis à palabrer sur le plaisir de cette escapade avec moi – notre première véritable expédition ensemble. Sur son père à lui, avec qui il n'avait jamais rien partagé.

— J'aurais tellement aimé vivre quelque chose du genre avec mon vieux, me confia-t-il.

Je sais, je sais, j'aurais dû répondre quelque chose, mais j'étais tellement obsédé par mon idée fixe que ses paroles me parvenaient en différé, comme un écho. Il me racontait sa vie, alors que c'est de maman que je voulais entendre parler. En désespoir de cause, il avait sorti quelques-unes de ses farces cochonnes, sauf que je restais de bois et qu'il s'en était lassé. De toute façon, la pêche se faisait mieux en silence, j'avais appris ça au camp d'été.

Lorsque la tempête nous avait obligés à unir nos forces pour rentrer sains et saufs, j'avais pensé : « Si ces tourbillons infernaux ont raison de moi, je mourrai malheureux, puisque je n'aurai pas appris la vérité. »

Même après, tandis qu'on rangeait nos prises dans le congélateur et qu'on apprêtait la truite pour le souper, tandis qu'on parait les légumes et qu'on allumait le vétuste poêle à bois, je n'arrivais pas à ouvrir la bouche.

Ma poitrine se comprimait dès que j'essayais de dire un mot. Pour meubler le silence, le vieux partageait son savoir :

— On a toujours tendance à trop cuire la truite. Pourtant, il suffit de l'enfariner, de la saisir dans un beurre roux et de la laisser attendre au four très bas pendant qu'on prépare la sauce. On ajoute un peu d'huile dans le fond de poisson et on y fait sauter des échalotes émincées, du piment et des champignons tranchés, on parfume avec du citron, de la ciboulette, du basilic, du romarin… et, évidemment, un bon verre de vin blanc sec. Ça vaut la peine de se donner du mal pour goûter la pleine saveur des merveilles mises à notre disposition par la Providence.

Puis, avec un clin d'œil malicieux, il ajouta :

— Jean-Philippe, la bonne bouffe est la clé de toutes les conquêtes. Crois-en mon expérience : il n'y a rien comme un régal gastronomique pour ouvrir le cœur d'une femme et gagner ses faveurs. Ne l'oublie pas, ça te servira un de ces quatre.

En dressant le couvert, je me demandais pourquoi j'étais incapable de profiter de ce moment privilégié. Le vieux m'apparaissait soudain sous un jour tout à fait potable. Même les allusions à ses fêtes galantes, qui me hérissaient le poil à l'accoutumée, me faisaient sourire. Pour une fois, je n'aurais pas détesté quitter mon armure et trouver la vie belle. Pourquoi demeurais-je toujours sur mes gardes avec lui ? Hélas, impossible de me relâcher. Je n'arrivais pas à lui pardonner le renvoi de ma mère. Une bataille se jouait en moi, mais je restais sur mes positions.

La table était prête et j'avais une faim de loup, mais voilà que le vieux imposait encore une fois sa volonté implacable :

— Pas question de passer à table dans l'état où nous sommes. Ça limiterait notre volupté. Nous puons, nous avons les bras et les cheveux boueux. Pour faire honneur à de telles agapes, il faut se mettre sur son trente et un. Allez, ce sera une course contre la montre. Il faut le faire en cinq minutes si nous voulons déguster les mets à leur meilleur.

J'étouffai un grognement. Ah ! si j'avais donc été capable de protester et de crier au vieux mes frustrations ! On était dans un chalet au bord d'un lac perdu, pas dans une croisière cinq étoiles ! Mais je conservai mon énergie pour la conversation sur maman. Ce soir, absolument ! Après le souper. « Parole d'honneur ! me disais-je, avant la fin de la journée, je lui aurai parlé. »

En rouspétant, je retirai mes nippes et me dirigeai vers la salle de bains. Déjà rasé, le vieux s'égosillait sous la douche. Sa version de *Belle* ne rendait pas justice au talent de Cocciante et de Plamondon, tant s'en fallait, mais bof ! si ça l'amusait de se prendre pour un artiste, c'était bien son affaire.

Un miroir sur pied me renvoya mon image : dans le meilleur des cas, je me trouvais moche et l'air insignifiant, mais là, avec mes cheveux hirsutes et ma peau crasseuse, j'étais absolument dégoûtant ! Je détournai les yeux.

— À toi la douche, fit le vieux en poussant la porte.

En y entrant à mon tour, je ne pus m'empêcher de reluquer mon père. À poil, il était assez impressionnant : pas très grand, mais magnifiquement proportionné. Il portait drôlement bien ses quarante-deux ans : chairs fermes, muscles développés, poitrine poilue. Pas laid avec ça ! Il surveillait son poids, soignait ses ongles et sa coiffure, s'entraînait au centre sportif deux fois par semaine et faisait attention à ne pas développer de bédaine. Tout ça pour plaire aux femmes, bien entendu !

— Content de ta journée ? me demanda-t-il en s'essuyant vigoureusement.

Sous le jet d'eau tiède, je gargouillai une réponse non compromettante qu'il pourrait interpréter comme bon lui semblerait.

— Moi, je le suis, en tout cas ! s'exclama-t-il joyeusement. On fait une bonne équipe tous les deux. Tu ne jases pas plus qu'il faut, mais pour l'efficacité, tu es numéro un ! Je l'ai constaté tout au long de la journée, et, plus particulièrement, pendant le dernier droit en chaloupe. Demain on va s'attaquer à autre chose. S'il fait beau, on grimpera au panorama. C'est un éperon rocheux d'où on a une vue époustouflante. On escalade une piste de trois ou quatre kilomètres, en pente assez raide, mais qui ne devrait présenter aucune difficulté pour un sportif de ton calibre. Allez, ouste ! fit-il en sortant. Je sers dans deux minutes.

Je me récurai en cinquième vitesse, m'essuyai sommairement, puis grimpai dans la chambre qui m'avait été assignée, sur la mezzanine, pour enfiler mon jean de rechange et une chemise à carreaux propre. Je redescendis l'escalier quatre à quatre, rendu complètement dingue par les arômes délectables qui émanaient de la cuisine. Mon estomac glougloutait furieusement.

Je tombai des nues en apercevant le vieux, tiré à quatre épingles : souliers vernis, pantalon beige en coton brossé, chemise écrue surmontée d'une veste cintrée en soie bourgogne. Au cou, une lavallière mordorée ornée d'une épinglette. Une tenue franchement exagérée pour un samedi soir avec son fils au fond des bois. Ah, et puis bof! il pouvait bien faire à sa guise! Son eau de toilette sentait peut-être un peu trop les fleurs, mais, tant qu'il ne m'obligeait pas à m'en parfumer, il pouvait s'enivrer avec, si ça lui chantait! Tiens, il aurait fait la paire avec Double-V, la chère directrice adjointe de La Passerelle! Cette pensée m'arracha un fou rire.

— Je vois que tu es de bonne humeur, se réjouit le vieux en me tendant une coupe. Allez, à tes dix-sept ans, mon garçon!

Je trempai mes lèvres dans le vin blanc et retins une grimace.

Pendant le souper, je réussis à me détendre. D'abord, la douche m'avait vraiment fait du bien. Et puis nous nous régalions. Je devais reconnaître les talents de cordon-bleu du vieux! Nous savourâmes la truite nappée de sa sauce onctueuse, avec pignons grillés, purée de navets, épinards à la dijonnaise et carottes en julienne. Jamais je n'avais rien mangé d'aussi bon. Je craignis même, un moment, que ça ne ramollisse ma décision. Puis je me convainquis qu'au contraire le vieux serait de meilleure humeur, après un tel festin, pour subir mon interrogatoire. Afin de mettre toutes les chances de mon côté, j'acceptai même la tasse d'expresso qu'il me servit avec la bavaroise aux fruits! Moi qui détestais le café! Des plans pour ne pas fermer l'œil de la nuit.

— Avec Gaëtane qui défend l'entrée de la cuisine comme un Cerbère, je n'ai guère l'occasion de faire valoir mes talents culinaires à la maison, me confia le vieux. Alors, j'en profite quand je suis ailleurs.

— C'était fameux, dis-je. Où as-tu appris à cccuisiner comme ça ?

— Au contact de certaines gastronomes qu'il m'a été donné de fréquenter. Les femmes sont de puissantes maîtresses, mon garçon, ne l'oublie jamais. On apprend plein de choses auprès d'elles, pour autant qu'on se laisse guider. Et je ne parle pas seulement des délices du palais. Je suis content que tu aies apprécié ce repas. La capacité de jouissance est un don à cultiver. J'ai préparé cette soirée pour que tu le comprennes, Jean-Philippe.

Alors, tout à coup, je renonçai à lutter. Pour la première fois depuis belle lurette, j'éprouvais un réel plaisir en compagnie de mon père.

— Si tu délogeais Gaga de temps en temps, on s'en ppporterait mieux, lui dis-je en rigolant. La bouffe serait plus décente dans la baraque !

Le moment était venu, je le sentais. J'allais plonger. Calé dans un fauteuil à oreilles, le paternel sirotait un cognac en grillant un de ces petits cigares odorants que les sorcières lui interdisaient formellement dans la baraque, tandis que j'allumais un feu dans le foyer. Sur la platine de la chaîne stéréo, nous avions mis à jouer un disque appartenant aux propriétaires du chalet. Une valse de Chostakovitch imprégnait la pièce de sa mélancolie envoûtante. Je tournais le dos au vieux. Je savais que je devenais amer lorsque je pensais à maman, alors je m'efforçais de contrôler mon animosité – après tout, je voulais seulement savoir la vérité. Je déglutis une couple de fois, puis je commençai, lentement, pas trop fort, car ma voix tremblait :

— Papa, ça fait longtemps que... je n'en ai pas parlé, mais il me semble qu'à dix-sept ans... ce serait le temps... que je sache ce qui est arrivé à... maman.

Je ne bégayais pas, j'hésitais seulement un peu.

Le vieux ne répondit pas. Dehors, il ventait à décorner les bœufs. Le crépitement du bois dans l'âtre se mêlait à la bise qui sifflait par les fenêtres au point d'enterrer la musique. Le sang battait dans mes oreilles. Je retenais mon souffle. S'il ne disait pas quelque chose vite, je risquais d'éclater.

Il prononça enfin quelques mots, hésitants eux aussi :

— Entre... ta mère et moi, ça ne pouvait pas... durer.

Il se tut encore une fois. Je lorgnai de son côté, mais son visage ne trahissait rien. Au moins, il ne refusait pas d'en parler, comme je l'avais craint. J'insistai, mais mes mots sortirent tout échevelés :

— Comment ? Je veux dire... je voudrais comprendre... ce qui s'est passé.

— Ta mère avait... euh... des problèmes.

Je ne dis rien pendant un bon moment. J'aurais voulu parler que je n'aurais pas pu. J'espérais qu'il continuerait. Je voulais tout savoir. Des problèmes ? *Quels* problèmes ? Je n'osais me retourner. Mes yeux se brouillaient dans les flammes qui sautaient au rythme de mon cœur emballé.

— Notre mariage a été une erreur, avoua enfin le vieux. Ni Justine ni moi n'étions assez mûrs. Elle venait de perdre ses parents. À vingt-deux ans, elle se retrouvait seule au monde et fort déprimée. Et moi, eh bien, tu me connais : j'aime trop les femmes pour n'en aimer qu'une seule. Je l'avais rencontrée dans une kermesse, je la trouvais intéressante, je l'ai poursuivie de mes avances et on a commencé à sortir ensemble. Est-ce ma faute si elle a pris ce béguin pour de l'amour ? En fait, ni l'un ni l'autre n'avait appris comment aimer. Et je ne voulais surtout pas m'engager à long terme.

— Pourquoi vous êtes-vous mariés, alors ?

Le vieux sursauta, pris au dépourvu par ma hargne. Je n'élevais pas souvent la voix en sa présence. Je pensais beaucoup mais parlais peu, et rarement pour exprimer ma rancœur. Et ce soir, tout avait été si harmonieux entre nous jusque-là. Il prit une rasade de cognac, la garda en bouche jusqu'à la brûlure, puis avala en secouant la tête, violemment. Avec un rictus sarcastique, il cracha :

— Une manigance de Gaëtane, qui avait promis à notre père d'assurer sa descendance. Sur son lit de mort, tu te rends compte ! Alors, elle qui n'avait aucune envie de se mettre la corde au cou, a décidé de me marier, *moi*, si ça se trouve !

— Et tu t'es laissé faire !

— À quoi bon vouloir résister à Gaëtane quand elle a une idée en tête ? Écoute, je n'essaie pas de me justifier, mais, à vingt-quatre ans, je n'étais pas de taille à lutter contre une personne de sa trempe. Ça s'est fait si vite ! Tu comprends ?

— Je comprends surtout que tu ne l'aimais pas, maman !

— Oh que si ! Nous avons vécu de bien belles amours, Justine et moi, courtes, mais fulgurantes.

— Alors, je ne comprends rien. Qu'est-ce qui est arrivé ?

— Ce qui arrive au feu de paille qui ne trouve pas suffisamment d'oxygène une fois passée l'explosion mirifique de la première flambée. À notre retour de voyage de noces, nous nous sommes installés dans la maison familiale, à Rockland. La première année, tout s'est bien passé. C'est après ta naissance que, petit à petit, l'enfer s'est déchaîné. Je me suis vite lassé de l'atmosphère orageuse qui régnait et, plutôt que de me laisser piéger entre ma sœur et ta mère, qui ne voyaient rien du même œil, j'ai commencé à m'évader. J'ai loué une garçonnière à Ottawa, où je travaillais, et pris l'habitude de rester en ville plusieurs soirs par semaine. Entre Justine et moi, l'amour, peu à peu, s'est effrité…

Il paraissait ému. Je l'étais aussi. J'arrivai quand même à demander :

— Tu veux dire… que Gaga… Gaëtane… vivait avec vous, avec nous, même avant le départ de maman ?

— Nuance : *nous vivions chez elle*. C'est à elle que mon père avait légué la maison, et je ne gagnais pas encore assez pour louer un logement convenable. Quant à Justine, ses parents étaient morts, criblés de dettes, et elle ne travaillait pas. C'est encore Gaëtane qui nous héberge aujourd'hui.

Moi qui pensais que Gaga avait atterri dans ma vie à cause du départ de maman.

— On s'est mariés en août et tu es né le printemps suivant, mais nous n'étions pas prêts à devenir parents…

— L'avortement, ça existait, non ?

Cette fois, je le regardais bien en face. Mon cœur battait très fort. Il marqua le coup. Une ombre douloureuse rembrunit son visage. Il fit cul sec et déposa son verre sur les lattes du plancher, si durement qu'il se fracassa.

— Es-tu tellement malheureux, Jean-Philippe, que tu regrettes même d'avoir vu le jour ?

— Eh bien, oui, si tu veux savoir ! Oui, y a des moments où je préférerais ne pas être né. Dans cette famille, en tout cas. Ma vie est une série sans fin de journées ennuyantes. Je déteste l'école et, si j'y vais sans rechigner, c'est que La Passerelle, même plate à mort, bat la baraque à cent contre un comme milieu de vie. Chez nous, si je peux appeler ainsi une maison où je me sens étranger, Gaga me chiale après du matin au soir. Y a jamais rien à son goût. Et Olé-Olé me déteste. C'est d'ailleurs réciproque, car je ne peux pas sentir ses simagrées de sorcière à la gomme. Quant à toi, je te déçois constamment. Tu voudrais me voir faire plein de choses que je ne fais pas et rien de ce que je fais ne trouve grâce à tes yeux.

— Question de point de vue, coupe le vieux. N'est-ce pas par exprès que tu refuses de faire ce qui me plairait ? À l'inverse, ne cherches-tu pas systématiquement à me provoquer en faisant des choses qui m'horripilent ? Et d'ailleurs, moi aussi, peu importe ce que je fais, j'ai toujours l'impression de te déplaire souverainement.

Je ravalai la riposte qui me montait aux lèvres. Pas question de tomber dans ce piège ! Il essayait de reprendre l'avantage en orientant la discussion sur une voie où il aurait le dessus.

— On se comprendrait mieux si on bavardait plus souvent, Jean-Philippe. Or, chaque fois que j'ai le malheur de t'adresser la parole, je me bute au mur de brique de ton silence. Prends aujourd'hui… J'essaie de te joindre depuis le matin, mais ça ne répondait pas à ton bout de la ligne. C'est seulement maintenant qu'on se parle vraiment. Si on causait régulièrement, ça faciliterait grandement nos rapports.

Encore une fois, je retins ma réplique. Je n'allais pas lâcher mon os. C'est de maman qu'il serait question. Reprenant mon souffle, j'attaquai de plus belle :

— Justement, profitons-en puisque la communication est établie, là. Je veux comprendre pourquoi la seule personne au monde qui m'aimait sans condition m'a été arrachée quand j'avais trois ans, sous prétexte qu'elle avait des problèmes. Tu n'as pas dit lesquels, et j'ai cru comprendre que tu en avais, toi aussi. Et pourtant, tu es toujours là, alors qu'elle n'y est pas. Qu'est-ce que tu lui as fait ? Où l'as-tu conduite, cette nuit-là ? Pourquoi n'as-tu jamais voulu me reparler d'elle, depuis ? Pourquoi ne m'as-tu jamais montré une seule photo de ma mère ? Hein, pourquoi ?

J'en oubliais de bégayer tant j'étais pompé. Le vieux m'écoutait, mais son regard se détournait. D'un geste nerveux, il écrasa son petit cigare dans le cendrier. Je sentais sa contrariété. Il se leva et se mit à arpenter le chalet avec fébrilité. Je m'assis dans le fauteuil qu'il avait quitté.

Le disque s'arrêta et le silence nous enveloppa. Un peu calmé, je murmurai :

— Peux-tu me donner des détails ? C'était quoi, ses problèmes ?

Le vieux s'arrêta devant la fenêtre. Ses yeux fouillaient les ténèbres environnantes.

— Ta mère buvait pas mal, répondit-il.

Je déglutis. *Boire pas mal,* ça voulait dire quoi au juste ?

— Peut-être était-elle alcoolique ou peut-être buvait-elle tout simplement à l'excès, je n'ai pas approfondi le problème. Au fond, ça revenait au même : d'une manière ou d'une autre, ta mère était irresponsable.

— Ce n'est pas vrai ! Elle m'aimait, elle s'occupait de moi. Je m'en souviens…

— Comment le pourrais-tu ? Tu n'étais qu'un bébé ! Crois-moi, Justine était inapte à élever un enfant.

— Et c'est pour ça que tu l'as répudiée ?

Le vieux eut un haut-le-corps et il se retourna brusquement vers moi.

— Non, mais comme tu y vas fort, bon sang !

Allongeant le bras, il saisit une des chaises qui entouraient la table et la fit voler en l'air pour la déposer devant moi. Il s'y installa à califourchon.

— Jean-Philippe, dit-il d'un ton urgent, il était temps que nous ayons cette conversation. Je viens de comprendre une chose que je n'ai jamais soupçonnée : tu crois que j'ai répudié ta mère ! *Répudié !* Quel mot imbuvable ! Ça fait quatorze ans que tu traînes ça dans ta caboche. Quatorze ans que tu m'en veux ! Que tu sabordes toutes mes tentatives de rapprochement avec toi ! Que tu promènes ta face de carême à travers la maison ! Que tu vis avec nous comme un extraterrestre exilé dans une condition humaine qu'il rejette ! Tu refuses de te sentir bien dans notre famille. Et si c'était déjà grave avant, depuis que tu es adolescent ton attitude est proprement exaspérante : ton arrogance à l'égard de mes deux sœurs, ton expression butée chaque fois que j'ouvre la bouche…

Il s'arrêta pour reprendre son souffle et poursuivit :

— Eh bien, je comprends maintenant d'où vient ta hargne, et tu as parfaitement raison : il est temps que tu connaisses la vérité.

Pas trop tôt ! Mieux vaut tard que jamais. Alors, pourquoi ce silence ? Attendait-il que je dise quelque chose ? J'en étais bien incapable. Ma poitrine allait éclater. Non mais allait-il se décider, enfin !

— Ce n'est pas moi qui ai demandé à ta mère de quitter le foyer, Jean-Philippe. Elle est partie d'elle-même.

Je hochai la tête avec incrédulité. C'était impossible !

— C'est bien beau de vouloir la vérité, mon garçon, encore faut-il savoir l'encaisser. Le fait est que Justine nous a abandonnés. Elle s'est volatilisée sans laisser d'adresse. Gaëtane et moi, nous nous sommes efforcés de bien t'éduquer, après son départ, et tu me vois désolé que cela n'ait pas suffi à te rendre heureux !

Je sentais de la tristesse mêlée d'amertume dans sa voix et je ne savais plus que penser. Je trouvais odieux qu'il noircisse ainsi l'image d'une personne qui n'était pas là pour se défendre. J'avais envie de lui crier à la tête qu'il mentait, sauf que j'étais ébranlé. Y avait-il du vrai dans ce qu'il racontait ?

— Je ne nie pas mes propres torts, enchaîna le vieux. Avec le recul, je vois où j'aurais pu agir différemment, sauf qu'il est trop tard. Cependant, je veux que tu saches que je suis heureux de t'avoir comme fils. Je ne suis pas le père parfait, tant s'en faut, mais je suis content que tu sois là.

J'aurais sans doute dû répondre quelque chose… que, moi non plus, je n'étais pas reposant, que, moi aussi, j'étais heureux de l'avoir comme père, et bla-bla-bla, mais c'était trop me demander. Une sombre colère sourdait en moi, qui prenait toute la place, et je hurlai :

— Tu n'as jamais cherché à la retrouver ?

Ma question avait fusé comme un cri de révolte. Impossible de retenir mes larmes. Eh bien, tant pis ! Il les verrait, et voilà tout.

Des coups résonnèrent dans le silence intolérable qui s'ensuivit. Étouffant un juron, le vieux se dirigea vers la porte. Merde ! Il y avait quelqu'un. Je courus m'enfermer dans la salle de bains. Un courant d'air s'infiltra dans le chalet et une voix de fille claironna :

— Jean-Philippe Valois, c'est bien ici ?

6
Bertin Therrio

Xandro ouvrit la porte de l'appartement meublé où il logeait, sachant fort bien que M. Therrio l'attendait avec une brique et un fanal. Comme de fait, celui-ci bondit, fulminant.

— En voilà une heure pour arriver ! Où étiez-vous passé ? Votre liberté a un prix, jeune homme, ne l'oubliez jamais. Je me suis porté garant de vous aux yeux des autorités et je dois connaître toutes vos allées et venues. Je ne voudrais pas avoir de problèmes par votre faute. Sans parler du temps et de l'argent que vous m'avez fait perdre. Vous m'abandonnez sans prévenir, en pleine séance de travail, et vous vous volatilisez avec le fric. Comment voulez-vous entrer au cirque sans argent ? Nous aurions pu empocher le quintuple de ce que nous avons recueilli cet après-midi… il restait au moins quatre bonnes heures de quête. Moi, je suis resté planté sur le quai de la gare en me disant : « Ce n'est pas possible, il va revenir. » Mais non, monsieur s'est affolé en voyant une policière et il a préféré prendre le maquis. Il n'y avait pourtant rien d'illégal…

— Ce n'est pas la policière, monsieur Therrio. Je ne l'avais même pas vue quand je me suis sauvé.

— Vous m'en direz tant.

— Je vous le jure ! C'est quand elle s'est mise à courir après moi que je l'ai remarquée.

— Ce n'est pas vous qu'elle poursuivait, Xandro, mais le voleur à la tire qui venait de piquer un sac à main sous ses yeux. Un masochiste affamé qui aura voulu grappiller un repas gratuit à la prison locale. Ça s'est fait à deux pas de vous, je ne peux pas croire que vous n'ayez rien vu.

— Eh bien, que vous le croyiez ou pas, je n'ai rien vu.

— Alors ça va vous prendre des lunettes. Expliquez-moi donc pourquoi vous vous êtes mis à courir comme si vous aviez l'enfer aux trousses.

— C'est à cause de la fille, monsieur Therrio, celle qui m'a offert une barre au caramel. Je ne pouvais pas rester là, habillé en Kosovare…

— Xandro, Xandro, c'est pour l'amour d'une fille que vous m'avez abandonné ?

— … et elle parlait la langue, en plus.

— Ça, par exemple ! Elle parlait albanais ?

— Probable. Je n'y ai rien compris, moi. Tout ce que je sais, c'est qu'elle *pensait* que je comprendrais ce qu'elle racontait.

— Et cette scène touchante s'est passée à la gare ?

— Sous vos yeux, monsieur Therrio, à deux pas de vous. Je ne peux pas croire que vous n'ayez rien vu. Je ne suis pas le seul à avoir besoin de lunettes.

L'homme marchait de long en large, les sourcils froncés, l'air soucieux. S'ensuivit une engueulade que Xandro encaissa stoïquement. « C'est de bonne guerre, songeait-il. Je lui ai fait faux bond. Je mérite ses invectives même si je sais que je n'aurais pas pu agir autrement. » Il ferma les yeux et prétendit qu'il s'agissait d'une pièce de théâtre. Il aimait la voix de Bertin Therrio, une voix vibrante de basse profonde. C'est alors qu'il sentit la détresse de son protecteur. Il y avait autre chose qui couvait sous la colère – quelque chose de viscéral. La peur, peut-être ? Il rouvrit les yeux, conscient du danger. Dans cet état, quiconque pouvait devenir violent.

Il regrettait d'avoir déçu cet homme qui l'avait sorti du centre jeunesse et pris en charge pour une période d'essai, cet homme qui avait redonné de la consistance à son rêve. C'était dans le but de payer les auditions à l'école du cirque que M. Therrio imaginait tous ces scénarios pour ramasser des fonds. Xandro frissonna en pensant à la grosse fille ; il aurait voulu connaître son nom – il trouvait dommage de devoir se référer à elle en pensant *la grosse fille*. Il tenta de deviner son nom. Il se sentait troublé. Jusqu'ici, le cirque avait occupé toute la place dans ses projets d'avenir. Mais, maintenant, quelque chose d'aussi puissant l'attirait vers cette fille. Cela le déchirait. Le sentiment qu'elle lui inspirait paraissait irrépressible. Mais ne serait-ce pas ridicule de renoncer au cirque pour se consacrer à la conquête d'une fille qu'il n'avait jamais vue avant aujourd'hui et à qui il n'avait jamais adressé la parole ? N'était-ce pas plutôt à elle qu'il devait renoncer, avant d'aller plus loin, de manière à préserver son rêve ? Il avait besoin de temps et de silence afin de réfléchir à tout ça.

Si M. Therrio pouvait enfin se taire ! La tirade s'achevait, il le sentait, c'était la montée vers le finale.

Le ton changea tout à coup. L'homme s'interrompit brusquement pour chuchoter d'un ton pressant :

— Xandro, donnez-moi l'argent, vite.

Au même moment, le timbre de l'entrée se mit à striduler sans arrêt, sans répit, comme une alarme implacable. Blanc comme un drap, Bertin Therrio arracha les billets des mains de Xandro, les compta, pesta tout bas, puis entraîna son compagnon dans la salle de bains en l'enjoignant de se taire.

La porte d'entrée fut secouée de coups violents. Une voix forte proférait des menaces que, même en se bouchant les oreilles et malgré la stridulation assourdissante, Xandro comprenait très bien. « Ils vont finir par la défoncer, se disait-il, le cœur battant. Et qu'est-ce qu'ils vont nous faire ensuite ? » À en juger par la haine de leurs propos, ce ne seraient pas des gentillesses, en tout cas. Les voisins appelleraient la police si ça continuait. Et puis peut-être pas, après tout, les locataires de l'immeuble n'ayant pas coutume de s'immiscer dans les affaires des autres.

Après trois minutes, tout s'arrêta simultanément, les coups, les menaces, la sonnerie. Le silence régnait soudain, lourd et menaçant.

Ruisselant de sueur, Bertin Therrio retrouva son souffle.

— Ils sont partis, dit-il. Venez, mon petit.

Ils aperçurent en même temps le trou dans la porte, là où la lame de couteau avait pénétré. En ouvrant pour constater les dégâts, ils virent le message qui y était inséré :

On le sait, que t'es là, vieux frère,
on se doute que t'as pas le fric,
mais c'est partie remise,
on te donne une dernière chance.
Viens donc au rendez-vous
on t'attendra jeudi
au repaire habituel.

— Je vous dois des explications, souffla Bertin.

— Inutile, fit Xandro. Vous avez des dettes et vous vous servez de moi pour vous ramasser du fric en me laissant croire que cet argent me permettra d'entrer à l'école du cirque. Et comme j'ai un sérieux besoin de lunettes, je n'avais rien remarqué, même si ça se passait sous mes yeux.

L'homme s'effondra sur le divan et se prit la tête à deux mains. Il réfléchit quelques secondes, se redressa, puis dit :

— Je vous raconterai tout, Xandro, je vous le promets. Mais il y a plus urgent pour l'instant : il faut trouver huit cents dollars, ou alors c'est foutu, pour vous comme pour moi. Voici l'équation : si je ne leur crache pas le fric, ils me font la peau. En ce cas, que pensez-vous qu'il vous arrivera, à vous, hein ?

— Le centre jeunesse, conclut Xandro, dégoûté. Ou pire.

— Nous sommes ensemble et solidaires dans ce merdier.

— Donc, corrigez-moi si je me trompe, ou bien je vous aide… ou alors je vous aide…

— Voilà qui résume assez bien la situation, en effet.

— Bon, d'accord. Mais dites donc, depuis le temps que nous quêtons, comme ça, nous avons bien dû amasser une certaine somme, non ? Combien leur faut-il donc ?

— Après avoir payé le loyer et assuré notre subsistance, il reste douze cents dollars et ils m'en réclament deux mille.

— Pourquoi ne pas leur avoir donné les douze cents ?

— Vous ne les connaissez pas. Pour eux, c'est tout ou rien.

— Comment amasser autant d'argent en si peu de temps ?

— Faites-moi confiance.

— Vous voulez rire !

— Ne devenez pas amer, Xandro, ça ne nous mènerait nulle part. Je vous ai quand même sorti du centre, non ? Un service en attire un autre. Ce pépin n'est que passager et ne change pas notre plan d'action pour le cirque. Il le retarde, tout au plus.

Il s'interrompit pour demander avec sollicitude :

— Mon Dieu, Xandro, que vous est-il arrivé ?

— Une éraflure, ce n'est rien. Ne vous cassez pas la tête, ça ne m'empêchera pas de vous aider.

— Pas de cynisme non plus, Xandro. Je suis vraiment pris à la gorge mais, je vous le répète, c'est temporaire. Dites, cette fille qui parlait albanais, vous l'avez abordée ?

— J'ai ma fierté, monsieur. Je lui parlerai quand je serai présentable. C'est très sérieux, vous savez.

— Alors, écoutez-moi bien. Aidez-moi à satisfaire mes détrousseurs et je vous aide à conquérir votre belle.

— Ne vous moquez pas, monsieur Therrio. Je vous le répète, c'est sérieux. Sérieux et définitif. Elle est belle, elle est généreuse, elle a le sens de l'humour. Mais j'ai vu ses larmes, aussi, alors je sais qu'elle pleure parfois. J'aurais voulu lui arracher son chagrin pour qu'elle retrouve son sourire. Je vous le dis, jamais je n'ai rien ressenti d'aussi profond. Il faut que je puisse mieux la connaître. De toute façon, je vous aiderai, monsieur Therrio, mais je serais très content que vous m'aidiez à entrer en contact avec elle.

— Moi aussi, j'ai connu l'euphorie amoureuse au temps de ma jeunesse folle. Hélas, l'amour est un piège dont j'ai appris à me méfier.

— Et Mme Rainville, alors ?

— Mme Rainville est une dame que j'essaie d'aider à retrouver son fils. Il n'y a rien de plus entre nous. Mais passons… Changement de sujet, qu'avez-vous fait du déguisement de la Kosovare ?

— Je l'ai jeté dans un bac de récupération. Je développe ma conscience environnementale, vous voyez. Sérieusement, monsieur, je ne suis plus capable. Ce n'est pas vous qui vous trimballez d'un bout à l'autre de la ville accoutré en mendiante. Je n'en peux plus. Tout, mais pas ça.

— Dommage ! Le scénario de la Kosovare est celui qui a le plus rapporté jusqu'ici. Avec votre visage imberbe et vos yeux si intenses. Mais je peux comprendre.

Fébrilement, Bertin Therrio se leva et se mit à farfouiller dans un tiroir. Il en sortit des vêtements qu'il jeta pêle-mêle sur le divan, ainsi qu'un objet qu'il propulsa à travers la pièce et que Xandro cueillit au vol.

— Pas de cirque sans musique, Xandro. Voilà votre chance de mesurer votre douance. Vous avez une heure pour apprendre les rudiments de l'harmonica. Bye-bye la Kosovare et bienvenue au tandem de l'aveugle et de l'harmoniciste. À partir de cette nuit, beau temps, mauvais temps, nous irons accueillir les fêtards à la sortie des bars.

— Et vous aurez, cette fois, toutes les raisons du monde de ne pas voir ce qui se passe sous votre nez, remarqua Xandro, sarcastique.

Le garçon comprenait qu'il n'avait pas le choix, qu'il devait accompagner M. Therrio, et il se sentait, encore une fois, floué, à la merci de la vulnérabilité d'un autre. Même s'il admirait beaucoup son protecteur, il craignait de se retrouver impliqué dans des problèmes inextricables par sa faute.

Serait-il jamais maître de son destin ?

7

Fringue-à-tout

— Enlève-moi cet accoutrement qui m'arrache les yeux! cria Lili Dallaire, horrifiée. Un pantalon rayé ne se porte pas avec une blouse fleurie!

— Mais il n'y a rien d'autre qui me va! plaida Violaine.

— De toute façon, ces vêtements te désavantagent. La blouse exagère ton buste et le pantalon te serre tellement les hanches que tu as l'air prise dans un pain.

Il y avait plus d'une heure que Violaine essayait vêtement par-dessus vêtement, sous l'œil impitoyable de son amie Lili, juchée sur la commode. Elles avaient inventorié la penderie sans trouver quoi que ce soit de convenable.

— Je n'irai quand même pas toute nue, à son maudit party! grommela Violaine en jetant la blouse sur son lit.

Elle prit son uniforme noir et blanc sur le crochet, derrière sa porte, et l'enfila rageusement. Elle devait bientôt descendre travailler.

— Je sais bien que tu ne peux pas y aller habillée comme ça, dit Lili, pensive, mais l'uniforme t'avantage. Le noir t'amincit, et le gilet court, terminé en pointe, allonge ta silhouette. Hé, j'y pense, pourquoi tu ne remettrais le pantalon noir et la chemise en soie que tu portais à la danse de la Saint-Valentin ?

Le visage de Violaine s'assombrit.

— J'ai encore engraissé depuis, avoua-t-elle. Ça me pète sur le corps.

Les deux filles demeurèrent silencieuses un moment, puis Lili se risqua en terrain miné :

— Si tu essayais de maigrir un peu ?

Violaine croula par terre. Elle secoua la tête avec véhémence, tout en se posant, malgré elle, la question fatidique. Devrait-elle effectivement entreprendre sa mille et unième diète ? *Non !* hurlait-elle intérieurement. Cette perspective la rendait patraque, elle qui avait horreur du trou perpétuel au creux de son estomac lorsqu'elle essayait de perdre du poids, elle qui haïssait les jeûnes inhumains qu'elle s'imposait parfois pour tenter – bien inutilement – de soustraire des centimètres à son tour de taille, elle qui ne pouvait souffrir l'atroce impression de commettre un crime chaque fois qu'elle portait quelque chose à sa bouche.

— *Non, non et non !* Lili, tu ne peux pas me demander ça.

En fait, Violaine se mettait à la diète chaque fois qu'elle entendait parler d'une nouvelle formule miracle. Elle les avait toutes essayées, s'y engageant à fond, avec l'énergie du désespoir. Tout feu tout flamme les premiers jours, elle fantasmait sur la taille de guêpe qu'elle aurait après quelques mois, feuilletait les revues de mode dans une joyeuse expectative, imaginait les tenues sophistiquées qu'elle porterait pour telle ou telle occasion. Pendant deux ou trois semaines, rarement davantage, elle y arrivait sans trop tricher. Sauf qu'elle ne tenait jamais le coup plus d'un mois et alors, avec une fébrilité maladive, elle se vengeait des privations subies en avalant frénétiquement tout ce qui lui tombait sous la dent, *n'importe quoi pourvu que ça se mange,* avec le résultat navrant qu'elle reprenait le poids perdu en deux temps, trois mouvements, plus quelques grammes en prime. Et retour à la case départ. Ce cercle infernal lui donnait la nausée.

— Je pense que ce serait une bonne idée, insista Lili.

— Pas question! cracha Violaine, je suis bien comme je suis.

Lili sauta à bas de la commode et se glissa sur le plancher à côté de sa copine.

— À qui essaies-tu d'en faire accroire, Violaine? Je te connais assez pour savoir à quel point ton poids te désespère.

Violaine chavira. Le mot de Lili n'était pas trop fort, elle était bel et bien désespérée. Son amie avait raison: malgré ce qu'elle en disait, malgré l'attitude insouciante qu'elle affichait, son poids l'obsédait. C'était la première pensée qui lui venait au réveil, la dernière avant le sommeil. Chaque coup d'œil au miroir représentait un supplice. Partout où elle allait, elle se sentait dévisagée. Elle avait développé des antennes très fines pour capter les propos ricaneurs ou malveillants chuchotés sur son passage. C'en était devenu cauchemardesque.

Cependant, comme l'avait souligné Lili, l'uniforme qu'elle portait à l'hôtel comprimait ses chairs généreuses et, si les clients passaient des remarques, elle ne les entendait pas. Quant à ses camarades de classe, il leur arrivait de se moquer d'elle, comme Sergio, mais, comme elle savait se défendre verbalement avec beaucoup de verve, leurs plaisanteries demeuraient, la plupart du temps, disons... gentilles. En fait, Violaine jouissait d'une certaine popularité à La Passerelle et, jusque-là, cela avait suffi pour contrebalancer son découragement.

L'arrivée des garçons dans sa vie menaçait-elle ce fragile équilibre ? En tout cas, elle le perturbait. Depuis l'invitation de Jean-Philippe, une effervescence l'habitait. Sa première sortie avec un garçon. Il lui suffisait de croiser le regard du jeune homme, pendant les cours, pour qu'elle bombe instinctivement le torse. Une onde sensuelle la parcourait alors, presque douloureuse. Consentirait-elle à quelques sacrifices pour profiter davantage d'une éventuelle vie sentimentale ? *Maigrir*, par exemple ?

— Merde, Lili ! J'ai déjà essayé. Ça ne marche pas.

— Parce que tu lâches trop vite. Tiens le coup plus longtemps et tu verras des résultats.

— On sait bien, ce n'est pas toi qui te priverais ! De toute façon, comment veux-tu ? Je vis dans un hôtel réputé pour sa cuisine gastronomique. C'est très difficile de me soustraire au menu de la salle à manger. Il faudrait que je fasse ma propre bouffe. Et puis te rends-tu compte du temps que ça prendrait pour perdre tout ce poids ? J'ai au moins quarante kilos en trop.

— Commence par en perdre une dizaine, ça fera déjà une différence. Selon moi, tu peux y arriver en deux ou trois mois.

— Je flancherais bien avant. D'ailleurs, le party a lieu dans treize jours.

— Il y en aura d'autres !

— C'est inutile, Lili, j'en suis incapable. J'ai toujours faim. Je m'efforce de ne pas trop grignoter entre les repas, mais quand je m'assois à table, je dévore. Et tu sais comment je suis quand j'ai le ventre creux.

— Invivable ! pouffa Lili. Râleuse, susceptible, haïssable, pimbêche, soupe au lait, agressive, fatigante, achalante, paquet de nerfs, irritable, ombrageuse, fielleuse et j'en passe.

Violaine se boucha les oreilles en riant.

— Mais je te propose quand même d'essayer un régime, ajouta Lili. Un que tu suivrais pendant une longue période de temps, avec l'aide d'un médecin. Sérieusement, je pense que ça en vaudrait la peine.

Violaine se releva avec difficulté et vint s'accouder à la fenêtre. Son amie l'imita. Un long convoi de marchandises défilait lugubrement sur la voie ferrée voisine.

— Je dois descendre dans dix minutes, soupira Violaine. Je travaille à la réception de neuf heures et demie à dix heures, puis au bar jusqu'à minuit. Tu m'aides à ramasser ce fouillis ?

— J'ai une autre idée, dit Lili tandis qu'elles rangeaient les vêtements éparpillés. À partir de lundi, on se rend à l'école à pied. Une demi-heure de marche le matin, une autre le soir, donc une heure d'exercice chaque jour. Tu maigrirais peut-être, et ce serait sans douleur ni privation.

— Excellent ! Ça, c'est une bonne idée.

— Et on s'inscrit au programme de danse aérobique au complexe sportif. Y a une session qui commence la semaine prochaine.

— Là, tu en demandes trop. J'ai à peine le temps de faire mes devoirs entre mes quarts de travail à la salle à manger, à la réception, au bar, à l'entretien des chambres...

— Si c'est une question de santé, tes parents comprendront.

— Oublie ça, Lili. Déjà qu'il a fallu remplacer Rébecca. Mes parents arrivent juste, à condition que chacun fasse sa part. J'ai lâché la chorale parce qu'il y avait deux répétitions par semaine, et tu sais à quel point j'aime chanter.

— La chorale n'est plus la même depuis que tu n'es plus là. Il nous manque notre meilleure soprano.

— C'est encore beau que j'aie congé le samedi après-midi.

Violaine en avait les larmes aux yeux. Lili l'embrassa.

— Excuse-moi, Violaine, je ne voulais pas te faire de peine.

Mais celle-ci en avait trop sur le cœur.

— Penses-tu que je n'aimerais pas avoir des loisirs, comme tout le monde ? cria-t-elle. Participer aux parascos ? M'embarquer dans des projets ? Mais je ne peux pas. Mon horaire doit tenir compte du fonctionnement de l'hôtel. Ah ! je te jure, il y a des fois où j'en ai marre…

Violaine s'interrompit, incapable de poursuivre.

— Je ne savais pas à quel point ta vie te pesait, murmura Lili, toute retournée.

— C'est pire depuis que ma sœur est partie... Avant, au moins, nous étions deux... La serveuse qui la remplace est lente et inefficace. Mais je ne devrais pas t'ennuyer avec ça. Mon humeur joue au yo-yo ces jours-ci. Je suis souvent déprimée. Je ne vois pas le bout du tunnel. Mon poids me démoralise, mais je n'ai pas envie de me priver pour maigrir. Une échappée se présente, l'invitation de Jean-Philippe, mais je vais devoir passer, faute de fringues. On tourne en rond. Oh, et puis j'ai eu une mauvaise journée. Une mendiante m'a tourné le dos à la gare, Marc-André Courchesne m'a foutue hors de chez lui parce que j'ai eu le malheur de lui parler de Rébecca, et je me suis fait insulter à la station de métro.

Lili passa le bras autour des épaules de son amie.

— Tu vas voir, ça va s'arranger, assura-t-elle. Pour ton party, on ira magasiner, tiens. Il y a des soldes partout !

— Mais pas pour les bébés éléphants, et comme je n'ai pas les moyens de fréquenter les boutiques spécialisées, mon chien est mort.

— Tu vas m'arrêter ça ! s'écria Lili en forçant son amie à la regarder. Tu me vois, là ? Sais-tu que je ne mesure qu'un mètre quarante-neuf ? Malgré tous les efforts que je fais pour grandir, je n'arrive pas à gagner le moindre petit millimètre. Je me trouve beaucoup trop petite, mais je n'y peux rien. Ça me frustre, tu ne peux pas savoir. Violaine, j'ai un secret à te confier : tu sais, Sergio ? eh bien, ne ris pas de moi, mais j'ai un gros béguin pour lui.

— Sergio ! Ce malotru qui n'en a que pour ma toutounerie. Ah bien, j'ai mon voyage ! C'est lui, le goujat qui m'a insultée cet après-midi. Il a eu le culot de me traiter de bébé éléphant en pleine station de métro! Je l'aurais étripé. C'est sur un zouave pareil que tu gaspilles tes battements de cœur?

— Que veux-tu? Mon pouls s'accélère chaque fois que je le vois. Je rêve à lui, je m'arrange pour le croiser chaque fois que je le peux. Je me place à côté de lui dans les cours. Il est beau...

— Avec ces symptômes-là, l'affaire est grave.

— Je savais bien que tu trouverais ça idiot.

— Ce n'est pas idiot. Je vais même te donner des conseils pour aider ta cause. Premièrement, je te ferai remarquer que tu as une drôle de façon de lui manifester ton intérêt. Tu passes ton temps à le contredire ou à lui clouer le bec.

— Oui, pour l'obliger à tenir compte de moi. Les yeux doux et les sourires aguichants, ça ne marchera jamais. Comment veux-tu qu'un colosse d'un mètre quatre-vingts daigne abaisser son regard sur une naine qui n'a aucun espoir de grandir? C'est là où je veux en venir, Violaine. Ne vois-tu pas la différence entre toi et moi? Toi, ton poids est un élément sur lequel tu *peux* agir. Oui, tu peux espérer avoir un jour la taille svelte. Et puis tu es grande. Quand un gars passe près de toi, il te voit.

— Pour ça, un bébé éléphant ne passe jamais inaperçu.

— Même si tu étais mince, tu mesurerais toujours ton mètre soixante-dix. Tandis que moi, je suis petite et c'est sans espoir. S'il y avait la moindre chance que je puisse grandir avec telle ou telle méthode, même si ça devait me prendre trois ans pour y arriver, tu peux être sûre que je la suivrais avec détermination. Mais c'est inutile d'y penser : jamais je ne grandirai. C'est là où tu as un atout majeur sur moi. Toi, tu peux faire quelque chose pour améliorer ton physique. Moi pas. Comprends-tu ce que je te dis, hein, le comprends-tu ?

Violaine était troublée par le plaidoyer de Lili, mais elle ne se sentait tout simplement pas la force de prendre une décision qui mobiliserait son énergie pendant des mois. Elle tenta d'alléger l'atmosphère en donnant un tour humoristique à la conversation.

— Il te reste les échasses et les tabourets, dit-elle à Lili.

Celle-ci comprit qu'elle ne devait pas insister sur son idée de diète, du moins pas ce soir. Contente de voir Violaine sortir de son coup de déprime, elle voulut bien jouer le jeu.

— Les échasses ? Pas bête comme idée. Talons plates-formes et autres leurres grandissants. Et le truc des tabourets, tu m'expliques ?

— Des tabourets, des chaises, des fauteuils. Il n'est pas toujours debout, le Sergio. Tu l'assois en face de toi et tu lui fais de beaux yeux. La séduction assise, quoi ! Il ne pourra pas résister…

Les deux filles quittèrent la chambre et descendirent l'escalier sans cesser leur bavardage.

— Je vais assister au tournoi des Béliers, demain, dit Lili. Ils ont drôlement besoin de supporteurs.

— La voilà, ta chance ! Séduis ton beau Sergio depuis les estrades, de là où tu le domines vraiment.

— J'essaierai, promit Lili. Et dès lundi, toi et moi, on entreprend notre mise en forme : rendez-vous à la gare St-Rock à sept heures et quart. Mets tes baskets. Allez, je file. Salut !

Une cliente attendait à la réception, flanquée de deux valises, et Violaine se demanda où elle avait déjà croisé cette dame, au moins aussi grosse qu'elle, vêtue d'une cape verte fort élégante.

— Vous désirez une chambre ?

— Est-ce que vous louez à la semaine ? Mon séjour risque de se prolonger.

— Nous avons deux suites pour location à long terme. Ce sont d'ailleurs les seules unités disponibles ce soir, fit Violaine en consultant le registre.

— Mais les suites doivent coûter très cher, non ?

— Écoutez, je vous laisse une suite au prix d'une chambre pour cette nuit. Vous déciderez demain si vous préférez déménager. Pour l'instant, veuillez remplir ce formulaire, madame… ?

— Rainville. Justine Rainville.

8

Strip-tease

— Jean-Philippe ! Y a quelqu'un pour toi.

Merde ! Je m'essuyai les yeux et, encore passablement ébranlé, sortis de la salle de bains pour voir de quoi il retournait. Mais ça n'était pas possible ! J'avais la berlue ! Que venait faire cette poupée frisottée en tutu à froufrou au bord du lac du Carcajou à vingt-deux heures trente un samedi soir, un bouquet de ballons à la main ? Et surtout, que pouvait-elle bien me vouloir, à moi ? J'hallucinais sûrement, ce n'était pas possible.

Puis un petit *clic* éclata dans ma tête et le cœur me descendit dans les talons. Ah non, pas ça ! Je grinçai des dents. *Merde ! Merde ! Merde !* En cet instant, je détestais mon père de toutes mes forces.

Sitôt m'eut-elle aperçu que la fille s'avança au milieu du salon et commença à s'agiter comme une marionnette en récitant d'une voix monocorde :

C'est un petit poème écrit exprès pour toi
Quand on a dix-sept ans, il faut bien fêter ça
Du succès dans la vie, c'est ça qu'on veut pour toi
Surtout auprès des filles – l'amour passe avant tout
Sois heureux, Jean-Philippe, laisse parler ton cœur
Laisse parler ton cœur et trouve le bonheur
Car si tu lui souris la vie te sourira
Car si car si car si tu souris à la vie
La vie la vie la vie te sourira aussi !

S'ensuivit une chorégraphie suprêmement quétaine, pendant laquelle elle y alla de quelques steppettes à claquettes, tout en larguant, un à un, ses ballons – qui lévitèrent vers le plafond cathédrale –, puis ses vêtements : de longs gants noirs, une courte veste de même couleur en satin matelassé à col de fourrure, un pull rose nanane en laine angora et une jupette à froufrou d'un rose encore plus indigeste –, qui s'éparpillèrent çà et là dans la pièce.

Sidéré, je gardais les yeux rivés sur elle. De quoi avait-elle l'air sous son maquillage de Fanfreluche ? Elle était bien proportionnée, mais vraiment court vêtue : à part ses chaussettes et ses souliers à claquettes, il ne lui restait plus sur le corps qu'une culotte en dentelle et une camisole assez ajustée, merci ! d'un blanc laiteux qui contrastait de façon saisissante avec sa peau hâlée. Elle avait dû en passer des heures au salon de bronzage…

Le vieux pouvait se déclarer content : mes hormones s'activaient, malgré moi. Je paniquais et me disais : *Pourvu qu'elle n'enlève plus rien !* J'avais des sueurs froides. Je détournai le regard et croisai celui du vieux. Devinant mon malaise, il battit des mains en s'écriant :

— Merci, mademoiselle.

Elle comprit le signal et arrêta ses simagrées.

— Et bravo ! enchaîna le vieux. Vous avez beaucoup de talent.

— J'arrête ça là ? s'enquit-elle, vaguement dépitée.

De son fauteuil, le vieux confirma d'un signe de tête. Elle haussa les épaules, s'approcha de moi et me planta un vigoureux baiser sur la bouche.

— Bonne fête, Jean-Philippe ! minauda-t-elle en me tendant une carte de vœux. Ça t'a plu, j'espère ?

Elle se rhabilla en deux temps, trois mouvements, sautillant à travers la pièce pour repêcher, ici son tutu, là son pull, et elle ressortit sans attendre ma réponse. De toute façon, que lui répondre ? *Non, ça ne m'a pas plu. J'ai grincé des dents tout du long.* Je jetai un œil sur la carte qu'elle m'avait remise. J'y retrouvai le texte du rap accompagné d'une note : *La pépinière Au jardin Fleury s'associe à ton père pour t'offrir ces vœux d'anniversaire.* Comme si je n'avais pas deviné la provenance de ce *cadeau* ! J'en frémissais encore. Avait-il vraiment cru m'être agréable en organisant cette pantomime ?

Je commençais à peine à retrouver mes esprits et à respirer normalement quand j'entendis de nouveaux coups à la porte.

— C'est qui, cette fois-ci, papa ? maugréai-je. La troupe de poupounes au grand complet pour un numéro de cabaret ?

— Je n'en sais rien, soupira le vieux. Mais il y a une façon d'en avoir le cœur net, et, si ce n'est pas trop te demander, puisque tu t'adonnes à être près de la porte, pourrais-tu ouvrir ?

Bouillant de colère, je tournai la poignée.

— Coucou, c'est encore moi, fit la poupée. Panne de lave-glace. Et je ne suis pas foutue de dégoter une station-service ouverte à cette heure-ci dans votre patelin en dehors de la carte.

— Jean-Philippe, dit le vieux, j'ai certainement un contenant de réserve dans le coffre de la voiture.

Je ne me fis pas prier, trop heureux d'échapper à l'atmosphère du chalet. Je m'engouffrai dans la nuit. Le vent violent me fit du bien. J'avais besoin de me refroidir les esprits. Mon orage intérieur faisait écho à celui qui menaçait de se déchaîner incessamment sur nos têtes.

Cousue de fil blanc, cette histoire. Un autre coup monté du vieux. Cette pseudo-panne, arrangée avec le gars des vues, n'était qu'un prétexte pour prolonger le séjour de la fille, histoire de donner à mes hormones le temps de s'énerver bien comme il faut. Au rythme où je grinçais des dents, les mâchoires allaient sûrement me décrocher. J'étais persuadé que je ne trouverais pas de liquide de réserve et qu'on allait avoir la poupoune sur le dos pour la nuit. *Merde!* Comme j'avais envie de tirer ma révérence, de foutre le camp, de me volatiliser sans laisser d'adresse, comme ma mère! Sitôt cette pensée formulée, cependant, je me morigénai sans ménagements: *Espèce de fils indigne, Jean-Philippe, qu'est-ce que tu vas penser là de ta mère? Tu sais bien qu'elle n'a pas pu te faire ça. Impossible.*

Je trouvai, non pas un, mais *trois* contenants de lave-glace dans le coffre de la tortue. Je me calmai. Le vieux n'était pas en cause, après tout. Et j'aurais pu mettre de l'eau dans le réservoir, de toute façon, on n'était pas en hiver. Bof! Je m'étais pompé pour rien et voilà tout. Ce n'était ni la première ni la dernière fois que ça m'arrivait. Je me dirigeai vers la Sunfire rouge de la fille, trouvai le mécanisme pour soulever le capot et remplis son réservoir. C'est en rangeant le contenant dans le coffre de la tortue que je reçus de plein fouet les premières gouttes de pluie, épaisses, drues, apaisantes. Je me redressai en leur offrant mon visage. C'est alors que j'entendis un grognement :

— Ah non ! Ne me dis pas qu'il recommence à pleuvoir !

Je sursautai. Je n'avais pas remarqué qu'elle m'avait suivi.

— Si j'avais su, j'aurais filé avant, marmotta-t-elle. Qui a besoin de lave-glace quand il pleut à boire debout ? Mais puisque je suis ici…

Elle prit un sac dans sa voiture et courut vers le chalet.

— Ce n'est pas à la porte, chez vous, remarqua-t-elle en s'ébrouant sur le petit tapis de l'entrée.

Son maquillage coulait et son tutu avait perdu de sa raideur.

— Tout dépend du point de départ, gloussa le vieux.

La fille réagit très mal à cet humour.

— Pour venir ici, j'ai emprunté des routes crevassées, jonchées de branches tombées et sans éclairage, vociféra-t-elle. Je me suis perdue à trois reprises et j'ai failli virer de bord à chaque fois ! Comptez-vous chanceux que j'aie fini par trouver votre cambuse !

Je me demandais où elle voulait en venir et ce qu'elle attendait pour sacrer son camp. Quel prétexte allait-elle trouver, maintenant que le cas du lave-glace était réglé ?

— Nous vous en sommes vivement reconnaissants, fit le vieux, et votre rémunération tient compte de ces facteurs aggravants…

— Laissez faire la salade, coupa la fille. Ce que je voulais dire, c'est que j'aimerais me changer. J'ai roulé jusqu'ici accoutrée comme une dresseuse de cirque, mais j'aimerais rentrer chez moi dans une tenue moins voyante. En cas de pépin, j'aurais l'air moins folle.

— Vous obtiendriez de l'aide plus rapide avec votre tutu, remarqua le vieux, pince-sans-rire.

— Plus rapide mais moins efficace, rétorqua-t-elle du tac au tac. Ciel ! ce que les hommes peuvent être machos ! C'est les toilettes que je vois là ?

Ramassant le sac qu'elle avait posé par terre en entrant, elle courut vers la salle de bains.

Le vieux me sourit avec mélancolie.

— Désolé, Jean-Philippe, ce n'est pas tout à fait le scénario que j'avais imaginé pour cette soirée. On reprendra la conversation dès qu'elle sera partie.

C'est alors que retentit un coup de tonnerre fracassant, en même temps que des trombes d'eau se mettaient à ébranler les fenêtres. Sur ces entrefaites, toutes les lumières s'éteignirent et le ronron du frigo s'arrêta. La fille poussa un gémissement :

— Ah non ! Une panne d'électricité, par-dessus le marché !

— Pas de panique ! cria le vieux. Il y a une torche quelque part. Fouille à la cuisine, Jean-Philippe, je vais regarder dans le salon.

À la faible lueur des tisons rougeoyants, je dénichai une lampe de poche dans une armoire. Le vieux alluma quelques bougies qui projetèrent sur les murs lambrissés un éclairage chevrotant.

Par la baie vitrée qui surplombait le lac, j'aperçus une succession d'éclairs qui zébraient le firmament et je retins mon souffle. C'était somptueux!

Il faut que je vous dise: depuis ma plus tendre enfance, j'ai toujours raffolé des orages, surtout à la campagne. Je les trouve extrêmement réconfortants. Il y a une partie de mon être qui entre en résonance avec le moindre grondement du tonnerre. Et les éclairs agissent sur moi comme autant de décharges d'adrénaline: plus il y en a, plus je suis rempli d'énergie. Je restai donc plusieurs minutes à admirer le feu d'artifice.

La fille sortit de la salle de bains, transformée. Elle portait un jean surmonté d'un cardigan et elle avait enlevé la perruque bouclée qui lui donnait l'air d'une poupée qui aurait vieilli trop vite. Avec ses cheveux bruns sur les épaules et son visage démaquillé, elle semblait soudain toute jeunette.

— On peut dire que vous êtes casse-pieds! grommela-t-elle. Ce n'est pas évident de se démaquiller à la noirceur.

— Ce n'est pas nous qui avons programmé ce charivari, se défendit le vieux, qui s'amusait visiblement de la situation.

— Comment voulez-vous que je retrouve mon chemin par un temps de chien pareil? Les routes vont être encore moins carrossables que tantôt.

— Pas question que vous partiez tout de suite, décréta le vieux. Laissons passer l'orage. On avisera après.

— Je ne couche pas ici, en tout cas! glapit-elle.

— Loin de nous l'intention de vous retenir de force, jeune fille, mais, si d'aventure les conditions s'avéraient impropres à votre retour chez vous, nous serions heureux de vous offrir l'hospitalité pour la nuit.

La fille se retourna vers moi et m'apostropha cavalièrement:

— Dis donc, J.-P., ça doit pas être évident d'avoir un père aussi pompier!

Je trouvai sa remarque tellement pertinente que j'applaudis intérieurement.

— En cas d'incendie, c'est fffort utile, lui dis-je en riant.

Pour niaise qu'elle fût, ma riposte dérida l'atmosphère.

— Sérieusement, insista la fille, il parle toujours comme ça?

— Au fait, pourrions-nous savoir qui vous êtes? demanda le vieux sans se formaliser de la critique.

— Joëlle Fleury. La fille d'Olivier.

— Mais je croyais qu'on enverrait quelqu'un des environs.

— On devait. Ça n'a pas marché. Notre correspondant à Arcouette n'a trouvé personne. Et comme papa savait à quel point vous teniez à cette surprise, il m'a demandé de venir. Il ne pleuvait pas quand j'ai quitté le Faubourg, sinon il ne m'aurait jamais prêté sa voiture.

— Tu ccconduis si mal que ça? demandai-je.

— Tiens, un autre petit comique! C'est de famille, faut croire. Tu sauras, J.-P., que je suis un as du volant.

— Bon, bien, nous n'allons pas rester debout à poireauter, déclara le vieux. Nous allons préparer du chocolat chaud et griller des guimauves dans le foyer.

C'est ainsi que je passai le premier samedi soir de ma dix-huitième année à bouffer des guimauves en compagnie d'une fille qui venait de se déshabiller devant moi. Je résistai à l'envie de monter me coucher et de les planter là, le vieux et elle, mais j'apportai le strict minimum à la conversation. De toute façon, Joëlle avait la langue si bien pendue que mon silence passa inaperçu.

Elle étudiait en sciences pures au cégep Vanier. Son père était propriétaire de la pépinière Au jardin Fleury, l'un des plus anciens commerces du Faubourg. Depuis trois ans, la pépinière offrait un service de félicitations chantées. Voilà pourquoi Joëlle s'était mise à la claquette. Je me demandai si le cher Olivier était au courant que sa fille donnait des séances d'effeuillage en livrant ses messages. Et puis bof! c'était son problème. En quoi est-ce que ça pouvait bien me déranger, moi?

Je camouflai tant bien que mal mes bouillonnements intérieurs, car il y avait tout de même quelque chose d'intéressant à cette situation. Les murs en bois éclairés par un feu dans la cheminée produisaient une atmosphère chaleureuse qu'il n'était pas désagréable de partager… avec une fille. Le plus souvent, cependant, j'évitais de la regarder, car ça me rappelait de quoi elle avait l'air en petite tenue et je devenais mal à l'aise.

Ma pensée revenait souvent sur la conversation que j'avais eue avec le vieux avant son arrivée et mon humeur bourrue refaisait alors surface. Je rongeais mon frein. J'espérais que nous aurions bientôt du courant pour que Joëlle reparte et que le vieux m'explique encore une chose ou deux. Je n'avais pas épuisé mon stock de questions au sujet de ma mère.

○

Comme nous n'avions toujours pas d'électricité à vingt-trois heures, Joëlle téléphona à ses parents, mon père les rassura et nous nous retirâmes chacun dans une chambre en tout bien tout honneur.

Nuit étrange... Je ne saurais dire si je dormais d'un sommeil peuplé d'images ou si je puisais de ma mémoire ces événements du passé. Toujours est-il que là, tout à coup, la soirée fatidique où maman et moi avions été séparés me revenait, aussi clairement que si elle s'était passée la veille. Jamais je ne l'avais revécue ainsi, scène par scène, avec autant d'acuité. La conversation avec le vieux avait au moins complété une partie du puzzle.

Avant de me mettre au lit, maman m'installe au salon dans le fauteuil en velours vert placé près du piano. Elle m'embrasse très fort et me murmure des mots doux :

— Maman t'aime gros comme le soleil, la lune et les étoiles, Jean-Philippe, et elle t'aimera toujours.

Elle s'assoit au piano ; bientôt les notes se mettent à tinter harmonieusement sous ses doigts et le grand silence de la maison se meuble de sonorités apaisantes. Je regarde avec ravissement ses mains qui dansent sur le clavier, sa jupe fleurie et sa blouse jaune pâle, le fichu attaché autour de son cou. Un ruban retient ses longs cheveux noirs mais, à chacun des coups de tête qu'elle donne pour marquer le temps, ils viennent caresser les touches. Son visage se con-

centre sur la musique, elle a les yeux mi-clos et c'est assurément la plus jolie maman du monde. Elle joue une berceuse mélancolique qui me donne envie de rire et de pleurer tout à la fois.

Brusquement, la mélodie devient insoutenable et je me redresse avec inquiétude. Papa entre dans la pièce et maman sanglote. Ses doigts ne trouvent plus les notes, elle joue n'importe comment, je ne reconnais plus l'air. Puis elle lève les mains et les rabat sur le clavier, produisant un son infernal. Tatie Gaëtane accourt. Elle me prend par le bras et me force à me lever du fauteuil. Elle veut que je monte me coucher et m'entraîne vers la porte du salon. Mais je lui échappe pour aller donner un bec à maman. Pauvre maman ! Ses joues ruissellent. Elle frémit. Cela me fait très peur. Je lui souffle à l'oreille :

— C'était beau quand tu jouais doux.

Elle répond quelque chose que je ne comprends pas. Puis elle se lève, mais elle chancelle et papa la retient pour l'empêcher de tomber.

— Au dodo, Jean-Philippe, dit-il.

— Qu'est-ce qu'elle a, maman ? dis-je en pleurnichant.

— Elle est malade, mon petit. On va la soigner.

Je pleure, roulé en boule sous mes couvertures pour ne plus entendre les sanglots de ma mère ni les cris de mon père. Tout à coup – au beau milieu de la nuit –, la porte d'entrée claque et la maison en est toute secouée.

Puis, plus rien. Plus rien que le silence, effroyable. Et le désespoir, infini.

Lorsque j'ouvris les yeux, la lampe allumée sur le chiffonnier m'indiqua que l'électricité était revenue. Je regardai l'heure : cinq heures et quart. Sans espérer me rendormir, je laissai les pensées se déverser pêle-mêle dans mon esprit. Avais-je rêvé les événements surréalistes de la veille ? La pêche, le quasi-naufrage, l'harmonie inattendue entre le vieux et moi pendant le repas, la conversation sur maman qui avait ébranlé mes convictions. Se pouvait-il que le vieux ignore réellement ce qu'était devenue maman ? Comment interpréter l'idée paternelle de m'offrir une fille à poil pour mes dix-sept ans ? Si maman avait été là, comment aurait-on fêté mon anniversaire ? La silhouette de Joëlle s'insinua dans ma tête, avec ses vêtements aguichants et son strip-tease quétaine, puis le profil plantureux de Violaine s'y substitua et je me demandai ce que cette fille, Violaine, représentait, au juste, pour moi. J'avais beau me faire accroire qu'elle n'était rien de plus qu'une bonne copine, je savais que je me leurrais. Je l'avais invitée au party qui aurait lieu chez Francis dans deux semaines et cela même était pour moi une source de tourment, car je n'arrivais pas à faire taire la petite voix, en moi, qui me traitait d'écœurant. Tout se mêlait dans ma tête.

Six heures. Entendant du bruit, j'enfilai mon jean et descendis au rez-de-chaussée. Joëlle s'apprêtait à sortir dans le petit matin. Elle changea d'idée en me voyant et vint vers moi.

— Salut, J.-P., chuchota-t-elle. Contente de te voir. Dis donc, penses-tu que je pourrais grignoter quelque chose avant de lever l'ancre ? Je ne voudrais pas tomber dans les pommes au volant et je n'ai vu aucun casse-croûte en montant, hier.

Je ne retrouvais rien de la Fanfreluche de la veille dans cette gamine au visage ensommeillé qui avait ramassé ses cheveux en queue de cheval. J'allumai un feu dans le poêle à bois et, à même la surface en fonte, je mis à rôtir des tranches de pain de ménage, que nous mangeâmes avec appétit, nappées de miel et arrosées de jus d'orange. Puis Joëlle ramassa ses affaires et me remercia pour le petit déjeuner. Je l'accompagnai à sa voiture.

— Passe-moi un coup de fil si le cœur t'en dit, murmura-t-elle en me chatouillant la joue d'un rapide baiser. Tu me plais, tu sais, malgré tes allures de nounours en furie.

Et elle partit. Vaguement agacé, je regardai sa voiture s'estomper dans la brume du petit matin.

9

Poème

Les yeux dans le vague, Xandro laissait monter en lui des émotions que ses neuf années passées au centre jeunesse l'avaient forcé à refouler. Le regard fiévreux, le cœur battant, il écrivait, assis à la table de cuisine. Jamais il ne s'était appliqué autant. Il cherchait les mots pertinents. Il avait déjà fait trois brouillons qui ne le satisfaisaient pas. Il avait souvent eu maille à partir avec la langue mais là, il voulait absolument trouver l'expression juste et éviter les fautes, et il épluchait le vieux dictionnaire de M. Therrio tous les deux mots.

Ce dernier dormait sur le divan, d'un sommeil spasmodique. L'aveugle et l'harmoniciste avaient recueilli un bon magot lors de leur première performance. Il manquait encore pas mal d'argent pour compléter la somme nécessaire, qu'ils amasseraient au Vieux-Port et à la Place Jacques-Cartier dans les prochains jours.

À son profond étonnement, Xandro s'était découvert un talent naturel pour l'harmonica. Le plaisir qu'il avait ressenti en portant le petit instrument à ses lèvres! Des images lui étaient venues à l'esprit... oui, jadis, dans l'espace-temps qu'il avait partagé avec ses parents, il avait déjà tenu un harmonica dans ses mains... l'avait porté à sa bouche. La mémoire lui revenait à mesure qu'il le palpait de ses lèvres pour trouver des sonorités... Quelqu'un – c'était un homme – lui avait prêté son instrument... lui avait même inculqué quelques notions. Souvenir flou mais heureux, auquel Xandro s'était accroché avec l'énergie du désespoir. Il avait ainsi réussi à reconstituer l'essentiel d'un air tout simple, mais plein d'entrain.

— Voilà quelque chose de bien joli! s'était écrié Bertin. Reprenez-le quelques fois, nous en ferons notre air fétiche.

C'est ainsi que, dès vingt-trois heures, parfois à la pluie battante, parfois au sec, ils avaient arpenté les rues les plus animées du centre-ville, s'arrêtant à la sortie des clubs et des cinémas pour présenter leur numéro. Xandro préférait cent fois ce scénario à celui de la Kosovare, où il avait l'odieuse impression de tricher. Au moins, lorsqu'il jouait de la musique, il « faisait » quelque chose en échange des oboles. Et ça lui plaisait, même si c'était moins payant. Ils avaient travaillé ainsi jusqu'aux petites heures. En rentrant, Xandro, trop excité par cette journée fertile en émotions, n'avait pu fermer l'œil.

L'image de la fille ne l'avait pas quitté un seul instant. « C'est un refrain que je vais lui composer », chuchota-t-il, alors que, tout à coup, des phrases complètes naissaient spontanément dans sa tête sur l'air entraînant qu'il avait joué une partie de la nuit.

10
Lundi matin, première période

Ouille ! ç'avait dû fesser pas mal pendant le tournoi ! Mon chum Sergio fila à sa place à l'arrière de la classe en jouant les héros : il arborait un splendide œil au beurre noir et il boitait. Je rigolais tout bas. Sergio ! Celui qui tapochait les autres, d'habitude ! Les railleries ne l'épargnaient pas.

— Ils ne t'ont pas manqué, Brunetti ! T'as frappé ton Waterloo ! Le hockey est un sport dangereux.

— Z'avez rien vu ! fanfaronnait le héros. Les joueurs adverses sont tous aux soins intensifs à l'heure qu'il est.

— Tu nous prends pour des valises ? s'écria Lili Dallaire de sa voix insupportable de Miss Je-sais-tout. Tu étais déjà magané *avant* le tournoi, qui, d'ailleurs, a été plate à mort. Les arbitres n'ont à peu près pas donné de pénalités. Vous avez patiné comme des flancs-mous tout du long. Non, ce n'est pas là que tu t'es fait amocher, Sergio.

Celui-ci, furieux, grimpa sur ses ergots.

— J'ai affronté Polyphème, si tu veux savoir. Comme Ulysse, je lui ai crevé l'œil. Sauf que ce cyclope de malheur ne m'a pas manqué non plus. Bon, satisfaite, maintenant, Lilliput ? Vas-tu finir par me sacrer patience !

Il en avait ras le bol de se faire tirer la pipe, surtout par cette Je-sais-tout qui prenait toujours un malin plaisir à l'étriver. « Bof! Qu'il se le garde, son secret, me dis-je, ce n'est pas moi qui forcerai sa porte. Il peut bien avoir été mêlé à une rixe dans un bar mal famé, pour ce que ça me dérange ! »

Moi aussi, je m'étais fait maganer en fin de semaine, même si je n'en portais pas de marques. Ma confrontation avec le vieux ne s'était pas du tout déroulée selon mes attentes. *Merde !* il m'avait eu sur toute la ligne. Disons que ma pêche n'avait pas été miraculeuse.

Je me retrouvais Gros-Jean comme devant, plus déconcerté que jamais. Le vieux connaissait maintenant mon tourment. Sa volubilité et sa grandiloquence lui avaient servi, non à me dire la vérité, mais à me mentir effrontément. D'insinuations malveillantes en allusions voilées, il avait voulu miner ma foi en ma mère. Mais je ne marchais pas : ses demi-vérités chuchotées étaient autant de manœuvres insidieuses pour la rabaisser dans mon estime. C'était impensable que ma mère fût partie, comme il le prétendait, sans prévenir et sans laisser d'adresse. Même pendant les nuits où je lui criais des bêtises, jamais je ne l'imaginais aussi vile que ce qu'il laissait entendre.

Il avait pourtant fait si beau, le dimanche. On était montés au panorama du mont Namours. Une vue splendide. Tout en grignotant nos sandwiches, assis sur une roche, on avait repris la conversation de la veille mais, avant tout, le paternel s'était justifié d'avoir fait venir Joëlle :

— Une idée que j'ai eue, comme ça. Je pensais que ça te plairait de savoir que ton père est ouvert à ce que tu vis. Ton éveil à la sexualité... Je n'ai pas oublié ma jeunesse, tu sais. Des fois que ça aurait pu nous rapprocher.

J'avais haussé les épaules. Il n'y avait rien à répondre, et surtout pas *merci*. Je me serais bien passé de ce cadeau. Mais à quoi bon lui en vouloir ? Sur le moment, ça m'avait vraiment mis en colère, mais le vieux était comme ça et ce n'était pas à son âge qu'il allait changer.

Comment me serais-je senti si j'avais effectivement été capable de lui parler de certaines affaires ? Des émois que je ressentais en feuilletant les magazines érotiques ou en regardant des scènes de films, ou encore des filles que je trouvais jolies – mes hormones n'étaient quand même pas complètement amorphes. Est-ce que ça nous aurait rapprochés si je lui avais parlé de Violaine ? Et, tant qu'à faire, pourquoi n'aurions-nous pas discuté des bouquins que je lisais, de certaines réalités qui me tarabustaient, de mon angoisse face à la mort ? Pendant le souper, le samedi, il m'avait semblé, un bref instant, que tout cela devenait possible.

Mais dans l'état actuel de nos rapports, mon propre père ne savait même pas, par exemple, à quel point j'aimais danser avec les filles. Pire encore, j'évitais de le lui dire parce que je savais, *justement*, qu'il en serait content.

Dimanche, au panorama, il avait recommencé à déblatérer sur maman. À l'entendre, au lieu d'essayer de combler mes besoins de bébé, elle pleurait plus fort que moi chaque fois que je chialais. Elle s'enfermait dans sa chambre des journées entières. Il lui arrivait, par contre, de me promener des heures durant dans mon landau, quel que fût le temps. Un jour de grande froidure, on était restés si longtemps dehors que j'avais attrapé une pneumonie.

— Un peu plus et tu mourais, Jean-Philippe. Après ça, Gaëtane a mis son pied à terre et t'a pris en charge.

Un feu roulant de questions s'étaient pressées dans ma tête, et j'avais failli hurler : « Toi, papa, où étais-tu tout ce temps-là ? Maman ne t'a-t-elle jamais fait signe, après son départ ? As-tu essayé de la retrouver ? » Mais je m'étais tu et le vieux avait poursuivi sur sa lancée. Et j'étais resté là, à l'entendre débiter ses calomnies. Autant j'avais désiré qu'il me parle d'elle, autant je voulais qu'il se la ferme. Je m'étais une fois de plus muré dans un silence hostile.

Le pire, ç'avait été la torture en tortue sur la route du retour. Entre les silences insupportables et les tirades paternelles, plus insoutenables encore, aucune échappatoire pendant quatre longues heures. Constatant à quel point j'étais à terre, le vieux avait continué de fesser, m'enlevant les quelques illusions qu'il me restait sur moi-même. Selon lui, je m'alignais tout droit vers le fiasco intégral.

— À quelle sorte de vie professionnelle peux-tu aspirer avec tes résultats scolaires minables, mon garçon ? Sans parler de ton bégaiement que tu n'essaies pas de corriger. Tu seras bon pour une carrière en chômage professionnel !

Et de pontifier là-dessus pendant cinquante kilomètres. J'avais eu beau me concentrer sur les essuie-glaces, et autres composantes de la voiture, je n'avais pas réussi à bloquer complètement ses paroles. Puis, alors que je pensais qu'il allait enfin se taire parce qu'il avait épuisé le sujet, il était reparti sur son dada :

— Il est grand temps que tu t'intéresses aux filles et le plus tôt sera le mieux. Tu ne voudrais pas passer pour une tapette et être montré du doigt.

Et en avant pour un autre cinquante kilomètres ! Il n'est pire prison qu'une voiture en mouvement. En clair, mon avenir était foutu et le vieux s'inquiétait de sa descendance. Ce qui le tarabustait, ce n'est pas tant mon épanouissement de mâle que sa postérité. Comme le grand-père sur son lit de mort…

À un moment donné, j'avais quitté mon armure de silence pour lui lancer une remarque :

— Si je cccomprends bien, je suis assez vieux pour coucher avec les filles, mais pas assez pour savoir ce qui est arrivé à maman !

— Je ne le sais pas moi-même ! avait riposté le vieux, fâché.

Ça lui avait quand même cloué le bec pour quelques minutes. Il avait dû voir que je ne gobais pas ses menteries. Je profitai de ce miraculeux silence pour me rappeler que c'était la fête des Mères. Comment maman avait-elle vécu cette journée ? Avait-elle pensé à moi ?

— Ton problème, avait repris le vieux, c'est que, depuis le départ de ta mère, tu ne fais plus confiance à personne. Ta mère t'aimait, c'est vrai. Mais il y a d'autres personnes qui t'aiment aussi. Sauf que tu repousses leur affection. Tu as fermé ton cœur à toute douceur. Et c'est tellement dommage ! Nous aurions tant à partager tous les deux.

La prof venait de faire son entrée, toujours aussi pimpante. Il fallait lui donner ça, à Mme Perrier : même quand toute la classe lui bâillait au nez comme aujourd'hui lundi, première période, elle demeurait enthousiaste. Et vive le français ! Ce qui me titilla la mémoire tout à coup : est-ce qu'on ne devait pas préparer quelque chose pour aujourd'hui ? Je n'avais guère bossé sur mes travaux scolaires en fin de semaine. Quand on était revenus, à vingt-deux heures, hier, j'étais tombé dans mon lit comme une bûche.

J'étais tout de même assez lucide pour percevoir l'atmosphère insolite qui régnait dans la baraque. Gaga et Olé-Olé nous attendaient et sitôt avions-nous ouvert la porte qu'elles sautaient sur le vieux et l'entraînaient dans son cabinet. Ils y étaient restés en conciliabule une partie de la nuit. Vers deux heures du matin, j'avais même été réveillé en sursaut par le bruit d'une vive discussion dont je n'avais pas saisi l'essence, étant trop fatigué pour aller écouter aux portes.

Cela me chicotait un peu quand même. Pour une obscure raison, je soupçonnais que tout cela avait un rapport avec moi. Gaga et moi avions déjeuné ensemble ce matin-là – le vieux était parti travailler, Olé-Olé préparait ses maléfices quotidiens dans son donjon et

Edmond bouffait en ermite dans le garage (oui, vous avez bien lu : *dans le garage*). Or elle semblait mal à l'aise, ce qui n'était pas son genre. Elle fumait cigarette sur cigarette, les nerfs à fleur de peau. Elle me lorgnait, puis détournait les yeux quand je levais les miens, et je sentais son désarroi.

— Alors, Jean-Philippe, j'attends une réponse.

Je me redressai en sursaut. La prof s'adressait à moi et je n'avais aucune espèce d'idée de ce qu'elle voulait savoir.

— Pardon, je n'ai pas bien ccc…

— … compris la question, compléta-t-elle. Décris-moi l'état d'esprit de Georgina lorsqu'elle quitte le Bas-Saint-Laurent.

Ça m'assomma tout d'un coup. On était censés lire les quatre premiers chapitres du *Chemin Kénogami,* un roman historique de Cécile Gagnon. Il me fallait inventer une réponse, brillante si possible.

— Elle était cccomme le Petit Chaperon rouge.

— ???

— Elle avait hâte de rencontrer le gggrand méchant loup dans les bbbois du lac Saint-Jean.

Quelques rires, quelques soupirs. Perrier me jeta un regard oblique.

— Es-tu certain d'avoir lu le bon livre ?

Je l'invitai intérieurement à se mêler de ses oignons. Grâce au ciel, elle n'insista pas et passa à une autre victime. Ouf !

Je revins à mes moutons. Où avais-je laissé le fil de mes pensées ? Ah oui, les nerfs de Gaga. Mais assez perdu de temps là-dessus, il fallait syntoniser un autre canal. Le party chez Francis, par exemple. On allait bien s'amuser. Violaine ne serait peut-être pas du même avis, mais, au fond, pourquoi craindre sa colère ? Elle qui prenait si bien la vie et qui paraissait toujours de bonne humeur ? Une précision s'impose ici : Violaine n'était rien de plus qu'une camarade de classe pour moi. Non, ce n'était plus tout à fait exact. Quand je la croisais, je ressentais quelque chose. Je me tournai vers elle et lui souris. Avait-elle rougi ?

Vous vous demandez pourquoi Violaine pourrait m'en vouloir de l'avoir invitée à ce party ? Eh bien, je vous explique.

Mon vieux copain Francis m'avait passé un coup de fil une dizaine de jours auparavant.

— J'organise un party de grosses, avait-il hurlé dans l'appareil sans même me laisser dire allô.

Francis s'imaginait que les gens ne vivaient que dans l'attente d'un appel de lui et que ça le dispensait des formalités d'usage.

— Salut, Fffrancis. Content d'entendre ta voix, moi aussi.

Ce survolté avait bien des qualités, mais il ne pigeait jamais l'ironie.

— Faut que tu loues *C't'à ton tour, Laura Cadieux* au club vidéo, avait-il enchaîné, c'est fantastique !

— De qqquoi tu parles, au juste ?

La question à ne pas poser ! J'en avais eu pour une demi-heure à l'entendre déconner sur le film. J'avais pris mon mal en patience, car, même si je ne le voyais que deux ou trois fois pendant l'année scolaire, Francis était mon meilleur ami au camp d'été, le genre de gars qu'on avait toujours le goût d'épater, allez savoir pourquoi! Après des éloges dithyrambiques de Laura, il avait précisé le motif de son appel:

— Mes parents seront à Québec le 21 et je fais un party de toutounes. Connais-tu quelqu'un qui réponde à ce critère?

J'avais immédiatement songé à Violaine. De toute façon, c'était la seule fille que je pouvais inviter à un party – à cause de ce qui s'était passé à la Saint-Valentin –, car, comme vous le savez, les sorties en couple, flirts, embrassades et niaiseries assorties, ça n'était guère mon truc. Je n'aurais jamais raté un party chez Francis, cependant! Ce gars-là avait le tour de transformer ses soirées en événements. Chaque fois, il créait le décor approprié et on avait un fun noir. «Rien à moitié», c'était sa devise. On avait déjà eu une journée western, un bal musette, une soirée flamenco, une nuit africaine, etc.

Pour en revenir à Violaine, un de ses atouts, c'était son talent pour la danse. Difficile à croire, compte tenu de son gabarit, mais croyez-moi, cette fille-là, elle dansait, O.K.? Le comité des loisirs de la polyvalente avait organisé une soirée de la Saint-Valentin au gymnase, et Violaine et moi avions littéralement volé le show. Nous n'étions pas venus ensemble, mais nous avions été les seuls à tenir le coup pendant le dans-o-thon que l'animateur avait organisé comme clou de la soirée. Les autres râlaient leur dernier soupir, affalés sur les chaises, mais nous, à peine essoufflés, nous y donnions la claque. Bourrés d'adrénaline et portés par l'élan, nous nous étions véritablement surpassés pendant cinq bonnes minutes, sur une musique qui variait aux trente secondes, passant du rock au meringue, du cha-cha au tango, en passant par la salsa et alouette! Nos mouvements s'accordaient spontanément, Violaine devinait quand je voulais la faire pivoter, et vice-versa. Parfois, nous nous séparions pour exécuter des pas chacun de notre côté, mais, comme si nous avions pratiqué notre chorégraphie pendant des jours, nous nous retournions pour virevolter ensemble dans un synchronisme parfait. Moments magiques que les camarades de la polyvalente avaient chaleureusement applaudis.

— Et cccomment! avais-je répondu à Francis. Je viens avec Violaine.

— Imagine-toi que j'ai invité Micheline Dubé.

Micheline était une fille de notre camp d'été, grasse et bien bâtie, qui s'était rendue célèbre par sa formidable imitation de Ginette Reno lors de la soirée d'adieux à la fin de l'été précédent.

— J'ai eu toutes les misères du monde à la joindre, mais tu me connais, rien à mon épreuve. Ta Violaine, elle est ronde, au moins?

— Bien en chair, tu vvvas être content.

— Pas trop susceptible?

— La bbbonne humeur en personne! On l'appelle « bébé éléphant » dans la classe et c'est elle qui rit le plus fort.

— En plein ce que je cherche. On va rigoler. Je vais avoir de la bouffe en masse. Amenez-vous à huit heures et demie. Et motus, hein! Je compte sur l'effet de surprise.

— T'en fais pas. Arrange-toi seulement pour avoir de la musique pppotable, qu'on puisse danser.

Le lendemain, je l'avais hélée après le premier cours:

— Hep! Vvviolaine!

Elle s'était tournée vers moi en souriant, et j'avais paralysé sur place, me rendant compte tout à coup que cette fille, si grasse fût-elle, se laissait fort bien regarder. Traits réguliers, teint de pêche, yeux marron pleins de vivacité, cheveux châtains filés de brins dorés. Gentille, en plus, une fille qu'on voudrait avoir pour amie. La panique m'avait saisie. Et si elle allait mal réagir?

— Qu'est-ce qui t'arrive, Jean-Philippe? As-tu avalé une mouche?

D'un autre côté, je jubilais en imaginant la réaction de Francis quand il la verrait.

— Ma foi, avait-elle dit d'un ton gouailleur, tu ressembles à un torero qui aurait perdu son taureau. Allez, confie ton gros problème à tante Violaine.

J'hésitais encore. Oh, et puis pourquoi pas!

— Euh! Je... Un ami m'invite à un party à Ahuntsic, le 21. Viendrais-tttu avec moi? Tu ne connais personne à part moi dans ce groupe-là, mais on va danser.

— Si tu me prends par mon point faible... Tope-là, Jean-Philippe. Je demande un congé et... à la danse comme à la danse!

J'étais content qu'elle accepte, mais une sorte de remords me triturait la conscience. Bof! je n'en étais pas à une chiennerie près. Le vieux aurait été content. Pensez donc, son rejeton qui invitait une copine à un party! Sauf qu'il n'en saurait rien. Je n'allais surtout pas le lui dire: des plans pour lui faire plaisir.

Je trépignais sur ma chaise. Le tortionnaire recyclé au MEQ qui avait imaginé les cours de soixante-quinze minutes aurait dû être passé par les armes pour crime contre l'humanité ! Encore une demi-heure avant la cloche ! Voyons voir, sur quel sujet profond allais-je cette fois focaliser mon esprit supérieur ? Mme Perrier résolut la question pour moi.

— À votre tour de travailler, annonça-t-elle. Nous avons lu dans les derniers cours des descriptions de personnages par divers auteurs, en des styles variés, certains humoristiques, d'autres réalistes, parfois teintés de mépris ou de sarcasme. De Fedor Mikhaïlovitch Dostoïevski à Michel Tremblay en passant par George Sand et Germaine Guèvremont, nous avons découvert des manières inventives de présenter des hommes et des femmes. Je vous demande de me décrire quelqu'un que vous connaissez. Rendez-moi ce personnage intéressant, disons, en trois cents mots. Allez, c'est parti ! Vous avez jusqu'à la fin de la période.

Ah oui ! on pouvait se fier à Mme Perrier pour imaginer des exercices débiles, mais je m'y attelai tout de suite. Les productions écrites me plaisaient, voyez-vous, car elles me donnaient l'occasion de jeter mon venin sans bégayer. Ce matin-là, cependant, ce n'était pas du venin qui sortait de ma plume. Les mots coulaient spontanément et j'écrivis comme dans une transe jusqu'à la cloche.

Merde, je n'allais pas brailler en pleine classe ! J'eus à peine le temps de lancer ma feuille sur le pupitre de Perrier et de sortir en courant. Les toilettes, et ça pressait !

11

L'admirateur secret

Sergio s'arrêta à la table où Violaine attendait Lili pour dîner.

— Veux-tu me dire où tu as pêché l'avorton *bleaché* qui te sert de chevalier servant ? demanda-t-il à brûle-pourpoint.

— Qu'est-ce que tu radotes ?

— Je lui réserve un chien de ma chienne, en tout cas, et il ne perd rien pour attendre !

Violaine ne put s'empêcher de glousser :

— Serait-ce un vulgaire avorton *bleaché* qui s'est amusé à maquiller à sa façon mon mulet préféré ?

— Ha ! ha ! Très drôle.

— Sans blague, tu piques ma curiosité, lui dit Violaine. Assieds-toi là et vide ton sac.

— À condition que personne d'autre ne nous entende.

— Tiens, ton orgueil en aurait-il pris un coup? O.K., on reste en tête-à-tête et je garderai ton secret jusqu'à la tombe, juré craché! Mais je veux tout savoir. Vite, avant que Lili arrive.

— Je venais de sortir de la station de métro, samedi, et je passais devant l'hôpital quand une espèce de spoutnik sorti de nulle part s'est mis à me botter les jambes par derrière. Les mollets, les genoux, les cuisses. Un vrai feu roulant! Je me dis ça y est, les Hells jalousent mon physique de gars de bicycle. Je me retourne en me débarrassant de mon sac et de mes patins, les poings tendus, mais il me prend de court en m'assénant une droite en pleine face. Je me défends comme je peux mais il se déchaîne de plus belle. Je lui applique tout de même quelques coups à la mâchoire. Les badauds s'arrêtent, comme de raison! Un match de boxe gratuit en pleine rue, quelle aubaine! Mais v'là-t-y pas qu'une commère affairée sort un joujou cellulaire de son sac: *Allô, police?* qu'elle chiale à tue-tête. Alors mon assaillant ne fait ni une ni deux et disparaît comme par enchantement tandis que la foule se disperse.

Sergio se tut, la fureur lui sortant par les oreilles.

— Quel rapport avec moi? insista Violaine. Je n'étais même pas là.

— Il gueulait: *Tu as fait de la peine à ma belle, tu l'as appelée bébé éléphant!*

De plus en plus intriguée, Violaine exigea des détails sur le personnage.

— Grandeur moyenne, maigrichon, tête jaune. L'air poqué pas à peu près. Pansement au bras gauche.

— Il était habillé comment?

Sergio la regarda, dégoûté.

— Quand tu es en train de te faire massacrer, t'as pas grand temps pour vérifier la griffe sur le blouson du bourreau !

Violaine lui coula un clin d'œil malicieux.

— Que veux-tu, ça ne m'est jamais arrivé. Moi, c'est verbalement que je me fais massacrer. Par des mulets impertinents qui me traitent de bébé éléphant.

— Justement, les éléphants sont censés avoir leurs propres défenses...

— C'est parfaitement exact et compte-toi chanceux que je ne t'aie pas réglé ton compte moi-même, mulet. Tu aurais *deux* yeux au beurre noir aujourd'hui et tu serais en fauteuil roulant.

— Qu'est-ce qu'il ne faut pas entendre ! En tout cas, il va passer un mauvais quart d'heure, s'il me cherche encore, ton amoureux !

— Mon amoureux, Sergio ! Charrie pas. Imagines-tu sérieusement qu'on puisse être amoureux d'un bébé éléphant ?

Sergio rougit.

— Écoute, Violaine, je t'appelais comme ça pour rigoler, dit-il, la voix râpeuse, parce que tu es... parce que tu es... ronde, et que tu sembles bien dans ta peau malgré tout. Je n'avais pas compris à quel point ça te blessait. Mais *jamais* je n'ai pensé que tu étais moche. Au contraire...

Sur ces trois petits points énigmatiques, il s'éclipsa à la hâte et Violaine attaqua son sandwich avec appétit, supputant l'identité de son mystérieux chevalier servant. Ainsi donc quelqu'un aurait assisté à sa confrontation avec Sergio et décidé de la venger. « Serait-ce le même ? »

se demanda-t elle en sortant de sa poche une petite carte pliée.

— Je te donne dix cents si tu me dis à quoi tu penses! lança une voix qui la fit sursauter.

— Je rêvais à mon amoureux secret, répondit Violaine tandis que Lili s'installait à la place qu'avait quittée Sergio. Regarde ce que j'ai trouvé dans ma poche, tantôt, en voulant prendre mon mouchoir!

Elle tendit la carte à son amie. À voix basse, Lili lut le poème qui y était écrit:

Vous vous teniez là devant moi
sans que je vous voie
puis vos beaux yeux m'ont effleuré
m'ont fait chavirer
depuis, tant la nuit que le jour
que je sois loin ou au Faubourg
c'est à vous seule que je pense
et ma vie a pris tout son sens
à vous mon coeur et pour toujours
j'ai découvert ce qu'est l'amour

X

— Une déclaration en bonne et due forme, s'écria Lili. De qui donc?

— Aucune idée. Un amoureux secret, c'est un amoureux secret! C'est ça qui m'excite: *X*, la signature-mystère.

— Ou le signe du baiser…

— Qui a pu glisser ce billet doux dans ma poche pendant qu'on marchait, ce matin? Tu as remarqué quelqu'un, toi?

— On allait bien trop vite ! Il aurait fallu qu'il soit habile en pas pour rire, ton mec ! C'est une fois dans l'école qu'il t'a glissé le billet doux, ou alors avant que tu quittes l'hôtel. Penses-tu que ça peut être Jean-Philippe ?

— M'étonnerait beaucoup. Ce vouvoiement…

— Sergio, alors ? Il était ici il y a trente secondes…

— Il y aurait un poète en lui, tu penses ?

— À vrai dire, non. Au fait, qu'est-ce qu'il te voulait ?

— Il commence à apprécier le charme des bébés éléphants, ton Sergio. Ma pauvre Lili, il va falloir que tu te remplumes !

— Tu en fais, des conquêtes, toi ! Jean-Philippe, Sergio, l'admirateur secret. Tu n'y vas pas de main-morte.

— Faut prendre la vie du bon côté.

— Tu as surmonté ta déprime, à ce que je vois.

— Et comment ! fait Violaine en rugissant. Je me sens dangereusement en forme.

— Tu m'en vois ravie !

— Et toi, tu me dois dix cents !

12

Nous sommes tous des imposteurs

La cambuse en briques sales, flanquée d'une tourelle pompeuse, se dressait au fond d'un champ de fardoches, au 629, rue des Artisans. C'est là que je créchais, en compagnie d'un ramassis d'êtres plus sonnés les uns que les autres avec lesquels je ne partageais aucune affinité. Je ne vous assommerai pas avec une description des lieux ; je préciserai simplement que « la baraque des sorcières », telle qu'on la désignait au Faubourg, n'avait pas volé son surnom, et que, si vous aviez connu Gaga et Olé-Olé, vous comprendriez pourquoi je saisissais le moindre prétexte pour échapper à la douleur du foyer.

Hélas, comme les pratiques de hockey quotidiennes étaient interrompues jusqu'en août, il fallait que je me résigne, de temps en temps, à rentrer chez moi après la classe, surtout lorsque j'étais à court de diversions ou que je n'avais plus un rond.

Le lundi, j'emmenai Sergio jouer au billard, histoire de lui faire oublier ses déboires du week-end. Le mardi, j'utilisai mes derniers billets de métro pour faire un saut chez Francis, afin d'en savoir davantage sur le fameux party de la semaine suivante, qui m'inquiétait, et pour cause. Non mais quel capoté, ce gars-là! Il m'entraîna dans sa chambre, loin des oreilles indiscrètes. On serait dix en tout: cinq gars, cinq toutounes. Les gars faisaient partie de mon équipe de campeurs, l'été dernier – les Joyeux Hurluberlus, qu'on s'appelait. Francis se réjouissait de nous réunir, à quelques mois des prochaines vacances, car nous allions encore occuper le même chalet au camp, cet été-là.

Il avait commencé à rassembler du matériel pour le party. Il voulait tapisser les murs avec des affiches. Il m'en avait montré quelques-unes qui m'avaient fait frissonner.

— De l'Art, mon chum, du grand Art! clamait Francis.

— Houlala! Question de définition. Je ferais mieux de venir t'aider à décorer, histoire de limiter les dégâts.

Rendu au mercredi, faute de fric et d'imagination, je fus bien obligé de me diriger vers la baraque en quittant La Passerelle. J'eus beau marcher à reculons, je finis par arriver. La porte du garage était entrouverte, et le cousin Edmond m'interpella:

— Viens voir, Jean-Philippe, je viens d'acheter des minous.

« J'ai passé l'âge des guili-guili, Edmond », nasillai-je *in petto.*

Je me posais bien des questions sur le cousin depuis qu'il avait emménagé dans le garage deux mois plus tôt. Jusqu'ici, j'avais ignoré ses fréquentes invitations. Comme je n'avais pas l'intention de faire exception cette fois-ci, je filai vers la baraque sans le regarder. En pleine session de médisance dans la cuisine, les taties ne m'entendirent pas entrer. Bon temps pour écouter aux portes. Essayant de ne pas trop aspirer la boucane de Gaga, qui envahissait toute la maison, je me postai, les sens aux aguets. L'objet de leur langue sale, aujourd'hui, était Edmond, justement.

— S'il se rasait au moins, de temps en temps ! râlait Olé-Olé.

— Que veux-tu, c'est un taré ! décréta Gaga. Mal élevé, en plus. Pas surprenant qu'il ait raté sa vie !

— À quoi t'attendais-tu d'un garçon qui découpait des souris à la maison au lieu d'aller à l'école ?

— Toujours dans le pétrin, avec ça ! Tu te rappelles la nuit où l'oncle Charlemagne avait alerté la police, pensant qu'il y avait un voleur dans le poulailler ?

— Si je m'en rappelle ! Le voleur en question était nul autre qu'Edmond qui, l'air innocent, jurait ses grands dieux qu'il voulait juste parler aux poules.

— L'histoire avait fait le tour de l'Outaouais.

— On en rit comme ça, mais moi, Gaëtane, les expériences d'Edmond m'inquiètent. La maison va sauter, je te le dis. Je perçois plein de vibrations angoissantes.

— Lâche-moi donc avec tes histoires de vibrations ! Edmond s'amuse avec des bébelles. Il porte son sarrau, comme ça, pour se donner l'illusion qu'il travaille à des choses importantes, mais il ne fait rien de dangereux.

— Au contraire, selon moi ses expériences sont très risquées. Tu n'aurais jamais dû le laisser s'installer chez nous.

— Mais qu'est-ce que tu as à la place du cœur, Oléna ? Notre cousin est mal pris et nous avons un garage dont nous ne nous servons pas. Sans compter que son loyer arrondit nos fins de mois.

— Je reconnais là ta cupidité, Gaëtane Valois ! Ce n'est pas par bonté d'âme que tu l'accueilles, mais pour le loyer qu'il te paie. Tu te fous des ondes négatives qui flottent vers ma tourelle. Tu t'en moques que je ne sois plus capable de travailler. Et tu sais fort bien que je ne peux pas sortir non plus, par les temps qui courent. Et ça te laisse complètement indifférente que Cabochon soit en train de virer fou devant l'envahissement de son domaine !

— Tu sauras, Oléna Valois, que ce ne sont pas les humeurs aléatoires de ton vieux matou mal léché qui me feront condamner un membre de ma famille à devenir un sans-abri !

— *Ah!* elle est forte, celle-là ! Avec la rente qu'il empoche chaque mois, Edmond pourrait louer un château !

— Comment tu sais ça, toi ? glapit Gaëtane.

— J'ai mes sources ! affirma Olé-Olé avec suffisance.

— Eh bien, ta boule de cristal déraille ! Quand l'oncle Charlemagne a trépassé, les liquidateurs ont vendu la terre et les bâtiments pour payer les dettes, et il ne restait plus rien. Voilà pourquoi le cher garçon a besoin de nous.

— Tu as cru ça ! Pauvre nounoune, s'ils ont vendu la propriété, c'est parce qu'Edmond est trop perdu dans les nuages pour s'en occuper ! L'argent est investi et il reçoit une rente confortable prélevée sur les intérêts, tel que stipulé dans le testament. Alors, vois-tu pourquoi je suis inquiète ?

Ébranlée, Gaga se tut et Olé-Olé en profita pour jouer les princesses offensées :

— Maintenant, Gaëtane, tu vas retirer les propos insultants que tu as proférés à l'endroit de Cabochon.

— Pssfeu ! cracha Gaga.

— En tout cas, je t'aurai prévenue. Tu regretteras d'avoir pris mes avertissements à la légère ! Allez, réfléchis un peu. Dis à Edmond de chercher un autre logement. Cousin, pas cousin, c'est un intrus. Comme si nous n'avions pas assez de cette revenante qui nous arrive comme un cheveu sur la soupe !

— Cette sans-cœur, cette égoïste, ce monstre d'insensibilité ! Ah ! je m'en veux d'avoir répondu à cette annonce stupide.

— Tu n'as qu'à ne pas y aller.

— Mais si elle vit dans le quartier, elle va finir par nous trouver. Non, je veux la voir pour clarifier la situation.

— C'est-à-dire l'embrouiller…

— L'embrouiller, d'une part, et me débarrasser de cet intermédiaire qui me casse les pieds et me sape mes économies.

— Au fait, quand as-tu rendez-vous avec elle, au juste ?

— Tais-toi, malheureuse! Des plans pour que *tu-sais-qui* t'entende. Tu ne sais pas, il est peut-être rentré de l'école.

Tiens, voilà qui devenait intéressant. *Tu-sais-qui* prêta l'oreille, et même les deux. Mais les taties avaient baissé le ton et seul me parvenait le sifflement indéchiffrable de leurs chuchotis.

Bof! Qu'est-ce qui pouvait être si grave? Avec leur manie de brasser des tempêtes dans des verres d'eau, elles s'inventaient des peurs à cœur de jour. Leurs propos sur Edmond étaient clairs, non? Le cousin n'avait guère la cote auprès d'elles. C'est vrai qu'il ne cassait pas la baraque (ah! ah!) par sa brillante conversation, mais je ne brillais guère moi-même, alors qui étais-je pour passer des remarques désobligeantes à son sujet? Il s'était amené un beau jour de mars, sans tambour ni trompette. Il avait nettoyé et repeint le garage, aménagé un comptoir et des armoires vitrées tout au fond et fixé un lit escamotable au mur de droite. Sur celui de gauche, il avait installé un évier, un minifrigo surmonté de deux ronds de cuisson, une petite table et une chaise pliante. Il y avait déjà une toilette dans un coin, de sorte qu'Edmond était totalement autonome dans ses quartiers. Pas futé, peut-être, mais drôlement débrouillard et organisé!

Je décidai d'aller voir ses foutus chatons, en fin de compte. Entre deux maux…

— C'est quoi l'idée? demandai-je en entrant dans le garage. Tu te lances dans la dissection industrielle?

— J'essaie d'élaborer un vaccin, répondit-il sans se formaliser de mon humour méprisant.

C'est vrai qu'il avait l'air d'un faux scientifique avec sa longue barbe et son sarrau blanc.

— Un vaccin au sirop d'érable, je suppose?

L'érablomanie d'Edmond était un sujet de risée générale. Le cousin carburait à l'érable, en imbibait ses rôties au petit déjeuner, en sucrait son café, en bouffait à pleines cuillerées quand il avait la fringale. Bof! C'était son affaire s'il voulait devenir diabétique.

— Es-tu allergique aux chats, Jean-Philippe?

Je haussai les épaules, déconcerté.

— Ça fait dix ans que j'endure Cccabochon sans éternuer.

Pour prouver mon point, je soulevai la boule de poils qui me frôlait les jambes et l'approchai de mon visage. Edmond me transperçait de ses prunelles transparentes. Il voulait me dire quelque chose. Je me secouai. Je n'allais pas m'inventer des chimères, quand même! Puis il lâcha sa bombe:

— Justine y était allergique, dans le temps.

Je restai figé. Avait-il dit *Justine*?

— Tu parles de ma mère?

— Justine et moi venons du même village, dit-il en rabattant la porte du garage. Sa maison était à deux minutes de la terre de mes parents à L'Orignal.

Du coup, je devins fébrile et mille et une questions me montèrent aux lèvres.

— Tu l'as revue récemment? Où est-elle? Est-ce qu'elle est guérie? Est-ce qu'elle t'a parlé de moi?

Il m'arrêta d'un geste, et je vis à son expression qu'il ne fallait pas espérer mer et monde.

— Il y a longtemps qu'on s'est perdus de vue. Je suis parti vivre en Israël quand elle a épousé ton père. J'ai cherché à communiquer avec elle à mon retour au Canada, mais sans succès. C'est un peu pour ça que j'ai demandé asile à Gaëtane.

Je retombai sur terre, mon gros ballon d'espoir dégonflé. Les propos du cousin me secouaient. Edmond m'apparaissait drôlement normal pour le cinglé qu'il était censé être. Et puis, bof! Simple d'esprit ou pas, voilà quelqu'un qui avait connu ma mère et ne craignait pas d'en parler. Je me hissai sur un coin du comptoir et décidai de voir au moins ce qu'il pourrait m'apprendre à son sujet.

— Maman ne vit plus avec nous depuis quatorze ans.

— Tu t'ennuies d'elle?

Son indiscrétion me rebiffa et je ne répondis rien.

— Gaëtane et Oléna sont terriblement nerveuses depuis quelques jours, enchaîna-t-il.

Bon, voilà autre chose! Qu'est-ce qui lui prenait de digresser sur des trivialités, tout à coup? Ma foi, j'aimais encore mieux ses questions indiscrètes.

— Alors, rrrien de nouveau sous le soleil, fis-je sèchement.

— Elles sont inquiètes.

Où voulait-il en venir, à la fin?

— En qqquoi ça te regarde, le cousin?

— C'est toi que ça regarde, Jean-Philippe. Elles s'engueulent…

— Et alors? Elles s'engueulent à cccœur de jour!

— Oui mais là, elles s'engueulent à propos de Justine. Elles ont fouillé le cabinet de ton père de fond en comble, samedi soir.

— Tu fais de l'espionnage industriel, lui dis-je. Me suis-tu à la trace, moi aussi ?

— Assez pour savoir que tu ne te gênes pas pour écouter aux portes.

Touché ! Mortifié, je me tus un moment, puis je revins à la charge. Je n'allais tout de même pas m'écraser devant lui.

— À quel titre joues-tu les dddétectives privés, comme ça ?

— J'ai des raisons de croire que ta mère est dans les parages. Je ne l'ai pas vue personnellement, mais...

Je n'osais y croire. Car enfin, quelle valeur pouvait avoir l'information qu'il m'apportait ? Lui, un idiot, un demeuré ?

— Quand l'as-tu vue pour la dernière fois, Jean-Philippe ?

— Il y a quatorze ans, le soir où elle est partie.

— Si tu essayais de te souvenir des circonstances de son départ, ça m'aiderait peut-être.

Je fus pris au dépourvu par cette requête. J'en voulais à Edmond de gratter ainsi la surface de mes émotions. Mais il voulait retrouver ma mère. J'étais de plus en plus perplexe. Je le découvrais différent de l'image qu'il projetait habituellement, mais il déraillait, non ? Et d'abord, pourquoi tenait-il tant à retracer ma mère ? Il dut comprendre ma question muette puisqu'il répondit :

— Justine a été la grande passion de ma vie. Je l'aimais en silence, mais c'est vers ton père que son cœur a penché. Or, si elle est libre maintenant, j'aimerais la retrouver. Peut-être est-il trop tard. Peut-être a-t-elle quelqu'un dans sa vie. Tout ce que je sais, c'est que je veux tenter ma chance.

Cette révélation me secoua en profondeur et je demeurai muet pendant plusieurs minutes. Puis je me dis que je n'avais rien à perdre, au fond, et je lui relatai par le menu ma dernière nuit avec ma mère, presque sans bégayer. Edmond laissa couler sans l'interrompre le flot de mes souvenirs. Ça faisait deux fois en quelques jours que je revivais cette scène douloureuse et les images m'arrivaient, plus vives que jamais.

— Tes tantes nous mèneront jusqu'à elle, dit le cousin après un petit silence. Il faut seulement deviner ce qu'elles taisent. Elles ne semblent pas du tout intéressées à voir Justine revenir dans leur vie.

Sur ces entrefaites, des coups vigoureux furent frappés à la porte.

— Ouvre! criait Olé-Olé, au bord de la crise d'apoplexie. Ouvre, et ça presse!

J'actionnai le mécanisme tandis qu'Edmond enfermait les chatons dans leur cage. La porte n'avait pas sitôt commencé à glisser sur ses gonds qu'un Cabochon enragé faisait irruption dans le garage. Toutes griffes dehors, les dents comme des castagnettes, il feulait, il crachait, il fonçait sur la cage. Les chatons miaulaient à qui mieux mieux. À son tour, Olé-Olé entra en trombe, le poil hérissé.

— Qu'est-ce que ces animaux font ici-dedans? glapit-elle en trépignant de fureur. Je comprends, maintenant, les grognements incessants de Cabochon. C'est rendu que je ne peux plus travailler. Ils profanent son territoire. Tant qu'ils ne déguerpiront pas, je resterai au point mort. Edmond, tu vas les renvoyer d'où ils viennent et ça presse!

— J'en ai besoin pour mes expériences, plaida Edmond, reprenant le ton bon enfant qu'il avait délaissé depuis le début de notre conversation.

— C'est donc ça ! s'indigna Olé-Olé, tu martyrises ces pauvres bêtes sans défense ! Ah, ça ne se passera pas comme ça ! Je vais prévenir la SPCA et pas plus tard que tout de suite.

— Je ne les martyrise pas, je les vaccine.

Olé-Olé haussa les épaules, puis pivota vers moi.

— Quant à toi, Jean-Philippe, tu as certainement mieux à faire que de poireauter dans ce pseudo-laboratoire.

— L'atmosphère est invvvivable dans la baraque, marmonnai-je. Trop de nervosité dans l'air. Qu'est-ce que vous avez dddonc, toi et Gaga... ?

— *Ga-ë-ta-ne,* rectifia Olé-Olé, du haut de sa grandeur.

— Gagaëtane, si tu y tiens. C'est quoi votre ppproblème ? Des revenants qui ne vous reviennent pas ? Des esprits qui vous enquiquinent ?

— Donne-moi donc ces foutus minous au lieu de faire le smatte ! vociféra-t-elle. Ils s'en retournent d'où ils viennent.

Hors de lui, Cabochon bondissait en tous sens, terrorisant les chatons. La scène devenait grotesque.

— Si tu veux vvvraiment le bien de ces bêtes, dis-je à Olé-Olé, sssors ton matou d'ici. Tu vois bien qu'il les traumatise.

— De toute façon cet endroit m'est néfaste, fit-elle en ramassant sa boule de poils enragée. Mais tu m'entends, Edmond ? Si ces intrus n'ont pas foutu le camp d'ici une heure, vous partez tous, toi compris.

— Mais Gaëtane est d'accord avec mon expérience, plaida Edmond. Et c'est elle qui décide.

Outrée, Olé-Olé leva les bras au ciel. Puis, serrant son chat sur sa poitrine, elle sortit en relevant le menton. Je refermai la porte en réprimant un fou rire. Affligée d'un mauvais caractère chronique, Olé-Olé n'avait pas l'habitude de ranger sa langue dans sa poche. Tout de même, je l'avais rarement vue aussi pompée. Cela m'assommait tout d'un coup : cette femme qui habitait la même maison que moi depuis dix ans aurait sans doute pu être jolie. Contrairement à Gaga, qui était sèche et toute ridée, Olé-Olé dégageait un je-ne-sais-quoi d'intéressant. Elle se maquillait à peine, pourtant, et se coiffait sans fantaisie. Elle passait le plus clair de son temps dans sa tourelle, affairée à Dieu sait quoi. Mais occasionnellement, quand elle déambulait dans le quartier, vêtue de toilettes élégantes et coiffée de chapeaux abracadabrants, sa démarche ondulante attirait le regard. Elle faisait tout à fait grande dame du temps jadis. Non, vraiment, je ne la connaissais pas, cette femme, et j'ignorais pourquoi, à trente-cinq ans, elle vivait de façon aussi austère. Qui se cachait sous ce visage fermé ? Et pourquoi avais-je l'impression qu'elle me détestait ?

Ah, et puis bof! qu'est-ce que ça pouvait bien me faire ?

Le cousin me regardait réfléchir. Ainsi, ce deux de pique avait aimé ma mère. Or pourquoi, dans son cas, ne pouvais-je pas dire bof! et passer à autre chose ? Avais-je besoin de ces complications ?

— Pour en revenir à Justine, reprit-il, elle est ici au Faubourg et, selon mes déductions, elle te cherche.

Mon cœur se remit à battre furieusement.

— Comment sais-tu?

— Je ne t'apprendrai rien en te disant qu'il y a des avantages à écouter aux portes. Oléna l'a reconnue samedi dernier sur le croissant. Elle s'est bien gardée de lui parler, elle s'est plutôt détournée au plus vite, pour éviter que Justine la reconnaisse à son tour. Mais depuis, Gaëtane et elle craignent de la voir revenir dans ta vie. Oléna voudrait croire que ta mère n'était là que par hasard, car, en principe, Justine ne devrait même pas savoir que vous habitez au Faubourg, puisque vous avez déménagé sans laisser d'adresse. Et, comme vous avez un numéro de téléphone confidentiel,...

— Je me suis toujours demandé pourquoi, d'ailleurs.

— ... elle ne pourra pas vous retracer par le bottin non plus. Oléna espère donc, comme je disais, que c'est le hasard et rien d'autre qui a guidé Justine au Faubourg, samedi, mais Gaëtane est persuadée du contraire. Lors de la fameuse nuit dont tu viens de me faire le récit, il y avait eu une vilaine scène où, apparemment, les couteaux volaient très bas. Ta mère avait quitté la maison en jurant qu'elle reviendrait un jour.

Ainsi, c'était possible que maman fût partie d'elle-même, comme l'affirmait le vieux.

— Mon père, dans tout ça?

— Il sait qu'Oléna a vu Justine dans le Faubourg, mais je n'ai aucune idée de sa réaction. Hier, mine de rien, j'ai posé quelques questions à Gaëtane. À ma grande surprise, elle a consenti à me répondre et j'ai appris que ton père avait fait annuler le mariage en alléguant la désertion et l'instabilité mentale de ta mère.

— Maman n'était pas instable! dis-je, le cœur à l'envers.

— Gaëtane aurait menti, alors?

— Et toi aussi, si je cccomprends bien, lui dis-je, furieux de me sentir aussi ému. Comment te croire? Tu te fais pppasser pour un idiot...

— Et toi pour un bègue, rétorqua-t-il du tac au tac.

Le temps s'arrêta et nous nous dévisageâmes en silence. Ma tête tournait. Le sang pulsait douloureusement dans mes oreilles.

— Nous sommes tous des imposteurs, lâcha-t-il.

Je n'en pouvais plus. Il me fallait digérer tout ça. Je soulevai la porte du garage et partis au pas de course. J'avais besoin de courir dans les rues du Faubourg jusqu'à ce que mes jambes flageolent de fatigue et que j'aie mis de l'ordre dans ma tête.

13
Une rencontre

— Jean-Philippe t'a mangée des yeux toute la journée, dit Lili à Violaine alors qu'elles quittaient La Passerelle, le jeudi après la classe.

— Il passe son temps à me zyeuter, c'est vrai, mais il ne m'a pas adressé la parole depuis qu'il m'a invitée à son party. Je te gage qu'il s'en mord les pouces et qu'il a honte à l'idée de se présenter là-bas avec une éléphante à son bras.

— Mais non ! Il est seulement gêné de toujours bégayer.

— Il ne bégaye pas tout le temps. Ce matin, je lui ai posé une question sur un problème de maths et il m'a répondu normalement. On gagne sûrement à le connaître, ce gars-là.

— Je vois que tu es toute disposée à te taper la besogne.

— Pourquoi pas ? S'il daignait seulement me laisser pénétrer dans son univers.

— Ça viendra, avec le temps.

— Et toi, avec Sergio ?

— Bilan positif, j'ai réussi à le faire grimper dans les rideaux une couple de fois, aujourd'hui.

— Pour ça, tu commences à avoir le tour ! Tu crois vraiment arriver à tes fins avec cette tactique-là ?

— C'est la plus prometteuse, en tout cas. Le seul temps où Sergio s'aperçoit que j'existe, c'est quand je lui rabaisse le caquet.

— Il a failli te sauter dessus, ce midi, tellement il était fâché.

— Qu'il me saute dessus, je ne demande pas mieux, fit Lili en riant. Tout plutôt que son indifférence. Toi, au moins, ton Jean-Philippe te regarde.

Les filles se séparèrent à la gare et poursuivirent leur route séparément. En arrivant à l'hôtel, Violaine aperçut un garçon qui faisait les cent pas devant l'entrée. Il s'arrêta en la voyant.

— Tu cherches quelqu'un ? lui demanda-t-elle.

Elle croisa son regard et quelque chose agita sa mémoire.

— Je m'appelle Xandro, dit-il. La lettre… c'est de moi.

— Quelle lettre ?

— Le poème, fit-il en rougissant. Vous l'avez lu ?

Il paraissait anxieux.

— Oui, bien sûr. Merci.

— Je veux vous connaître, reprit-il, devenir votre ami…

Ainsi c'était lui, l'admirateur secret. Violaine l'avait imaginé tout autre : plus vieux qu'elle – un homme, quoi –, plus grand également, les traits virils. Le vouvoiement et la qualité de ses vers lui avaient donné l'idée qu'il était racé. Or le gamin qui se tenait devant elle était imberbe et ses vêtements étaient usés à la corde. Il dégageait pourtant une impression de maturité surprenante. Un peu déçue, Violaine se demanda de nouveau où elle avait déjà rencontré ce regard. Elle ne savait que dire, mais elle ne pouvait le planter là sans lui répondre. Puis ses cheveux délavés lui sautèrent aux yeux.

— C'est toi qui t'es constitué mon chevalier servant, samedi dernier, n'est-ce pas ? demanda-t-elle en souriant. Tes méthodes me paraissent plutôt draconiennes. Douteuses, aussi. Mon ami Sergio ne les apprécie guère, en tout cas.

— Quelqu'un qui vous insulte aussi bassement ne mérite pas votre amitié, répliqua-t-il d'un ton passionné qui la fit sourire.

— En tout cas, il ne m'a pas traité de bébé éléphant depuis…

— C'était exactement le but de l'opération, fit Xandro, dont le visage s'éclaira. Je suis très content.

— N'empêche, je préférerais que tu n'attaques plus personne en mon nom, d'accord ? Je me défends très bien moi-même.

— J'ai vu ça, dit Xandro. Vous m'avez impressionnée. Euh, pourriez-vous me dire votre nom ?

— Violaine Galdès.

— Cela vous va bien. Je peux vous appeler Violaine ?

— Bien sûr, et, je t'en prie, tutoie-moi.

— Ça, non, ce serait un sacrilège. Voyez-vous, Violaine, vous êtes ma muse et ma déesse.

Il leva sur elle des yeux intenses qui, encore une fois, titillèrent sa mémoire. Elle l'avait déjà vu quelque part, et ça ne faisait pas très longtemps. Mais où donc?

— Tu étudies à La Passerelle? demanda-t-elle.

— Non, j'ai un tuteur privé. Mais ne parlons pas de ça. Je veux juste vous dire une chose, Violaine: je vous trouve parfaite telle que vous êtes.

Son visage s'empourpra brusquement et, sur un bref *À bientôt*, il s'envola.

○

Xandro filait le long des rues, le cœur en liesse. *Violaine, Violaine, Violaine,* chantonnait-il, exalté. Elle l'avait regardé en souriant, ils avaient bavardé, elle savait qu'il avait pris sa défense. C'était un premier pas. Dans sa tête se mirent à danser des mots, des idées, une musique. Il allait écrire un autre poème pour celle qu'il aimait. Il vola jusqu'à l'appartement.

Il trouva Bertin affaissé sur le divan, la mine lugubre. Il se rappela que celui-ci était allé rencontrer ses maîtres chanteurs après avoir donné ses cours au centre jeunesse.

— Et alors, ça s'est bien passé? demanda le garçon.

— Ils étaient furieux que je ne leur remette pas la somme complète. J'ai négocié un sursis à un intérêt usuraire.

— Allons-y alors. Dépêchons-nous de réunir la somme, qu'ils vous foutent la paix, enfin!

— Votre bonne volonté me fait plaisir, Xandro. Mais ne vous faites pas d'illusions. Ils reviendront à la charge, comme ils le font sporadiquement.

— N'y a-t-il pas moyen de vous en débarrasser une fois pour toutes et qu'on n'en parle plus ?

— Je ne suis pas un meurtrier, Xandro.

— Ce n'est pas à ça que je pensais, et vous le savez bien. Ne faites pas de farces avec ça, monsieur Therrio. N'y a-t-il pas moyen de les neutraliser, tout simplement ?

— À moins de m'exiler à Tombouctou, je crains bien que non. Voyez-vous, ils sont au courant d'un court séjour en prison que j'ai fait et dont j'ai omis de me vanter auprès des autorités du centre jeunesse. Comme ils s'y trouvaient en même temps que moi, ils se servent de cette information pour prélever un impôt sur mes revenus.

— Mais pourquoi ?

— La jalousie. Moi, j'ai un emploi, je gagne des sous, je me suis refait une vie, tandis qu'eux sont sans travail ni rêves et vivent de l'aide sociale, ce qui les place dans une position désavantageuse pour s'en sortir. En plus, ils souffrent de paresse chronique.

— Si vous disiez la vérité aux autorités du centre jeunesse, ces bandits n'auraient plus de prise sur vous.

— Mais je perdrais mon emploi et je ne pourrais plus vous servir de tuteur.

— Vous préférez demeurer sur le qui-vive, jour après jour, à redouter le moindre coup de sonnette, la moindre lettre de chantage, et leur donner tout ce qu'ils réclament sans discuter ?

— Et vous, vous préférez retourner au centre jeunesse ?

Xandro ne répondit pas. La conversation ne menait nulle part. Bertin Therrio devait avoir des dettes et ses créanciers n'étaient guère enclins à prolonger son crédit. Cette histoire pouvait très mal finir, et, à quatorze ans, Xandro se retrouvait impuissant devant ce qui lui arrivait. Il ne comprenait pas les enjeux ; il ne savait pas à qui Bertin avait affaire ; et il ne contrôlait pas son propre emploi du temps. Une seule chose paraissait certaine : l'école de cirque n'était pas pour demain. Il songea qu'il pourrait prendre le large. Mais ce ne fut qu'une tentation passagère. École de cirque ou pas, son maître lui apprenait beaucoup de choses dans un grand nombre de domaines.

— Qu'allez-vous faire pour combler la somme ?

— J'ai un filon qui me permettra peut-être de retracer le fils de Justine Rainville. C'est une affaire délicate et, si je joue bien mes pions, ça peut devenir payant. Bon, on pensera à tout cela plus tard. Pour le moment, passons aux choses sérieuses. Je vous ai acheté un cadeau.

« Avec quel argent ? » se demanda Xandro, mais il retint sa question. Bertin lui remit un petit téléphone cellulaire.

— Ayez-le sur vous en tout temps. Ainsi, même quand vous cavalerez à la poursuite de votre bien-aimée, je pourrai vous joindre. Et maintenant, sortez votre grammaire, nous allons réviser la leçon d'hier et je vais commenter votre production écrite.

14
Un froid

Pour la cinquième journée consécutive, les deux copines se rendaient à l'école à pied. Elles marchaient à vive allure, laissant la sueur perler sur leur front et l'énergie régénérer leur système. À quelques rues de La Passerelle, elles ralentirent le tempo, histoire de ne pas se présenter en classe complètement en nage. Violaine constatait qu'au lieu de l'épuiser, comme elle l'avait craint, cette marche matinale lui donnait des ailes et décuplait sa capacité d'attention en classe.

— Même si c'était seulement pour cette sensation d'être totalement vivante, c'en vaudrait la peine, confia-t-elle à Lili. Mais en plus, j'ai perdu un kilo depuis lundi.

— Ne me dis pas que tu t'es réconciliée avec ta pesée!

— On n'était pas en chicane. Je l'avais seulement envoyée valser sous mon lit.

— C'est juste la marche qui t'a fait maigrir ?

— La marche et l'eau. J'en ai bu tant et plus. Il paraît que ça aide à éliminer les gras et les toxines.

— À propos, commença Lili en hésitant, je t'ai, hum ! apporté un lunch. Un repas cent pour cent santé, équilibré et diététique.

— Ouache ! s'écria Violaine, indignée. Franchement, Lili ! Tu m'as proposé ton idée de diète, l'autre soir, et j'ai dit non. C'est pourtant clair ! Tu ne peux pas décider à ma place.

— Oui, mais tu m'as dit qu'à l'hôtel tu ne pouvais pas cuisiner toi-même... Ah, et puis, attends donc avant de crier ouache, plaida Lili, dépitée. Tu m'en donneras des nouvelles ! J'ai simplement doublé les quantités de mon propre dîner. Ça s'adonne que je l'ai conçu à partir d'aliments santé...

— ... équilibrés et diététiques, ânonna Violaine en se moquant de Lili. Subtile manière de me faire sentir mal dans ma peau, merci beaucoup ! T'as qu'à le dire si tu as honte d'être vue en ma compagnie !

— Tu es injuste ! Je veux seulement t'aider.

— Eh bien, tu le mangeras toute seule, ton dégueu-santé ! Moi, je vais me payer une poutine et un club-sandwich.

Elles parcoururent le reste du chemin sans prononcer une parole. En arrivant à La Passerelle, elles reconnurent Jean-Philippe qui tenait la porte ouverte.

— Salut, les filles ! Violaine, il faut que je te parle.

— Excusez-moi, je dois y aller, marmotta Lili en filant vers son casier.

15
Rebondissements

Était-ce la conversation avec le cousin ou l'atmosphère de la baraque qui me rendait dingue ? Toujours est-il que je n'avais pu fermer l'œil depuis deux nuits. Je n'avais cessé de ressasser dans ma tête les révélations d'Edmond. Il cherchait ma mère, mais où, quand, comment ? Il passait ses grandes journées enfermé dans son laboratoire. Avait-il engagé un détective ? Que connaissait-il des méthodes d'enquête ? D'autre part, c'était vrai que les taties n'étaient pas à prendre avec des pincettes, ces jours-ci, ce qui rendait son hypothèse plausible. Elles grimpaient dans les rideaux pour moins que rien, passaient leur temps à se crêper le chignon. Gaga fumait à la chaîne, Olé-Olé n'était pas parlable. Tramaient-elles quelque chose contre ma mère ? Si oui, quoi ? Il fallait la défendre, mais comment ? D'abord, où était-elle ?

Maudit! Qu'est-ce que je pouvais faire? La veille, jeudi, j'avais essayé de reparler au cousin, mais le garage était vide. J'essaierais de lui parler ce soir, au retour de l'école.

Il y avait une autre chose qui me tracassait. Le maudit party de Francis. À vrai dire, je n'avais pas beaucoup le cœur au party et, plus j'y pensais, plus je trouvais monstrueuse l'idée de cette fête des grosses, surtout après avoir vu les affiches au goût douteux qu'il voulait mettre au mur. Je devais en parler avec Violaine, lui dire à quel genre de soirée je l'avais invitée. J'arrivai donc à l'école un peu plus tôt, le vendredi, pour l'attendre.

Un frémissement me secoua lorsque je l'aperçus, et j'eus la certitude que ce serait une connerie de tout lui avouer. Sauf que je ne pouvais pas l'emmener là-bas sans au moins la préparer au choc, l'avertir que Francis était un peu maboule, par exemple, et broder là-dessus.

Son inséparable Lili eut l'idée géniale de disparaître. De mauvais poil, ce matin, Miss Je-sais-tout! Son service de renseignement était-il en panne? Bof! J'avais assez de mes problèmes sans m'encombrer de ceux des autres. J'entraînai Violaine à la cafétéria. Il nous restait dix minutes et ça devrait suffire.

On était assis l'un en face de l'autre et elle sirotait un grand verre d'eau en souriant, comme si c'était de l'ambroisie. Je capotais. Elle racontait quelque chose que je n'entendais pas. *Merde, comment aborder le sujet?* Je ne pouvais tout de même pas lui lancer comme ça: « Euh, Violaine, mon chum Francis, tu sais celui qui nous invite, eh bien, il est idiot. Ses idées sont parfois tellement saugrenues... et il faut seulement que tu sois prévenue que... euh... » Non, ça n'allait pas. Elle était encore plus jolie que le jour où sa beauté m'avait mis K.-O. Ses cheveux frisottaient autour de son visage en boucles capricieuses, un peu humides. Elle avait eu chaud en s'en venant. Ses joues resplendissaient de santé. Je cherchais désespérément la formule diplomatique.

— Violaine, euh… as-tu fini l'analyse de texte pour Ppperrier ?

C'est tout ce que j'avais trouvé. Plus niaiseux que ça… Je voulais m'assassiner.

— Je vais régler ça tantôt, en rentrant de l'école, pour pouvoir l'oublier en fin de semaine. Toi, tu l'as faite ?

Je fis non de la tête et puis, tout à coup, presque à mon insu, je m'entendis demander :

— Euh, si tu venais chez moi… avant souper ? On pourrait regggarder ça ensemble.

Elle tomba des nues et moi aussi, et pendant une grosse minute, nous restâmes pantois à nous regarder. La première cloche nous tira de notre torpeur.

— Avec plaisir, dit Violaine, pourvu que je sois rentrée à six heures.

J'étais atterré. Elle semblait si contente ! Et si elle allait se faire des idées ? Je l'invitais à faire un devoir, pas à sortir avec moi.

Moi qui voulais aller voir Edmond en rentrant !

J'étais en train de faire un fou de moi ou de virer maboule. Ou les deux.

○

Elle me rejoignit sous le préau et nous nous mîmes en route en bavardant à bâtons rompus. C'est surtout elle qui parlait. Elle me raconta des bribes de sa vie à l'hôtel, me parla de ses difficultés en chimie. Elle m'avoua qu'elle était en froid avec Lili, précisant qu'elle avait horreur des gens qui voulaient lui imposer leur volonté.

— Je m'en souviendrai, dis-je à la blague, des fffois que ça pourrait me servir.

Je me demandais vaguement en quoi Lili essayait de lui imposer sa volonté, mais bof! qu'est-ce que ça pouvait bien me faire? J'amenai subtilement la conversation sur le party et elle saisit la balle au bond.

— Justement, dit-elle, mes parents insistent pour savoir le nom, l'adresse et le numéro de téléphone du copain chez qui nous allons. Caprices de parents gnangnan…

— Pas de ppproblème. Il s'appelle Francis Drolet et je te donnerai ses coordonnées en arrivant chez moi. D'ailleurs…

« Vas-y, c'est le temps, Jean-Philippe, me disais-je. Tu l'as, ton ouverture. » Mais ma langue était paralysée.

— Mes parents sont un peu vieux jeu, dit-elle. Les tiens?

— Moi, je vais te dire, je me fous de ma famille!

C'était parti tout seul! Les mots, le ton acerbe, le geste d'impatience, le kit complet du névrosé! Ah! pouvoir ravaler mes paroles.

— Sauf de ma mère, ajoutai-je dans un souffle.

Merde! J'avais la voix rauque. Spontanément, Violaine se rapprocha de moi. Je me la fermai pour le reste du chemin.

En entrant dans la rue des Artisans, j'aperçus la tortue devant la maison. La guigne ! Non mais pourquoi le vieux arrivait-il d'aussi bonne heure aujourd'hui ? Bof ! Ça m'était égal, au fond. Avec un peu de chance, nous pourrions nous faufiler à l'intérieur et monter dans ma chambre sans alerter la maisonnée.

Mais je jouai de malchance, car je n'avais pas sitôt ouvert la porte que la voix stridente de Gaga m'apostrophait :

— Gare aux courants d'air, Jean-Philippe ! Ferme, vite !

— Il fffait plus chaud dehors que dedans, criai-je.

— Ferme, je te dis, il y a des rôdeurs dans les alentours.

— Pas en plein jour, qqquand même.

— Le jour, la nuit, ils rôdent tout le temps.

— Tu deviens parano, dis donc.

— Ils rôdent, je te dis. Et puis de toute façon, je ne veux pas que la maison soit infestée de vermine.

— O.K. d'abord, je vais la fermer, ta maudite porte, dis-je en m'exécutant.

— Toi et ta manie de claquer les portes ! hurla Gaga, furax.

— Installes-y un resssort et un amortisseur ! ripostai-je d'un ton rogue. Elle se refermera toute seule et en dddouceur.

Par bonheur, Gaga demeura dans son cagibi, ce qui nous évita la confrontation. Violaine paraissait mal à l'aise.

— C'est toujours comme ça, chuchotai-je pour la rassurer. Elle se nourrit de vache enragée.

La porte de la tourelle s'entrouvrit à gauche du hall, et Olé-Olé parut dans l'embrasure.

— Me semblait, aussi, chuchota-t-elle d'une voix énervée.

Elle ne s'adressait à personne en particulier. Elle balaya la maison d'un regard fébrile, toisa Violaine, puis s'apprêta à refermer.

— Viens donc, Oléna, que je te ppprésente Violaine, dis-je.

Elle s'avança avec hauteur, son chat enroulé autour du cou. Elle avait son look artiste aujourd'hui : collants noirs, blouse peinturlurée, cheveux bruns relevés sur la tête en une masse indisciplinée, une tache mauve sur le front. Cabochon grogna un peu, et Olé-Olé fit un bref signe de tête.

— Enchantée, madame ! dit Violaine poliment.

— Violaine est une cccamarade de classe, précisai-je.

L'œil d'Olé-Olé fit la navette entre Violaine et moi.

— Soyez prudents, je ne vous dis que ça, murmura-t-elle avant de réintégrer sa tourelle.

Dans son cabinet de travail, le vieux, affalé dans son fauteuil, gueulait dans le combiné. Il se redressa en me voyant et me salua de la main. J'entraînai Violaine à l'étage vers mon capharnaüm.

— On va s'installer ici, dis-je en débarrassant mon pupitre.

Violaine examinait la pièce avec perplexité, scrutant les affiches posées de travers (volontairement), les tiroirs débordants et mal fermés, les vêtements sur le plancher, les murs noirs et, surtout, l'immense point d'interrogation fluorescent suspendu au-dessus de mon lit, à l'emplacement du plafonnier.

— Chacun ses goûts ! commenta-t-elle en rigolant. Moi, c'est un éventail que j'ai installé au-dessus de mon lit.

— Moi, j'y ai mis le symbole de mes doutes existentiels. Tant que je n'aurai pas de certitudes, je resterai dans le noir. Le jour, la nuit, quelle que soit l'heure, mon interrogation me revient dès que j'ouvre les yeux.

— Ça rend ta chambre intéressante.

— Je me fais un point d'honneur d'y maintenir le désordre.

— Eh bien, bravo ! C'est réussi.

Nous nous mîmes à l'ouvrage. Elle garda pour elle ses impressions sur mes taties et je m'efforçai de faire comme si de rien n'était, me concentrant sur l'objectif poursuivi en invitant Violaine à travailler ici. *Maudit party !* Tout le temps qu'on s'échinait après la foutue analyse littéraire – un texte débile, vous n'avez pas idée ! –, j'essayais de trouver une entrée en matière. Je songeai à lui annoncer que le party était annulé, mais sans doute ne me croirait-elle pas. Elle penserait que j'avais honte de m'y présenter avec elle parce qu'elle était trop grosse. *Merde !* comment me tirer de cette impasse ?

Vers cinq heures et demie, Violaine ramassa ses affaires.

— Il faut que je parte. Je sers à la salle à manger pendant le souper et je dois d'abord me changer.

— Je ttt'acompagne. Comme ça, je saurai où venir te chercher vendredi prochain.

Je tenais ma chance de lui dire quelque chose. Mais rien ne vint. Encore une fois, j'avais la langue nouée. D'ailleurs, elle était déjà dans l'escalier.

Le vieux sortit de sa tanière au moment où nous traversions le hall.

— Jean-Philippe ! Tu ne vas pas laisser partir ta charmante dulcinée sans me la présenter !

Il se passa alors une chose complètement déroutante : Violaine se retourna et le vieux se figea sur place, comme s'il était effrayé. Je me sentais très mal à l'aise. D'accord, quelqu'un qui ne l'avait jamais rencontrée pouvait être surpris par les rondeurs de Violaine, mais le vieux aurait pu contrôler sa réaction un peu mieux.

— Mon père. Violaine, une cccompagne de classe.

Elle aussi avait perdu ses moyens devant la réaction du vieux.

— Violaine est pppressée, dis-je, moi-même impatient de me soustraire à l'atmosphère des lieux.

Le vieux retrouva enfin sa contenance.

— Mademoiselle Violaine, déclama-t-il en lui prenant la main, que mon fils ait fini par remarquer les charmes féminins me fait infiniment plaisir. Et, si c'est pour découvrir les vôtres, il aura eu raison d'attendre. Tout cela pour vous dire que je suis enchanté de faire votre connaissance.

Il porta les doigts de Violaine à ses lèvres sans la quitter des yeux.

— Euh ! Moi aussi, monsieur Lavoie.

— Valois, rectifia-t-il en la vrillant de son regard.

J'aurais voulu me cacher sous le tapis. Le sang me montait au visage. Violaine retira sa main en lorgnant de mon côté.

J'ouvris la porte avec fébrilité.

— Salut, pppapa, on doit y aller. Je raccompagne Violaine. Ne m'attendez pas pour souper.

— L'amour avant tout, je comprends ça, clama le vieux.

Je serrai les dents, craignant qu'il nous gratifie d'une de ses allusions cochonnes. D'ailleurs, il se glissait entre nous, le bras gauche autour de moi, le droit autour de Violaine. J'essayais de me dégager mais il nous tenait solidement.

— Une escalope avec une petite salade...

Je pâlis, en proie à la panique, et je l'interrompis :

— Papa, je t'en prie !

Je suais à grosses gouttes. J'avais déjà entendu cette platitude. « Faites qu'il se taise », priai-je tout bas. Il entendit l'urgence dans ma voix, Dieu merci, et se rendit à ma requête.

— Allez, les enfants, et soyez assurés de mon entière discrétion, dit-il en appuyant sur les deux derniers mots.

Notre sortie avait des allures de fuite. Nous descendîmes les marches du perron en vitesse et filâmes vers la rue. Mais la voix du vieux nous rattrapa, intense :

— La discrétion est une vertu.

Je voulais hurler. La porte se referma enfin. Pas trop tôt.

À quoi pensait le vieux pour tenir de tels propos ? Et comment réagissait Violaine ? Avait-elle compris la contrepèterie ? Elle paraissait troublée. Les remarques du vieux me blessaient. Un étau me serrait la poitrine. Mes oreilles bourdonnaient. J'avais envie de vomir.

En marchant au hasard dans les rues du Faubourg, nous nous retrouvâmes au parc L'Oasis. Je n'en pouvais plus. Il me fallait parler à Violaine. M'excuser. Lui expliquer. Et le foutu party ! J'étais pris. Par où commencer ?

— Je suis dddésolé de ce qui s'est passé.

— T'en fais pas, Jean-Philippe. À l'hôtel, tu sais, j'en vois de toutes les couleurs.

Violaine s'arrêta, essoufflée, près de la fontaine.

— La dame qui t'a interpellé quand on est arrivés chez toi, c'est ta mère ? demanda-t-elle.

— Non, celle qui jappait, c'est tatie Gaëtane, et la sorcière peinturlurée, c'est tatie Oléna. Gaga et Olé-Olé, les substituts maternels censés me faire découvrir les subtilités de l'éternel féminin au cours de ma cccroissance.

Était-ce l'aigreur ou l'émotion qui me coupait la voix ? Violaine me serra le bras.

— Et ta mère ? Parle-moi d'elle.

— Une autre fois. Là, on ferait mieux ddd'y aller si tu ne veux pas être en retard.

— Je le suis déjà.

Elle se rapprocha de moi et nous poursuivîmes la promenade bras dessus, bras dessous. J'étais toujours crispé, mais je respirais mieux. Avisant une cabine téléphonique à l'orée du parc, Violaine appela chez elle pour prévenir de son retard.

— Ça ira, dit-elle en raccrochant. La grosse affluence s'annonce au deuxième service, à sept heures, ce qui nous donne encore du temps. J'aimerais que tu me parles de ta mère.

Alors, tout en marchant, je lui racontai des pans de mon enfance. Peu d'événements, plutôt le souvenir d'un grand fleuve tranquille lorsque nous habitions ensemble, mon père, ma mère et moi, dans notre petite ville de l'Outaouais ontarien appelée Rockland. Ma mère qui me lisait des histoires dans des albums, qui m'emmenait en balade, qui jouait avec moi.

— Un fois, avec mon père et ma mère, je suis allé dans un immense magasin de joujoux rempli de cccamions, de jeux de construction, de ballons, d'outils de bricolage. Mon père m'a acheté une superbe dépanneuse avec laquelle j'ai joué longtemps. Mais ce qui a retenu l'attention de maman, ce sont les pppeluches. Au bout de plusieurs minutes, on a fini par choisir un petit chien marionnette brun pâle, avec de longues oreilles pendantes et des yeux presque vivants. J'ai dormi avec ce toutou-là des années durant. Je l'ai encore, quelque part dans mon fffouillis.

Je m'interrompis pour évacuer un peu d'émotion. Nous traversions la voie ferrée pour entrer dans un secteur qui ne payait guère de mine, avec ses bâtisses délabrées aux murs couverts de graffitis. Rue Dalens, nous longeâmes en silence quelques usines, un cabaret de danseuses et un centre de rénovation. Je paniquai lorsqu'au détour, sur la gauche, apparut l'hôtel. Je n'avais pas fini de raconter et, maintenant que j'avais commencé, je ne pouvais plus m'arrêter. Nous stoppâmes devant l'écriteau en forme de violon qui souhaitait la *Bienvenue au Gîte du Gitan* et je me dépêchai d'enchaîner :

— Maman nous a quittés quand j'avais trois ans. Je n'ai jamais compris pourquoi et je ne l'ai jamais accepté. Et après, pendant des semaines, je n'ai rien fait d'autre que de l'attendre, assis dans l'escalier devant la maison. J'ai fait une telle crise de nerfs le jour du déménagement à Montréal qu'il a fallu me donner une piqûre. Je ne voulais pas quitter Rockland, de peur que maman ne nous trouve pas à son retour. Je n'ai jamais eu de ses nouvelles depuis. Le cousin Edmond pense qu'elle est au Faubourg, quelque part, mais moi, j'ai des doutes.

— Le cousin Edmond?

Je lui expliquai brièvement qui était le cousin, et l'enquête qu'il faisait. Puis Violaine m'embrassa sur les deux joues et prit congé de moi.

— On reparlera de tout ça, Jean-Philippe. Ne lâche surtout pas. Continue d'espérer. Ton cousin tient peut-être un filon.

Je rentrai chez moi en songeant au bien immense que ça m'avait fait de me confier à elle! Cette fille était super. Elle sentait bon, elle était jolie, elle savait écouter et j'aimais sa compagnie. Mais c'était compliqué. Je ne voulais pas penser à ce qu'elle pourrait représenter pour moi. Il y avait trop d'autres choses à régler d'abord. Je n'arrivais pas à classer les émotions qui luttaient en moi. Qu'est-ce qui m'arrivait, mon Dieu?

Et le party! merde! Le party!

16
Désarroi

Violaine grimpa l'escalier le plus vite qu'elle le put et courut à sa chambre où elle sauta dans son uniforme. Sa tête fonctionnait à plein régime. Elle aurait voulu s'asseoir un moment pour digérer ses émotions, mais elle devait prêter main-forte à la salle à manger. « Faites qu'il ne vienne pas ce soir », pria-t-elle. Elle pensait au père de Jean-Philippe... Au choc qu'elle avait eu en l'apercevant !

En bas, la cuisine ressemblait à une ruche en crise.

— Je ne pouvais pas faire autrement, glissa Violaine à l'oreille de sa mère. Je t'expliquerai.

Celle-ci soupira, sans cacher sa réprobation. Elle paraissait exténuée. Il y avait toujours beaucoup de monde le vendredi soir, des gens qui avaient envie de commencer la fin de la semaine en soupant au restaurant. Elle emplit deux bols de soupe et les désigna à Violaine.

— Pour la table sept.

Violaine prit les bols, les plaça soigneusement dans des assiettes et fila vers ladite table, où Justine Rainville conversait avec un inconnu. Elle s'empressa de les servir.

Le feu roulant se poursuivit bien au-delà de vingt heures. Violaine offrait des apéritifs, prenait les commandes, servait les consommations, puis le repas, plat par plat. Mécaniquement, elle souriait, répondait aux questions sur le menu, badinait avec les clients, mais elle avait la tête ailleurs. Son cœur battait de façon irraisonnée. Son esprit fonctionnait à cent à l'heure. Il lui suffisait de penser à Normand Valois pour que le cœur lui manque. «Je suis comme la serveuse automate», songeait-elle.

Celui que Jean-Philippe lui avait présenté comme son père était un client assidu de l'hôtel où on le connaissait sous le nom de Nando Lavoie. Il louait souvent des chambres, toujours en compagnie de jolies femmes. Elle avait capté l'appel à la discrétion qu'il lui avait lancé. Mais n'allait-elle pas se couper? À qui pouvait-elle confier son désarroi? Sûrement pas à ses parents. À Lili? Violaine grimaça: elle ne s'était pas réconciliée avec sa copine. Elle aurait volontiers tout planté là pour lui téléphoner, mais elle n'aurait aucun répit jusqu'à la fin du souper.

Elle songea à Jean-Philippe. Quel garçon bizarre et attachant! Elle n'avait pas eu le cœur de lui dire qu'elle n'irait pas au party. Donc elle irait. Mais habillée comment? Le problème faillit la submerger.

— Je parie que c'est un garçon qui t'a fait de la peine! murmura une voix qui la fit sursauter.

Violaine surprit une lueur d'amertume dans le regard de Justine Rainville et se demanda si le départ de l'homme avec qui elle avait soupé était responsable de son humeur acide.

— Vous désirez autre chose? demanda-t-elle. Un dessert? Un cognac, peut-être?

— Grands dieux, non, il y a belle lurette que j'ai renoncé à cette dynamite empoisonnée! Mais pour le dessert, je ne dis pas non. J'attends quelqu'un qui devrait arriver d'une minute à l'autre. Apporte-moi donc une théière pleine, deux tasses et deux morceaux de tarte aux pommes. Une assiette de fromage avec ça. J'aurai besoin de toute mon énergie pour cette confrontation. Et mets tout ça sur le compte de ma chambre. Qu'il ne soit pas question de facture ou d'argent en présence de cette personne.

— Entendu.

— Si notre entretien devait se prolonger, pourrions-nous rester ici?

— Aucun problème. La salle reste ouverte jusqu'à vingt et une heures trente, même si la cuisine est fermée.

— Merci, Violaine. Et j'espère que ce qui te chicote s'arrangera.

Violaine s'éloigna, contente d'échapper à la sollicitude trop empressée de cette cliente, sympathique sans doute, mais qui ne ratait aucune occasion d'engager la conversation avec elle.

Il était tard quand les Galdès eurent fini de ranger la cuisine et qu'ils purent monter au logement qu'ils occupaient, au dernier étage de l'hôtel, pour souper à leur tour avant d'aller ouvrir le bar au sous-sol. Tout en mangeant, Violaine subissait les remontrances de ses parents.

— Je suis allée travailler chez Jean-Philippe, expliquait-elle pour se justifier, celui qui m'invite la semaine prochaine. On avait un devoir à faire, une analyse de texte.

— Et alors? Ça n'explique pas que tu sois arrivée aussi tard, gronda sa mère. Tu sais lire l'heure, à ce que je sache.

— Mon copain filait un mauvais coton. Il m'a fait des confidences. Je ne pouvais pas le laisser.

— Sainte Violaine, patronne des affligés, commenta son père, agacé. J'espère que tu l'as si bien consolé que ça n'arrivera plus jamais. Tu as vu comme nous étions dans le jus.

— Nous ne voulons pas t'empêcher de voir tes amis, enchaîna sa mère. C'est bien normal que tu aies une vie sociale, du moment que tu es là quand on a besoin de toi et que tu ne t'embarques pas dans une relation exclusive avec un garçon…

— Ne t'inquiète pas. Jean-Philippe est juste un bon copain.

— Tant mieux, ma petite fille, tant mieux.

— C'est complet, à l'hôtel, ce soir? s'enquit Violaine.

— Il reste trois chambres et une suite, répondit son père.

— *Quatre* chambres, rectifia Mme Galdès. On vient d'avoir une annulation.

— M. Lavoie, je suppose?

— Mais oui. Comment le sais-tu?

— Simple devinette, fit Violaine en riant nerveusement.

Une partie de sa tension s'envola, mais elle restait fébrile.

— La paella est succulente, dit-elle pour faire diversion.

Elle s'apprêtait à s'en servir une deuxième portion, mais elle se ravisa et remit la louche en place.

— Tu as raison, approuva son père. Garde un petit coin pour le dessert. J'ai monté trois portions de flan au caramel.

Violaine se leva brusquement, faisant tomber sa chaise.

— Non mais, regardez-moi, enfin! vociféra-t-elle avec une violence contenue. Vous ne me trouvez pas assez grosse comme ça? Vous devriez m'encourager à manger moins au lieu de m'inciter à m'empiffrer.

— Tu es parfaite telle que tu es, protesta son père. Ça prend de la graisse autour des os. Ne me parle pas de ces maigrichonnes qui se font des fractures au moindre choc!

— Tu auras bientôt une poussée de croissance qui redistribuera ton poids, assura sa mère.

— Tu rêves en couleurs, maman! Tu me racontes ces sornettes-là depuis des mois! On ne grandit plus à mon âge.

— J'ai eu ma poussée à dix-sept ans!

— Bien voyons donc! Tu inventes ça juste pour me rassurer. Mais moi, je me déteste, comprends-tu! Mon corps me fait horreur. Je me fais écœurer à l'école, les gens se moquent de moi dans la rue, j'entends des commentaires désobligeants partout. J'évite de passer devant les vitrines pour ne pas y voir mon reflet. Oh, et puis, excusez-moi, je n'en peux vraiment plus.

Les joues en feu, elle pivota sur elle-même et quitta la pièce en courant.

17
Le pétard de Rockland

Apercevant de la lumière dans le garage, je frappai au carreau et Edmond me fit entrer. Les chats dormaient, affalés les uns sur les autres dans un coin. Le cousin préparait son souper.

— Salut, me dit-il. Je suis content de te voir.

— Bonsoir, le cousin. Aurais-tu une bouchée pour moi? Je te revaudrai ça la semaine prochaine quand j'aurai mon argent de poche. N'importe quoi. Je suis seulement incapable d'affronter le vieux et les sorcières, ce soir.

J'avais craint d'être mal à l'aise de parler avec lui sans bégayer, mais il ne releva pas la chose et je me sentis soulagé. Je lui envoyai même une petite boutade ironique:

— Je prendrais même un bol de sirop d'érable, si tu n'as rien d'autre.

Il me décocha un sourire mélancolique.

— Ça m'est égal que tu te moques de mon goût pour l'érable, Jean-Philippe, mais sache que ta mère en raffolait autant que moi. C'est une des affinités que nous partagions.

Mon cœur se tordit.

— Maudit, le cousin, je ne sais rien d'elle. C'est pour ça que je suis venu. Ce que tu m'as dit avant-hier m'a fait réfléchir. Parle-moi d'elle. Raconte-moi son enfance. As-tu une photo ? Merde ! Je pourrais la croiser dans la rue et je ne saurais même pas que c'est elle.

— Je ne demande pas mieux que de te parler d'elle, mais avant, dis-moi : tes tantes t'attendent-elles pour souper ? Tu ne ferais pas mieux de les avertir ? Je ne voudrais pas que tu…

— Pas de panique. Le vieux m'a vu quitter la maison avec une fille et il prendra un malin plaisir à leur faire dresser les cheveux sur la tête.

— Tes tantes ne sont pas si prudes que ça ! Pas Oléna, en tout cas. Tu sais que c'était tout un pétard, dans le temps !

— Olé-Olé ? Tu veux rire !

— Le nombre de gars qui lui tournaient autour ! Ils venaient des villages à la ronde, même de l'autre berge de l'Outaouais, juste pour ses beaux yeux. Et elle ne les repoussait pas, loin de là !

Edmond se payait-il ma tête ? Encore une fois, je m'interrogeai sur son état mental. Une petite alarme se déclencha et il se précipita vers son comptoir de laboratoire.

— Brasse la soupe, m'ordonna-t-il en enfilant son sarrau. J'en ai pour cinq minutes.

— Tu leur fais quoi, au juste, aux chatons ? Allez, tu peux tout me dire, je ne le répéterai pas à Olé-Olé.

— J'essaie de trouver comment rendre les chats moins allergènes. Je leur ai administré un calmant ce matin, et je leur injecte, par petites doses progressives, le vaccin que j'ai élaboré. La recherche se prolongera pendant plusieurs mois, sur des centaines de spécimens, mais, si elle donnait les résultats escomptés, ce serait une sacrée percée. Les gens allergiques pourraient espérer le soulagement intégral de leurs problèmes juste en faisant vacciner leur chat. Allez, les chatons, c'est fini. Vous êtes maintenant libres de jouer, dormir, manger ou boire.

— À quel titre fais-tu ces expériences-là ?

— La famille me considère comme une nullité, dit Edmond en se lavant vigoureusement les mains, mais je suis une nullité diplômée. J'ai tout de même obtenu mon doctorat en biochimie à l'université de Tel-Aviv. Là où j'ai manqué mon coup, c'est dans mes demandes de subventions. Personne n'endosse mon hypothèse. J'ai dû monter, à mes frais, ce laboratoire de fortune, bien nommé car il me coûte une fortune en matériel aseptique et en produits pharmacologiques. Je ne vais pas pouvoir continuer ici très longtemps, d'ailleurs.

Il remplit deux tasses de soupe et sortit du pain, du fromage, son pot de sirop, bien sûr. Il étala ce pique-nique par terre sur une toile propre. Je ne voulais qu'une chose, moi, ramener la conversation sur maman. On s'assit à même le sol et, tout en mangeant, je m'informai de son enquête. Son visage se rembrunit :

— Ça progresse moins rondement que je le voudrais. Mais je peux te raconter ce que j'ai fait jusqu'ici. Le mois dernier, tu te rappelles ? je suis parti quelques jours. Je suis allé me renseigner en Outaouais. J'ai appris que Justine avait été soignée dans une clinique d'Ottawa à deux reprises. D'ailleurs, elle parlait tout le temps de toi.

Je reçus un grand coup au cœur.

— Comment tu sais?

— Par une infirmière de la clinique avec qui elle s'est liée d'amitié. C'est elle qui a accueilli Justine chez elle quand elle a obtenu son congé, la première fois. Ta mère y est restée deux semaines, le temps de se trouver un logement et du travail. Elle a fait une rechute, quelques mois plus tard, après un voyage infructueux en Abitibi. Cette infirmière l'a encore aidée la deuxième fois et leur amitié s'est scellée. Par la suite, ta mère a pris l'habitude de lui donner des nouvelles deux ou trois fois par année, et elles se voyaient à l'occasion. Le hic, Jean-Philippe, c'est que ta mère ne lui a pas donné signe de vie depuis plus d'un un an. Lors de leur dernière conversation téléphonique, Justine se réjouissait d'avoir trouvé une piste sûre qu'elle entendait suivre jusqu'au bout Elle avait la quasi-certitude que vous étiez à Montréal. Elle n'a pas précisé ses sources, préférant demeurer vague pour ne pas miner ses chances. Elle a donc quitté son emploi à Ottawa et elle est partie. Ça, c'était en février de l'an dernier.

— Selon toi, maman vit donc ici, en ville? Et même au Faubourg?

— Selon Olé-Olé, en tout cas. Moi, je ne l'ai pas vue.

— C'était quoi, sa maladie?

— Alcoolisme et dépendance aux drogues. Son cas était grave lorsqu'elle s'est présentée à la clinique, mais Véronique Potvin, l'infirmière en question, assure qu'elle s'était reprise en main il y a trois ans. Espérons qu'elle n'a pas flanché depuis.

— Sauf qu'on ne sait pas où elle est. Mais…

Je m'interrompis, excité tout à coup. Olé-Olé n'avait-elle pas demandé à Gaga *quand aurait lieu le rendez-vous avec cette revenante?* Mais oui, c'est de maman qu'elle avait parlé! Il fallait suivre Gaga.

— Le cousin, il faut que je te dise…

Mais Edmond me fit taire. Il avait l'œil au carreau, les oreilles tendues. Des pas crissaient sur le trottoir, un moteur grondait, la tortue s'ébranlait. Quelques secondes plus tard, la porte s'ouvrit encore.

— Gaëtane, m'indiqua le cousin à mi-voix. Elle a un billet d'autobus dans la main. Faut croire qu'elle ne voulait pas que ton père sache qu'elle sortait. Autrement, elle se serait fait conduire. Je vais lui laisser prendre une longueur d'avance et la suivre.

— Elle s'en va rencontrer maman, j'en suis persuadé.

Je lui racontai brièvement la conversation que j'avais surprise l'avant-veille.

— Cela m'étonnerait, Jean-Philippe, car ni Gaëtane ni Oléna ne savent où elle loge. Si elles le découvraient, elles feraient tout pour contrecarrer ses efforts.

— Mais pourquoi?

— Voilà la question. Pourquoi, en effet? Pourquoi les ponts ont-ils été coupés aussi drastiquement? Et pourquoi ce déménagement de Rockland sans laisser d'adresse? Quand vous êtes partis pour Montréal, Jean-Philippe, les voisins ont été les premiers surpris. Vous avez tout quitté du jour au lendemain, en n'emportant que l'essentiel. La maison a été louée telle quelle, dès le mois suivant, avec les meubles, la vaisselle et tout le tralala, par l'intermédiaire d'une agence qui ne connaissait pas votre destination, n'ayant pour vous joindre qu'une case postale. Quand ta mère a quitté l'hôpital, elle est allée à Rockland, elle a interrogé les voisins, mais sans succès. Elle a communiqué avec le bureau où avait déjà travaillé ton père, à Ottawa, et on lui a dit que vous aviez déménagé en Abitibi. Alors, elle a trouvé un emploi pour ramasser un peu d'argent, et elle a pu partir à votre recherche. Sans succès, évidemment. Cet échec l'a tellement démoralisée qu'elle a rechuté. Elle est revenue à la clinique.

J'enrageais. Et moi à qui elle avait tellement manqué. J'en voulais au vieux, aux taties, au monde entier. Je contins ma fureur. Il fallait que le cousin réussisse dans son enquête. Je l'aiderais de mon mieux.

— Tu dis qu'elle travaillait ? Quelle sorte d'emploi avait-elle ?

— Elle était préposée dans un centre pour jeunes en difficulté. Elle suivait des cours tout en travaillant, et il paraît qu'elle a un instinct naturel qui lui permet d'aider les gens. Elle se sert aussi de ses talents comme pianiste pour faire de la musicothérapie.

Tout en parlant, et sans quitter Gaga des yeux, le cousin remplit un petit sac noir et enfila un coupe-vent.

— J'y vais, dit-il. L'autobus est arrivé à l'arrêt, Gaëtane vient de monter. Je vais la suivre en auto…

— Elle va repérer ta voiture !

— Pas si bête, le cousin. J'en ai loué une autre que j'ai garée dans la rue voisine.

— Allons-y vite, alors, sinon on va la perdre.

— J'y vais seul, Jean-Philippe. À deux, on risquerait de se faire repérer. Non, reste ici et surveille Oléna.

Je rentrai dans la baraque silencieuse. Le hall d'entrée était lugubre, comme toujours. Et moi, j'en avais assez de cette brume fadasse. J'allumai. La lampe du guéridon répandit une lueur jaunâtre sur les fleurs flétries du papier peint. Elle clignotait vaguement. J'avais la tête qui bourdonnait. J'étais déçu de ne pas avoir pu interroger Edmond davantage sur l'enfance de ma mère, sur ses années d'adolescence, sur la vie dans leur village. Maintenant qu'il avait commencé à me parler d'elle, j'avais envie de tout savoir. Tout. Sur maman, sur mes grands-parents Rainville. Justine était-elle enfant unique? À part le sirop d'érable, qu'est-ce qu'elle aimait? Quels étaient ses loisirs préférés? Réussissait-elle à l'école?

J'étais au milieu de l'escalier quand s'entrebâilla la porte de la tourelle donnant dans le hall; je m'arrêtai. Olé-Olé minaudait les niaiseries d'usage: *Maman va revenir, Cabochon, mais elle ne peut pas t'emmener, ce soir.* Elle referma derrière elle, ajusta son chapeau devant le miroir du hall, grimaça à son image – tiens, elle avait mis du rouge à lèvres – et prit son parapluie à la patère. C'est en marchant vers la porte qu'elle m'aperçut du coin de l'œil. Le pétard de Rockland (!?!) sursauta, se retourna, tressaillit violemment. Avec un peu d'effort, j'arrivai à m'enlever de l'esprit l'image de sorcière à laquelle je l'associais et je découvris une femme élégante, vêtue sobrement, mais avec une certaine... appelons ça féminité. Je ne l'avais guère vue habillée autrement qu'avec de longues jupes quand elle sortait. Celle de ce soir était marine, et elle était surmontée d'une blouse chamarrée ouverte sur sa gorge. Au cou un ruban de velours noir orné d'un truc qui brillait. Un châle en dentelle noire sur l'épaule. Des bottines lacées à talons hauts, montant à mi-mollets. Des pendants d'oreille nacrés. Un chapeau de paille noir – pas pointu, non –, et puis, comme je disais, son parapluie… Elle me fit un petit salut de la tête et se dirigea vers la porte d'entrée.

— Tu sssors?

Encore une fois, elle tressaillit. Elle me dévisageait comme si je tombais de la lune. Elle devait se demander pourquoi je m'intéressais soudain à ses allées et venues, moi si indifférent d'ordinaire à tout ce qui la concernait.

— On ne peut rien te cacher.

Je levai la tête. J'avais senti une sorte de frémissement dans sa voix, malgré le ton sec.

— Un rassemblement de sssorcières, je suppose?

Et je me demandais pourquoi elle ne m'aimait pas! Mais c'était plus fort que moi, je n'en manquais pas une. Je la vis sourciller, mais elle releva le menton.

— Et toi, tu n'es pas à l'aréna, ce soir? Forest t'a encore viré de l'équipe?

Un à un, Olé-Olé. Amusé, je redescendis de quelques marches et m'assis.

— En fait, j'avais envie de pppiquer une jasette avec toi. Dis, Oléna… tu as ccconnu ma mère, toi?

Elle s'efforça de garder son sang-froid, mais je devinais son désarroi. Ma question la prenait au dépourvu. Sa main se crispa sur la poignée de porte. J'enchaînai:

— Pourrais-tu m'en parler ? Je veux savoir qui elle était, ce qu'elle aimait. Je pense beaucoup à elle ces temps-ci.

Elle fit un pas vers moi et jeta, sur la défensive :

— Je l'ai à peine connue. Nous n'habitions pas le même village. Je l'ai rencontrée pour la première fois à ses fiançailles, deux mois avant le mariage, et on ne s'est pas parlé. Une fois mariée, elle est allée rester dans la maison familiale, à Rockland. À ce moment-là, moi, j'ai déménagé à Lachute. Demande à Gaëtane, elle pourra mieux te renseigner.

— Non, c'est à toi que je le demande.

— Je m'en allais…

— Un autre jour, alors, peut-être. Même si tu ne te souviens pas d'elle et que tu l'as peu connue, tu pourrais me dire ce qu'elle est devenue en utilisant ta bbboule de cristal ou en faisant un voyage astral. Je veux savoir si elle me cherche.

— Je n'aime pas qu'on se moque de moi, Jean-Philippe ! ricana-t-elle. Je sais fort bien en quelle mésestime tu tiens mes dons de voyance.

Je me mordis les lèvres. C'est vrai que j'avais plutôt tendance à me moquer de ses talents, mais cette fois-ci j'étais sérieux. J'en étais aussi surpris qu'elle, d'ailleurs ! Debout l'un devant l'autre, dans le sinistre clignotement de la lampe, nous nous dévisagions en chiens de faïence. Olé-Olé sortit ses gants du petit sac qu'elle portait autour de la taille et les enfila lentement, sans lâcher mon regard, puis elle recula vers la porte.

— Je n'ai besoin ni de boule de cristal, ni de tarot, ni de feuilles de thé pour savoir que ta mère était une intrigante qui ne cherchait qu'à extorquer notre fortune, cracha-t-elle.

Elle sortit en claquant la porte, me laissant seul dans la baraque vide, le cœur en charpie.

18
Duel

— Je vois que tu as pris du coffre, dit aimablement Gaëtane Valois en s'assoyant à la table où l'attendait Justine. Tu n'as pas dû te priver trop, trop depuis ton départ.

— Ta perspicacité m'a toujours laissée gaga, Gaëtane. L'avantage du coffre, vois-tu, c'est que ça empêche les rides de s'incruster dans le visage.

— Si nous passions aux choses sérieuses, reprit Gaëtane en allumant une cigarette. Nous ne sommes pas ici pour échanger des compliments, à ce que je sache.

— Je te fais remarquer que c'est toi qui as commencé d'entrée de jeu, chère belle-sœur.

— *Ex*-belle-sœur. Votre mariage a été annulé.

— Tu m'en diras tant.

Gaëtane Valois exhala une bouffée de fumée en essayant de calmer son irritation. Elle n'avait jamais pu blairer la femme qui était assise devant elle et quatorze ans de séparation n'y avaient rien changé.

— Que veux-tu au juste, Justine? Pourquoi tenais-tu tellement à cette rencontre?

— Je n'y tenais pas le moins du monde, Gaëtane. C'est mon fils que je voulais voir. Or Normand s'y oppose, à ce qu'il paraît, et j'aimerais savoir de quel droit. D'ailleurs, je te retourne ta question: pourquoi est-ce toi qui es ici quand c'est avec Normand que j'avais rendez-vous?

— Il a eu un empêchement de dernière minute.

— Je vois qu'il vit encore sous ta férule, tout quadragénaire qu'il est. Mais soit, puisque tu es là, parlons. Pourquoi ne puis-je pas voir Jean-Philippe?

— Après tant d'années, ces retrouvailles risquent de perturber son équilibre.

— Le tien, tu veux dire! C'est ton train-train quotidien que tu crains de voir chamboulé. Je me rappelle à quel point tu avais horreur du moindre petit événement qui déstabilisait ta vie. Tu as peur, avoue-le.

— Est-ce qu'on sait quelles substances tu consommes et jusqu'à quel point tu ne pourrais pas l'influencer?

— Ma chère Gaëtane, j'ai eu des problèmes, loin de moi l'intention de le nier. De gros problèmes. J'ai touché le fond de l'abîme à maintes reprises. Mais j'ai repris le contrôle. Je n'aurais jamais entrepris de retrouver mon fils si je végétais encore dans l'univers sordide des paradis artificiels, qui sont en fait des enfers. Sois certaine que j'ai trop souffert dans cet abîme pour vouloir y voir sombrer mon fils. J'ai des principes, ne t'en déplaise, et ma fierté. Je suis sobre depuis près de trois ans, maintenant. Te rends-tu compte, j'ai même été capable de cesser de fumer !

Gaëtane écrasa sèchement sa cigarette, la deuxième qu'elle allumait depuis le début de l'entretien.

— Bon, bon, je vais m'abstenir, si la fumée t'ennuie.

— Depuis quand te préoccupes-tu de ce qui m'ennuie ! persifla Justine. Mais passons. Donc, j'ai eu des problèmes que j'ai réussi à surmonter.

— Facile à dire.

— Doute de ma parole, Gaëtane, c'est ton privilège. Et si tu crains pour l'équilibre de mon fils, accompagne-le. Assiste à notre rencontre. Peu m'importent les modalités, je veux le voir, est-ce clair ? Je tiens à reprendre contact avec lui et à voir comment il a grandi. Je veux me rendre compte par moi-même qu'il est heureux.

— Tu m'accuses de l'avoir rendu malheureux ?

— Ce n'est pas ce que j'ai dit et tu le sais très bien. J'avais oublié ta manie de toujours déformer mes paroles. Là, tu vas m'écouter attentivement et je vais te dire une phrase si nette et si précise qu'il n'y aura aucune équivoque possible : je vais revoir mon fils, avec ou sans ta permission.

Gaëtane battit des paupières d'un air profondément ennuyé.

— Pour le moment, c'est hors de question, trancha-t-elle. Toutefois, si Jean-Philippe en manifestait le désir lorsqu'il aura atteint sa majorité, ce qui d'ailleurs me surprendrait, eh bien, personne ne l'en empêchera.

— Tu te trompes si tu penses que je vais attendre un an avant de le revoir quand j'ai mis autant de temps à vous retracer ! s'écria Justine avec véhémence. Tu n'as aucune autorité en la matière. Une mère a le droit le plus strict de voir son enfant.

— Tu as perdu ce droit la nuit où tu as claqué la porte de notre maison, à Rockland. Normand a obtenu la garde exclusive de son fils.

Justine bouillait intérieurement depuis le début de la conversation, mais là, elle ne put contenir sa fureur.

— C'est toi, Gaëtane Valois, qui m'as poussée à m'en aller. Depuis le début de ma relation avec Normand que tu voulais en arriver là. Avec le recul, ton stratagème m'est apparu avec une effroyable clarté et je me suis mordu les pouces d'être tombée, la tête la première, dans le piège que tu me tendais. Tu avais tout manigancé depuis le premier jour. Tu n'avais pas la moindre envie de t'encombrer d'une belle-sœur. Tu voulais seulement honorer le serment fait à ton père. Le temps de lui assurer la descendance promise, et hop ! *exit genitrix !* J'étais devenue un boulet qu'il fallait larguer. D'où cette campagne de harcèlement subtil et progressif pour tester mes nerfs et me pousser à bout.

— Comment peux-tu être aussi ingrate et me parler sur ce ton, moi qui t'ai accueillie à bras ouverts dans la maison ancestrale, qui t'ai couvée comme une mère poule pendant ta grossesse, qui t'ai nourrie, soignée, logée, torchée… Quand Jean-Philippe est né, qui t'a aidée, hein ? Qui se levait la nuit pour lui donner son biberon ou changer ses couches pendant que tu dormais à poings fermés ? Moi, oui ! Et même toi, je t'ai dorlotée comme une poupée de porcelaine pendant quatre ans, sans que jamais tu lèves le petit doigt pour me donner un coup de main.

— Là, Gaëtane, ce sont les faits que tu déformes. Nombre de fois j'ai pris l'initiative de cuisiner, pour me buter à tes moues dédaigneuses quand tu portais à ta bouche une soupe ou un dessert concoctés par moi. Et que dire de tes commentaires odieux ! J'étais l'indésirable qui profanait ton antre sacré et jamais tu ne me laissais l'oublier. Si je nettoyais les meubles du salon, par exemple, tu me reprochais d'avoir épousseté dans le mauvais sens. Si je faisais la lessive, tu gémissais que j'avais mis l'eau trop chaude. Même la façon dont je récurais les chaudrons ne trouvait pas grâce à tes yeux. Il y avait tellement de mauvaise volonté dans tes critiques qu'à la longue j'ai démissionné.

— Tu trouves des excuses bien faciles, Justine. Tu aurais pu apprendre. C'était pour t'aider que je te faisais des remarques. Est-ce ma faute si tu les recevais comme des insultes ? Tu as sauté sur ce prétexte pour tout abandonner. Alors, pendant que je me tapais le gros de la besogne, toi, tu passais tes grandes journées à pianoter, à jouer à quatre pattes avec ton fils ou à te balader au dehors. Tu te laissais servir comme une duchesse, sans jamais dire merci.

— Ton œil paralysait en moi toute velléité de reconnaissance ou de serviabilité. Si tu penses que tu étais la seule à souffrir de la situation, détrompe-toi. Chaque jour passé en ton exécrable compagnie était un supplice. C'est avec Normand que je m'étais mariée, pas avec toi, mais hélas ! mon époux adoré brillait par son absence, ce dont je ne peux même pas le blâmer, le pauvre. L'atmosphère de la maison lui pesait et il avait le choix, lui, de ne pas être là.

— Il avait pourtant habité cette maison toute sa vie sans jamais s'en plaindre.

— Veux-tu insinuer que c'est moi qu'il fuyait ? Eh bien, tu es plus culottée que je ne pensais. Ce qui est arrivé est bien simple, et magnifiquement orchestré. Tu es très forte, Gaëtane, je le reconnais. Après avoir forcé Normand à m'épouser, tu lui as mis dans la tête de me faire un petit *rapido presto* et, dès la naissance de Jean-Philippe, comme tu n'avais plus besoin de moi, tu t'es arrangée pour que la situation s'envenime jusqu'à l'intolérable. Tu me l'as fait sentir, allez, que j'étais l'intruse qui dérangeait l'ordre établi. Ô crimes impardonnables ! j'osais apporter fraîcheur et fantaisie dans l'existence austère et desséchée où vous viviez depuis la nuit des temps. Je te cassais les oreilles en jouant du piano. Je laissais traîner des livres un peu partout dans la maison. J'ouvrais la porte en plein hiver pour m'extasier sur la beauté des flocons de neige. Je cueillais des bouquets sauvages pour en décorer le salon. Que veux-tu, j'avais envie, moi, que mon petit garçon grandisse en entendant de la musique, en respirant le parfum des fleurs, en goûtant les petits plaisirs de la vie, en appréciant les merveilles de la nature.

— Et je suppose que c'est pour ça que tu l'as abandonné !

— J'avais atteint ma limite de tolérance. Je n'étais plus capable. J'étais en profonde dépression. Tu le savais, toi, mais tu ne faisais rien pour y remédier. Je ne pouvais pas rester un jour de plus. C'était ça ou le suicide. Ô comme je souhaitais pouvoir emmener mon fils avec moi ! Mais j'étais dans un tel marasme que ça n'aurait pas été correct de ma part. J'ai demandé de l'aide, je me suis fait soigner et, ce qui m'a donné le courage de passer à travers cette période pénible, c'est l'espoir de revoir mon petit garçon après ma guérison. Et tu avais très bien compris que j'avais l'intention de revenir, sinon pourquoi aurais-tu déménagé d'une façon aussi secrète? Je suis retournée à Rockland dès ma sortie de la clinique, pour trouver la maison vendue à des inconnus qui ignoraient où vous étiez rendus. Personne dans Rockland n'a pu me renseigner. Alors, comme tu l'avais prévu, je me suis adressée à l'ancien bureau de Normand à Ottawa. Et j'ai failli crier victoire, car on m'a donné des indications, plus fausses les unes que les autres, hélas. Selon cette piste factice, Normand avait trouvé un poste en Abitibi et toute la famille s'y était installée. Ah oui, ton plan était sans faille, Gaëtane. Je me suis rendue à Rouyn-Noranda, Amos, Val-D'or, LaSarre et j'en oublie. Je suis revenue bredouille, tu t'en doutes. Mais sais-tu, Gaëtane, que quand j'ai compris que j'avais perdu la piste de Jean-Philippe, j'ai plongé dans une dépression encore plus grave que la première?

— À la guerre comme à la guerre, Justine. Tu étais partie sans laisser d'adresse. Nous avons fait de même.

— Vous saviez très bien où j'étais. Je vous ai écrit dès mon entrée en clinique. Vous n'êtes pas venus, cependant. Personne n'a imaginé que ça m'aiderait peut-être de voir mon fils de temps en temps, même si le psychiatre en avait fait la demande spécifique à Normand en lui transmettant une copie du rapport médical. Je n'ai jamais reçu non plus de réponses à mes lettres. Le plan étant dc m'expulser de votre vie, il n'était pas question de me visiter ni de m'écrire. Non seulement vous n'avez rien fait pour m'aider à m'en sortir, mais, lors de mon deuxième séjour à la clinique, Normand m'a fait livrer des papiers d'annulation de mariage, en prenant la peine – ô ruse sublime – de donner pour lieu de résidence une fausse adresse. La rage que j'ai ressentie ! C'est seulement après cela que j'ai décidé de me soustraire à votre système de surveillance permanente pour que vous perdiez ma trace. Et c'est avec un malin plaisir que j'ai joué d'astuce, à mon tour, pour brouiller les pistes, il y a trois ans, quand j'ai commencé pour de bon à remonter la pente.

Gaëtane se mordit les lèvres, dépitée. Elle avait un furieux besoin de fumer, mais ne voulait pas s'humilier devant Justine.

— Mange de la tarte, lui conseilla celle-ci, gouailleuse. Ou allumes-en une, si tu es vraiment en manque. Si quelqu'un peut te comprendre, c'est moi.

Contenant son exaspération, Gaëtane but une gorgée de thé et grignota un morceau de fromage.

— Maintenant que je suis parvenue à me reprendre en main, reprit Justine, la voix vibrante, rien, tu entends, rien ni personne ne m'empêchera de voir mon fils.

Gaëtane rencontra le regard déterminé de Justine et réprima un frisson.

— Essaie seulement de t'approcher de la maison et tu auras de mes nouvelles, siffla-t-elle entre ses dents.

— Tiens, tiens, des menaces, maintenant.

— Mettons que c'est un avertissement spécial.

— Mais qu'est-ce qui te fait si peur, pour l'amour du ciel ? Je ne vais pas le manger, Jean-Philippe, ni l'enlever ! Comme je ne sais pas où vous habitez, de toute façon, tu ne risques pas de me voir retontir.

— Nous ne savons pas où tu habites non plus, alors nous sommes quittes.

— Bon, très bien, puisque c'est comme ça, je m'arrangerai autrement. Je fondais beaucoup d'espoir sur cette rencontre, Gaëtane, enfin, sur la rencontre que je devais avoir avec Normand. Là, je constate que nous ne pourrons pas trouver de terrain d'entente. Mais il y a d'autres moyens d'en venir à mes fins...

— J'en doute. Mais si ça te fait plaisir de le penser...

Justine soupira profondément et ses yeux laissèrent paraître l'angoisse qui la tenaillait depuis le début de l'entretien.

— Comment va mon fils, Gaëtane ?

— Il va bien. Il termine sa quatrième secondaire dans une polyvalente du plateau Mont-Royal. Ce n'est pas un premier de classe, mais ses résultats scolaires sont corrects, même s'il a déjà doublé une année.

— Il fait du sport ? À quoi occupe-t-il ses loisirs ?

— Il joue au hockey, assez bien, paraît-il. Comme je ne suis pas une amatrice, je ne l'ai jamais vu à l'œuvre.

— Il a une petite amie ?

— Il a amené une jeune fille à la maison aujourd'hui, c'était la première fois que ça arrivait. Ce n'est sûrement rien de sérieux.

— Mais c'est un début. Comment est-il ? Je veux dire, sa personnalité...

Gaëtane esquissa une grimace.

— Hum, Justine, je dois t'avouer que ton fils est difficile, jamais content de ce qu'on lui donne. Effronté, avec ça, ingrat, toujours de mauvaise humeur. Et pourtant Dieu sait qu'il ne manque de rien. Les enfants coûtent tellement cher de nos jours, en vêtements, en fournitures scolaires, en caprices de toute sorte. Et leurs besoins décuplent à l'adolescence. Nous faisons notre possible, mais…

— Arrête, Gaëtane, tu vas me faire brailler si tu continues. Tu as l'âme d'une martyre, sans l'ombre d'un doute. Tant d'abnégation, non, vraiment, c'est beaucoup trop. En passant, aurais-tu une photo de lui ?

— Penses-tu que nous avons les moyens d'avoir un appareil photo ? Avec le petit salaire de Normand, c'est tout juste si nous arrivons.

— Tu es encore aussi chiche que dans le temps, ma foi ! Dans ton cas, ce doit être chronique. Rien à faire. Eh bien, sur ce, Gaëtane, nous n'avons plus rien à nous dire ce soir. À la prochaine.

Justine se leva avec dignité et se dirigea vers la sortie de la salle à manger. Elle se ravisa pourtant, et revint sur ses pas.

— Au cas où tu t'inquiéterais pour la dépense, Gaëtane, j'ai acquitté la note. Ce soir, tu étais mon invitée. Ça compense bien peu, évidemment, pour tout ce que je te dois, mais ce n'est qu'un début. Ne t'inquiète surtout pas : je te rendrai, rubis sur l'ongle, jusqu'à la moindre petite chose que tu m'as faite dans le passé.

Cette fois, elle quitta la salle sans se retourner. Elle traversa le hall, puis la réception, et se retrouva dehors. Elle prit alors coup sur coup plusieurs bouffées d'air frais.

— Vous avez dû mener une bataille en règle si je me fie à votre expression combative, chuchota Bertin Therrio. Racontez-moi.

— Elle ne veut rien entendre. Je n'aurai le droit de voir Jean-Philippe qu'à sa majorité. La vache a même insinué qu'il pourrait ne pas souhaiter me revoir. Elle lui a peut-être raconté des monstruosités à mon sujet. Imaginez que mon fils ne veuille rien savoir de moi? Hein? Ah, mais ça ne se passera pas comme ça!

— Chut! La voilà. Je vais la déposer dans un taxi et la suivre discrètement pour tâcher de découvrir où elle habite. Je vous retrouve plus tard.

— D'accord, je serai au bar ou dans ma suite, selon l'heure.

Tapie dans un recoin, Justine vit Gaëtane qui venait vers la porte en fumant furieusement. Bertin alla à sa rencontre et lui tendit le bras.

— Je vous attendais, lui dit-il comme ils sortaient.

— Bien sûr, vous m'attendiez. Et pour cause. Mme Rainville est-elle partie?

— Elle vient de monter dans un taxi, mentit Bertin.

— À propos, monsieur T, commença Gaëtane, j'aurais un service à vous demander. Elle m'a demandé une photo de son fils et je n'en avais pas sur moi. Pourriez-vous me donner son adresse, pour que je lui en envoie quelques-unes?

— Désolé, madame Valois, mais c'est impossible. Il y va de ma réputation de détective. J'ai convenu avec elle que je ne vous donnerais pas son adresse. Inversement, j'ai convenu avec vous que je ne lui divulguerais pas la vôtre. Vous seriez en droit de douter de ma conscience professionnelle si je dérogeais à ces principes.

— Très bien, n'en parlons plus.

— Je peux vous reconduire chez vous, si vous le désirez. Vous pourriez me remettre les photos, et je m'empresserais de les lui donner.

— Vous me prenez vraiment pour une personne très naïve, rétorqua Gaëtane. En ce qui me concerne, c'est ici et maintenant que prennent fin nos rapports, monsieur T.

— À tout hasard, madame, je vous donne ma carte. Quoi que vous en pensiez, il se pourrait que vous ayez besoin de communiquer avec Mme Rainville dans l'avenir… et vous savez que je pourrais vous servir d'intermédiaire.

— N'y comptez pas, monsieur. Le tarif exorbitant que vous exigez me gardera à l'abri de tels besoins intempestifs.

— Oui, eh bien, justement, à propos…

— Je vous entends, monsieur, fit-elle avec hauteur.

Elle prit alors une enveloppe dans son sac à main et la remit à Bertin. Celui-ci en sortit des billets qu'il compta soigneusement. Il enfouit l'enveloppe dans sa poche, puis aida Gaëtane à monter dans le taxi qui attendait devant l'hôtel.

19
Féminitude

Le bar était bondé et Violaine avait du mal à tenir le coup. Ça faisait trois fois qu'elle se trompait dans ses commandes et elle venait de se faire copieusement engueuler par le client imbibé de la table quatorze.

— Les gens n'apprécient pas les consommations baptisées aux larmes des barmaids, chuchota Justine Rainville à son oreille en lui prenant le plateau des mains. Ne proteste pas. J'explique à tes parents que tu ne te sens pas bien et je te rejoins.

Violaine se réfugia dans les toilettes où elle laissa libre cours à sa détresse. Justine Rainville l'y trouva en train de baigner son visage à l'eau fraîche. Elle l'emmena dans sa suite et la fit asseoir dans un fauteuil.

— Mon sens de l'observation ne me trompe jamais, affirma-t-elle. Quand quelqu'un est au bout de son rouleau, je m'en aperçois. Qu'est-ce qui t'arrive, Violaine?

— Je n'en peux plus, voilà. J'en ai trop sur le cœur. Je suis grosse. Je suis découragée. Le travail me pèse. Je suis tannée...

Justine lui donna un mouchoir de papier.

— Sèche tes larmes, lui dit-elle doucement. Prends un bon respir, ça va t'aider.

Violaine se ressaisissait un peu, mais elle était encore trop bouleversée pour parler. Justine prépara une assiette de biscuits au chocolat et un verre de lait qu'elle tendit à la jeune fille.

— Rien de tel pour venir à bout des bleus, dit-elle. Sustente-toi.

— Non, refusa Violaine. Je suis assez grosse comme ça. Vous ne savez pas combien je voudrais être mince!

— La minceur n'est pas un but en soi, tu sais. Ce qu'il faut viser, c'est d'être bien dans sa peau. Il y a des femmes minces qui marchent tête basse parce qu'elles se croient laides. J'en ai connu une, qui était sculptée comme une déesse et belle comme un cœur. Eh bien, elle s'est retrouvée à l'hôpital psychiatrique parce qu'elle n'acceptait pas ses cheveux trop raides. Par contre, j'ai eu le privilège de côtoyer d'assez près une dame au visage disgracieux qui m'a appris, mieux que toutes les stars, ce qu'est la beauté, la vraie. Elle dégageait un charme sensuel et savait mettre en valeur ses points forts. Et surtout, elle n'avait aucun complexe. En la regardant aller, j'ai compris que, lorsqu'on qu'on se sent bien comme on est, on peut rivaliser en charme et en grâce avec n'importe quel mannequin top niveau.

Violaine avait retrouvé ses moyens et écoutait son interlocutrice avec attention et intérêt. Elle se moucha pour évacuer ses dernières larmes, puis demanda :

— Vous ne trouvez pas que c'est quand même désagréable d'attirer les regards parce qu'on est hors norme ?

— J'ai appris à vivre avec ça. Tu es également plus belle que la moyenne des femmes et il n'y a rien de désagréable à ça.

— *Plus belle ?*

— Regarde-toi dans un miroir.

— Les miroirs me foutent des complexes.

— Les peurs et les complexes sont de puissants inhibiteurs qui n'apportent que des problèmes. Crois-moi, je sais ce que je dis. De deux choses l'une, Violaine : ou bien tu t'acceptes avec tes rondeurs et, pour cela, il faut d'abord que tu te regardes bien en face ; ou bien tu ne t'acceptes pas, et alors tu agis en conséquence.

— *Id est,* je maigris ! Mais j'ai horreur des cucurbitacées !

— Qu'est-ce que tu racontes ! Ce ne serait rien d'aussi drastique, tout au plus devrais-tu modifier tes habitudes alimentaires. D'ici deux ans, tu maigrirais à ton poids idéal sans privations masochistes et sans mettre ta santé en péril. En prenant les journées une à une, tu peux y arriver. Mais rien ne t'y oblige. Ce n'est pas un crime d'être grosse. Le choix te revient, à toi seule. Le jour où tu ne seras plus en brouille avec ton miroir, tu en profiteras pour admirer ton visage. Tu constateras qu'il est effectivement hors norme. Dans le beau sens du terme. Et qui te dit que les gens ne te dévisagent pas parce qu'ils te trouvent belle, justement ?

Violaine ne répondit pas. Cela faisait beaucoup à absorber d'un coup. Pour la première fois, elle entrevoyait un choix clair. Jusqu'ici maigrir n'avait été qu'un supplice temporaire qu'elle endurait pendant quelques semaines avant de revenir à son poids initial; elle y consentait occasionnellement, surtout pour se donner bonne conscience, croyant naïvement qu'elle aurait tôt ou tard la poussée de croissance promise par sa mère et censée tout arranger. Mais, mesurant déjà un mètre soixante-dix, c'était une utopie de croire qu'elle grandirait beaucoup plus. Il n'y avait donc que deux options: ou bien maigrir, ou bien conserver son gabarit d'ogresse. Et, une fois la décision prise, elle devrait l'assumer pleinement, avec les conséquences.

— As-tu consulté un médecin? demanda Justine. Ton obésité est peut-être d'origine alimentaire ou hormonale.

— Je me suis fait faire un bilan de santé l'an dernier. Mon taux de cholestérol et ma glycémie demeurent dans les normes et je n'ai pas de problème cardio-vasculaire. La cause génétique et le dérèglement hormonal ont été éliminés. On me recommande de maigrir sous la direction d'un médecin. Or, comme j'ai horreur des médecins autant que des miroirs, j'en suis encore au même point. Très peu pour moi de me faire tripoter par des mains étrangères.

— Ces inhibitions-là ne t'aideront pas, Violaine. Tu es en pleine jeunesse, il faut vivre à fond de train.

— Je veux bien, moi. Mais tenez, la semaine prochaine, je suis invitée à un party, et je vais être obligée de refuser parce que je n'ai rien à me mettre sur le dos.

— Porte des vêtements dans lesquels tu te sens à l'aise. Les jeunes s'habillent très simplement, de nos jours, même pour les fêtes. Mets la même chose que pour aller à l'école. Tes camarades t'acceptent telle que tu es.

— C'est un garçon qui m'invite à l'accompagner, et les gens qui seront à ce party ne me connaissent pas. Qu'est-ce qu'ils vont dire en me voyant ? Sûrement qu'ils vont sursauter. Je déteste la réaction des gens qui me voient pour la première fois.

— Tu n'y vas pas pour eux, mais pour ton copain. Vois le côté positif des choses. Si ce garçon t'invite, c'est que tu lui plais et qu'il a réellement envie de passer ce temps-là avec toi. Cela ne devrait pas te décourager, mais te réjouir.

— C'est à moi que je ne suis plus certaine de plaire, madame Rainville. Je ne me reconnais plus. Jusqu'à l'an dernier, j'étais de bonne humeur, toujours prête à rire et à chanter. J'étais un peu moins grosse, aussi. Aujourd'hui, j'ai des hauts et des bas qui se succèdent sans crier gare. Il y a des moments où je me sens enthousiaste et énergique. Mais parfois, l'angoisse me saisit et je prends conscience de mes chairs qui s'étalent dans mes vêtements, ou la nuit dans mon lit, et je suis anéantie de découragement. Tous les matins, les complexes m'assaillent. Sauf que l'idée de maigrir me déprime au plus haut point.

— J'ai vécu tout cela, Violaine, et pire encore. J'ai connu l'amertume, la rancune et le désespoir, auxquels dans mon cas s'ajoutait le remords. Ma vie est un roman lugubre dont un nouveau chapitre tout aussi lugubre vient de s'écrire ici ce soir. Au fil des ans, j'ai eu envie plus d'une fois de me faire sauter la cervelle. J'ai été hospitalisée, j'ai subi des cures. J'ai fini par en sortir, mais, les premiers temps, je végétais plus que je ne vivais. J'errais au hasard des invitations que je recevais, des propositions que me faisaient des amis pour me tirer du marasme. Je n'avais plus de force, plus rien. Je me laissais aller. Et puis un soir, le hasard a mis sur ma route un homme qui m'a aidée. Un homme que je n'ai vu que pendant quelques heures en tout et pour tout, mais qui a changé complètement mon attitude face à moi-même et face à la vie. Je te raconte. Il se trouvait chez des amis qui pendaient la crémaillère, et il s'est mis à flirter avec moi. Rien de sérieux, je te jure, un simple bavardage sur un ton léger teinté d'humour. Il m'a servi ce soir-là un compliment merveilleux. Il m'a dit, avec des yeux sincères et admiratifs, que j'étais une « agréable grassouillette ». Bien sûr j'étais – je suis encore – bien plus que grassouillette, mais ce compliment m'a donné la conviction intime qu'il n'en tenait qu'à moi d'être agréable à regarder et à fréquenter, et cette conviction s'est, depuis, ancrée solidement dans mon esprit. Et lorsque je marche, aujourd'hui, lorsque je parle avec quelqu'un, je suis consciente de cet atout. J'assume complètement mon physique, et je m'efforce de demeurer agréable à regarder et à fréquenter. Je prends soin de ma peau et de mes cheveux ; je ne lésine pas sur la qualité des cosmétiques. Je maîtrise l'art du maquillage et je m'habille de façon à faire ressortir mes points forts. J'ai une belle façon avec tout le monde, car le sourire attire le sourire. Et tout cela alors même que le filon d'espoir sur lequel j'ai rebâti ma vie peut être en train de s'écrouler.

— Mais les rondeurs attirent les sarcasmes, non?

— Pas plus que les os trop saillants ou les nez à la Cyrano. L'être humain est ainsi fait qu'il aime se moquer des travers de ses semblables. Tu dois l'accepter. Pour neutraliser les railleries, nous devons amener les autres à focaliser sur nos points forts. Pour ce party, je t'aiderai à te préparer, je peindrai tes ongles d'une manière originale et tu te présenteras là-bas la tête haute, sûre de toi, comme une star. Et si les gens te dévisagent, c'est qu'ils auront remarqué ton élégance, ton assurance et le charme de ton sourire. D'ailleurs, demain, je t'emmène magasiner. Et je n'accepte pas de refus.

Violaine prit congé de Justine, un peu rassérénée. Ses parents l'accueillirent avec soulagement.

— Alors, ma fille, ça va? demanda son père avec tendresse. Parfois, je pense que nous exigeons trop de toi.

— J'étais morte d'inquiétude quand Mme Rainville nous a parlé de ton malaise, dit sa mère. Mon spectacle vient de se terminer et j'allais justement monter voir si tu te sentais mieux.

— Ne vous en faites pas, les rassura Violaine. J'ai failli flancher, mais ça ira.

○

Le cousin rentra vers vingt-deux heures trente. Je l'attendais.

— Et puis?

— Et puis, rien. Gaëtane est descendue de l'autobus au métro des Églantiers et m'a filé entre les doigts Je n'ai pas pu me garer assez vite pour la suivre. Est-ce qu'elle est revenue?

— Oui, il y a environ un quart d'heure, l'air enragé. Je te dis, la fumée lui sortait par les oreilles. C'était vraiment la soirée des sorties, hein, parce qu'Olé-Olé aussi a fait une escapade.

— Tiens, tiens, elle qui se terre dans sa tourelle depuis une semaine.

— Elle a grimpé le chemin de la Falaise jusqu'au croissant, du côté de la montagne, puis elle a marché jusqu'à la terrasse du restaurant Le Rikiki, entre Wodehouse et Remembrance.

— Un rendez-vous galant?

— Qui sait? C'était bien un homme qui l'attendait. J'ai dû m'éloigner un peu, par peur d'être repéré. Elle passait son temps à tourner la tête à gauche et à droite et à regarder derrière son épaule. C'en était fatigant. Je l'ai rarement vue aussi nerveuse. Elle est restée une vingtaine de minutes avec ce monsieur, le temps d'écluser un verre. Puis elle est rentrée, à pied. Je n'ai aucune idée de ce dont ils ont discuté.

— Si tu me décrivais le gentleman en question?

○

— Bredouille! avoua Bertin Therrio en retrouvant Justine. Elle est plus coriace que je ne le pensais. Elle s'est fait conduire au métro Sherbrooke et, le temps que j'ai pris pour garer ma voiture et descendre sur le quai, elle n'y était plus.

— Mais les coordonnées qu'elle vous avait données?

— Bidons. La rue Milanelle n'existe pas.

— Comment aviez-vous fait pour la repérer, alors ?

— J'avais placé une petite annonce dans *La Presse*, un peu au hasard, ne sachant pas si elle mordrait à l'hameçon. Ça a marché. Mais ça ne nous avance guère, parce qu'elle ne m'appelle que depuis des endroits publics. Une fois, d'un cinéma du centre-ville. Une autre fois, d'un grand magasin. Elle n'est pas idiote, ça c'est certain.

— Pourquoi est-ce elle qui est venue ? Ce devait être mon ex-mari, non ?

— C'est ce qu'elle m'avait laissé entendre. Elle a été jusqu'ici mon unique interlocutrice. Je ne contrôle pas tout. Que vous a-t-elle dit ? Peut-être trouverons-nous là quelque précieuse indication.

Justine relata dans le détail sa conversation avec Gaëtane.

— Je l'ai retrouvée telle que je l'avais laissée il y a quatorze ans, acide, dure, sèche. Plus nerveuse qu'avant, cependant. Elle a peur de quelque chose. Bon, nous avons pris contact, c'est au moins ça. Si on a pu le faire une fois, on peut le faire deux fois.

— Pas sûr…

— Voyons les choses avec une attitude positive.

— Je veux bien, mais je suis dans une impasse. Elle m'a signifié sans équivoque que cette rencontre mettait fin à nos rapports à tout jamais. Et comme nous n'avons ni adresse ni numéro de téléphone, nous ne sommes guère avancés. Où habitent-ils ?

— Elle m'a dit que mon fils étudiait dans une polyvalente du plateau Mont-Royal, mais ça ne veut pas dire qu'ils y habitent.

— Elle a laissé couler ça? Ça m'étonne infiniment. Elle qui est si avare de tout renseignement.

— C'est peut-être une fausse piste. Rappelez-vous l'Abitibi. En fait, c'est au faubourg St-Rock que j'ai aperçu Oléna, l'autre sœur de mon mari. Elle aussi m'a reconnue. Elle paniquait, la pauvre. Elle a fait toutes sortes de simagrées pour se soustraire à ma vue.

— Vous auriez dû la suivre.

— Elle m'aurait semée. Je passe difficilement inaperçue avec mon physique. Il faudrait que je la file en secret. Et pour ça, il faudrait qu'elle sorte et que je tombe sur elle. Mais admettons qu'elle ait peur d'une rencontre fortuite, elle a donc peut-être décidé de se cacher. Je ne l'ai pas revue, en tout cas.

— Selon vous, Oléna vit-elle avec le reste de la famille?

— Ça ne m'étonnerait pas. La raison pour laquelle elle avait quitté la maison paternelle après notre mariage, c'est que j'étais allergique à son chat.

— S'ils habitent effectivement au Faubourg, votre fils étudierait à La Passerelle, la polyvalente du quartier. Je vais fouiller de ce côté-là aussi.

— Et je vais continuer de me balader dans le Faubourg, au cas où…

20
Magasinage

Un air de fête flottait sur le croissant en ce samedi printanier. Le soleil radieux, le mercure grimpé à vingt degrés et les soldes saisonniers avaient sorti les gens des chaumières. Profitant du week-end piétonnier, les commerçants étalaient leurs marchandises au dehors. Les bistrots affichaient des menus alléchants. Les bijoutiers proposaient des parures chatoyantes. Les boutiques de mode offraient des tenues légères et colorées. Les confiseurs titillaient les papilles avec des délices fraîcheur. Pour ne pas être en reste, la librairie Le Volubile soldait une tablée de romans à dévorer sous le parasol. Bref, il y en avait pour aiguiser tous les appétits.

Les bras chargés de sacs, deux magasineuses émergèrent de la boutique Agnès et ses trouvailles en bavardant avec animation.

— Justine, vous me sauvez la vie !

— Dire que je t'ai traînée de force !

— Et vous avez bien fait.

— Tu seras superbe dans cette tenue.

— J'adore la couleur et le style et le tissu et la broderie sur la veste. Je ne pensais jamais pouvoir porter un tel ensemble avec la taille que j'ai. Et l'acheter à un prix aussi abordable !

— Je connais les bonnes adresses, depuis le temps que j'ai perdu ma taille de guêpe.

— Je n'avais jamais osé entrer dans une boutique de ce genre. J'avais l'impression que ça coûtait les yeux de la tête.

— Il y a des soldes là comme ailleurs. En plus, les vendeuses sont formées pour nous aider à mettre nos points forts en évidence. Il faut attirer l'attention sur autre chose que sur notre corpulence. Les rayures ton sur ton sont particulièrement efficaces. Et de toute façon, ce bleu magnifique t'amincit et fait ressortir l'éclat de tes yeux marron. Tu verras, ce vêtement est un passe-partout. À la fois simple pour des sorties informelles et chic pour une soirée plus habillée, si tu ajoutes des colifichets ou un accessoire qui le relèvent un peu. Élégant de toute façon.

— Pensez donc, moi, élégante !

— Une bonne chose de réglée. Maintenant, nous méritons bien une pause-thé, tu ne penses pas ?

— Le thé n'est pas mon fort, avoue Violaine, mais je mangerais bien quelque chose.

— L'Oasis gourmande ? proposa Justine.

Elles remarquèrent un attroupement devant la pâtisserie. Un héraut médiéval aboyait dans un mégaphone :

— Oyez ! oyez, venez applaudir Guillaume Tell !

À ses côtés, un émule du célèbre archer tournait la manivelle d'un orgue de Barbarie dont s'échappaient les notes grêles d'une mélopée médiévale. Les passants s'arrêtaient, intrigués. Le jeune archer interrompait parfois sa musique pour exécuter devant la foule étonnée quelques pirouettes acrobatiques, provoquant des bravos admiratifs. Le héraut tentait de convaincre les gens de s'asseoir sur un tabouret avec une pomme sur la tête pour permettre à Guillaume Tell de répéter son exploit d'autrefois, mais qui voulait risquer sa peau pour faire plaisir à des inconnus ? À la grande surprise de Violaine, Justine s'approcha, l'œil pétillant.

— Ça coûte quelque chose, monsieur le héraut ?

— Oui, madame. Un sourire.

— Alors à ce prix-là, je ne résiste pas.

Elle hissa sa lourde silhouette sur le tabouret et on lui mit des lunettes de protection. Violaine n'en revenait pas de voir Justine se précipiter dans cette aventure, les pommettes rouges d'excitation. Puis l'adolescente remarqua l'archer et un sentiment insolite l'habita. Le maquillage cachait ses traits, mais elle avait déjà croisé ce regard-là. Elle fouilla dans sa mémoire, sans arriver à faire le lien. Pourtant, un courant avait passé. Lui aussi l'avait reconnue. Qui se cachait sous cet accoutrement ? Justaucorps bourgogne, gilet gris, bottillons relevés à la pointe et chapeau tyrolien… Il tenait une arbalète et, dans le carquois posé en bandoulière sur son épaule, une douzaine de flèches attendaient les intrépides qui risqueraient l'aventure.

Le héraut déposa une pomme sur la tête de Justine.

— Ne bougez pas. À toi, Guillaume !

Une petite foule, agglutinée devant eux, retenait son souffle. Nul n'avait entendu parler de ces amuseurs publics, mais ils paraissaient sympathiques. Le cœur battant, Violaine gardait les yeux rivés sur l'archer. Posté à dix mètres, sur une estrade, celui-ci choisit sa flèche avec soin. Il la polit, l'installa sur son arc, se concentra, calcula, tendit sa corde, et…

— *Elle est partie!* cria le héraut.

Un clameur s'éleva lorsque le projectile transperça la cible en son centre. Violaine s'aperçut qu'elle n'avait pas respiré depuis une bonne minute. Les applaudissements fusèrent. Le héraut attrapa la pomme, en retira la flèche et la tendit à Justine.

— Bravo, jeune homme, dit-elle à l'archer en mettant pied à terre. Je vous revois aux Olympiques.

Elle remit les verres au héraut et déposa un billet de dix dollars dans un vase qui trônait sur l'orgue de barbarie.

Le héraut la remercia d'une révérence. Un jeune couple se présenta alors, prêt à tenter l'expérience. Et après eux, un gamin déluré, qui s'installa d'autorité sur le tabouret.

— À mon tour! réclama-t-il impérieusement.

— Pas si vite, mon petit bonhomme, intervint le héraut. D'abord, comment t'appelles-tu?

— Jérémie. Vite, je veux que Guillaume me lance sa flèche avant que papa sorte de la pharmacie.

— Impossible, Jérémie, les mioches doivent être accompagnés d'un adulte.

— J'ai presque sept ans! s'indigna l'enfant.

— Désolé, mon bonhomme. Va chercher ton papa.

Débobiné, le petit garçon sauta par terre et galopa vers la pharmacie. Et une dame le remplaça sur le tabouret.

— Et c'est parti ! s'exclama Justine, joyeusement.

Voyant Violaine, clouée sur place, elle lui toucha le bras.

— Allons, ne fais pas cette tête-là, lui dit-elle. Tu sais bien que c'est un trucage.

Elle lui montra la pomme, dont le cœur était muni d'un puissant aimant.

— Et d'ailleurs, j'ai bien vu : la flèche est en caoutchouc flexible, sauf pour un tout petit morceau de métal sur la pointe. Il n'y a aucun danger. Allez, viens, moi, je veux mon thé.

Mais Violaine était encore sous le choc. Comme une zombie, elle se laissa entraîner à une table sur la terrasse. Elle ne retrouva ses esprits que lorsque la serveuse apporta leur commande.

— Alors, Violaine ?

La jeune fille aperçut devant elle un verre de lait et quatre profiteroles au chocolat.

— Vous n'êtes pas sérieuse, Justine ? Si je mange tout ça, mon ensemble neuf ne me fera plus le jour du party.

— Allons donc ! Avec les kilomètres que nous avons parcourus, nous avons droit à une récompense. Et d'ailleurs, j'ai commandé deux fourchettes. Nous allons partager, ma chère, et non seulement nous allons nous régaler, mais nous allons déguster lentement, pour savourer plus longtemps chaque parcelle de ces délices gourmandes, et ce, jusqu'à la toute dernière miette.

Violaine éclata de rire et Justine enchaîna :

— Si jamais tu décidais de faire une diète amaigrissante, Violaine, il faudrait que tu t'aménages ainsi des plages de plaisir. Le mot d'ordre: manger peu, mais se délecter. En fait, tu pourrais manger les mêmes aliments que tu manges aujourd'hui, mais en petites quantités, et en appréciant chaque bouchée comme s'il s'agissait d'un festin complet.

— Vu sous cet angle, en effet, ça fait moins peur.

— Il ne faut pas dire, *ça fait moins peur,* mais *wow! que ça doit être stimulant!*

Dès la dernière bouchée avalée, Violaine rouvrit son sac pour palper délicatement son ensemble neuf.

— J'imagine l'air de Jean-Philippe quand il va me voir avec ça! s'écria-t-elle, joyeuse.

Justine eut un haut-le-corps.

— Jean-Philippe?

— Jean-Philippe Valois, le garçon qui m'invite au party.

Avant que Violaine puisse remarquer la pâleur de sa compagne, une flèche intempestive atterrit par terre à côté de la table.

— Qu'est-ce que c'est que ça? fit Violaine en sursautant.

Mais, déjà, le jeune archer, en deux pirouettes, les rejoignait.

— Désolé de vous avoir fait peur. Je voulais seulement...

Reprenant sa flèche, il arracha le papier qu'elle transperçait et le remit à Violaine en saluant bien bas. Et de s'envoler. Interloquée, Violaine déplia le papier. Elle y découvrit un poème écrit en lettres d'or.

Le reconnaissez-vous
votre fidèle archer
qui voudrait transpercer
votre cœur adoré ?

Me reconnaissez-vous
moi, votre chevalier
celui qui vous défend
envers et contre tout ?

Me reconnaissez-vous
moi, votre ménestrel
qui compose pour vous
des sonnets romantiques ?

Je veux les fredonner
au creux de votre oreille
ô ma mie, ô ma belle
en aurai-je le droit ?

X

Serrant la missive contre sa poitrine, elle se tourna vers le saltimbanque, qui lui fit un clin d'œil sans cesser de tourner la manivelle de son vétuste instrument.

— Tu as fait une conquête, on dirait, remarqua Justine.

Le cœur en effervescence, la jeune fille ne répondit pas. Non seulement elle avait reconnu Xandro sous les traits de l'archer, mais elle avait surtout retrouvé le lien manquant : elle se rappelait clairement, maintenant, dans quelles circonstances elle avait, pour la première fois, croisé le regard intense du jeune archer, sous les traits ravagés d'une mendiante kosovare.

21
La nuit de la sorcière

Branle-bas de combat dans la baraque en ce samedi matin : Gaga décréta que c'était jour de grand ménage et le pire, c'est qu'elle me réquisitionna pour la job, à mon corps défendant. Aucun argument ne la fit ployer. Peut-être voulait-elle me faire payer mon impertinence de la veille. Peut-être, ayant appris que je fréquentais une fille (!!!), voulait-elle me faire passer mes envies. Qui sait ? Toujours est-il qu'elle m'obligea à laver les murs et les plafonds, à nettoyer la cave, à frotter le linoléum de la cuisine avec de la laine d'acier... Depuis le temps que la baraque n'avait pas été entretenue, ce décrassage en règle n'était d'ailleurs pas un luxe. Mais pourquoi aujourd'hui, hein ? Nous travaillâmes d'arrache-pied jusqu'à six heures, elle et moi, avec à peine un arrêt à midi pour avaler un sandwich. Et nous n'avions abattu que la moitié de la besogne. Il fallut commander du Saint-Hubert pour souper, car Gaga n'avait pu faire ses emplettes habituelles. À noter que le vieux avait passé la journée terré dans son cabinet de travail, et Olé-Olé, dans sa tourelle. Le cousin, pour sa part, était venu offrir son aide. Mais Gaga l'avait refusée du revers de la main.

Il se passait quelque chose, mais on ne jugea pas utile de me mettre dans le secret des dieux.

Fourbu et courbatu, je montai à ma chambre dès le souper terminé. Sergio m'avait proposé d'aller me ruiner dans les arcades des Galeries St-Rock, mais j'étais cassé comme un clou et j'avais décliné l'offre. Je mis ma musique à tue-tête et plongeai dans un polar que j'avais piqué dans la bibliothèque du vieux. Je fus tellement captivé par cette histoire que je ne vis pas le temps passer. Minuit approchait quand je terminai ma lecture.

Ravigoté par une douche fraîche, je sortais de la salle de bains quand j'aperçus Olé-Olé qui quittait sa tourelle, un flambeau à la main. Vêtue d'une longue tunique en coton blanc, brodée de divers symboles, elle avait laissé tomber ses cheveux sur ses épaules. Je me pinçai, croyant rêver, et je retins mon impulsion de lui crier qu'elle se trompait de siècle. Elle sortit de la maison sans bruit et je dévalai l'escalier pour regarder, par la fenêtre, où elle pouvait bien se diriger dans cette tenue, à pareille heure. À ma grande surprise, elle frappa au carreau du garage. Le cousin ouvrit aussitôt. Il était encore en sarrau. De plus en plus curieux, j'entrebâillai la fenêtre.

— Edmond, dit-elle, il faut qu'on se parle comme des adultes civilisés.

— Au sujet des chats? dit le cousin.

— Oui, des chats et de Cabochon, et de la difficulté de vivre tous ensemble dans les conditions actuelles.

Écoute, Edmond, il y a un problème et je veux en discuter calmement. Et comme ici, ce n'est pas vraiment la place, si tu venais chez moi ? D'ailleurs, tu travailles trop, je trouve, ça te fera du bien de t'arrêter.

Je n'en revenais pas. Sa voix était toute douce. Était-elle en train de faire une passe au cousin ?

J'avais intérêt à déguerpir avant qu'ils ne me découvrent. Je refermai la fenêtre mais, plutôt que de remonter à l'étage, je me retranchai dans la cuisine d'où j'avais une vue sur le hall d'entrée. Je n'avais encore qu'une serviette autour du corps, mais j'étais trop intéressé à savoir ce qui allait se passer pour me préoccuper de ce détail vestimentaire.

J'avais l'impression d'halluciner ou de rêver quand je les vis entrer et se diriger ensemble vers la tourelle. Olé-Olé ouvrit la porte de son antre et une subtile odeur d'encens flotta dans l'air.

Je comprenais de moins en moins. Je montai mettre mon pyjama, même si, du coup, je n'avais plus envie de me coucher. Bien sûr, il n'y avait pas moyen de savoir ce qui se passait dans la tourelle, mais j'avais la ferme intention de parler au cousin dès qu'il en sortirait.

Hélas, fatigué par les travaux forcés de la journée, je m'endormis. Et lorsque j'ouvris les yeux, au petit matin, et que je me précipitai dans le garage pour voir Edmond, je me rendis compte que le cousin avait vidé les lieux.

○

En réponse à mes questions, Gaga m'expliqua qu'Edmond avait décidé de déménager, et Olé-Olé précisa qu'il viendrait chercher le reste de ses affaires au cours de la semaine.

Sans tenir compte de mes protestations, Gaëtane m'attela au ménage pour une seconde journée d'affilée. Après avoir brossé et encaustiqué les parquets et l'escalier, rampe comprise, il fallut enlever les contre-fenêtres, laver les vitres et poser les grillages. Pour le souper, même si elle n'avait pu aller faire ses courses, Gaga concocta un ragoût avec ce qu'il y avait dans le frigo et, parce qu'il était déjà très tard, elle nous mit tous à contribution pour la préparation des légumes. Il était presque dix-heuf heures trente lorsqu'on se mit enfin à table.

Olé-Olé s'étouffa dès la première bouchée et mit deux grosses minutes à retrouver sa respiration normale.

— Sauf ton respect, Gaëtane, ce plat est infect, dit le vieux.

— C'est ce qui arrive quand on demande de l'aide ! rétorqua sèchement Gaga.

— Ce n'est pas nous qui l'avons assaisonné avec du feu.

— J'ai peut-être exagéré un tantinet sur les piments forts. Mais si je n'en avais pas mis, vous l'auriez trouvé fade et j'aurais subi vos critiques quand même. Vous n'êtes jamais contents.

— C'est plus facile d'en ajouter quand il en manque que d'en enlever quand il y en a trop, remarqua Olé-Olé.

La discussion se poursuivit sur cette lancée hautement philosophique et je finis par en avoir assez. « Si vous ne l'aimez pas, avais-je envie de leur crier par la tête, faites comme moi et fermez vos gueules. » Je portais ma fourchette à mes lèvres pour donner le change mais je n'y goûtai même pas, à ce ragoût. Le pain était un peu sec, mais avec du beurre et du fromage, il me permettrait de tenir le coup jusqu'au petit déjeuner. Pour le moment, je voulais seulement en finir avec ce repas interminable, que je puisse aller me doucher et me coucher. Je me sentais déprimé.

Ils parlaient pour parler, pour meubler un silence trop pesant, et tout le monde cachait le fond de sa pensée. Quelque chose les préoccupait, c'était évident. Est-ce que ça avait un rapport avec ma mère, ou avec Edmond ? Que s'était-il passé la nuit dernière dans le donjon de la sorcière ? Pourquoi Olé-Olé avait-elle l'air si absente, par moments, ce soir ? Gardant mes questions pour moi, je mangeai en silence et m'éclipsai avant le dessert, prétextant un devoir à terminer.

J'eus la peur de ma vie en entrant dans ma chambre. Le cousin m'attendait, assis sur mon lit.

— Ils sont encore à table ? demanda-t-il en chuchotant.

— Oui, et ils en ont pour un bout de temps, mais moi, je n'en pouvais plus, la conversation me coupait l'appétit. Que je suis content de te voir ! Je pensais qu'Olé-Olé t'avait bouffé tout rond la nuit dernière.

— Ah ? Tu es au courant de son invitation incongrue ?

Je lui avouai ce que je savais, et ma curiosité pour la suite. Le cousin ne se fit pas prier pour raconter.

— L'atmosphère est très mystérieuse dans la tourelle. Il y fait très sombre. Oléna se complaît dans la pénombre. Je ne distinguais pas grand-chose, surtout au début. J'ai vu une table étroite et assez haute recouverte d'une nappe propre, sur laquelle trônaient différents objets, dont un chandelier, une potiche avec des roses, un carafon de vin et un brûleur d'encens. À part ça, un chevalet, une palette de couleurs, quelques fauteuils. Oléna a éteint son flambeau et allumé la bougie blanche qui attendait dans le chandelier. Cet éclairage produisait sur les murs ronds un effet saisissant. Elle m'a fait asseoir et son chat s'est juché sur le rebord de la fenêtre. Elle m'a alors parlé de Cabochon qui voyait d'un mauvais œil son territoire envahi par mes chatons. Elle n'était ni agressive ni nerveuse. Toute calme, toute douce. Méconnaissable. Même qu'à un moment donné, tout en parlant, elle s'est approchée de moi et s'est mise à me masser la nuque en me disant de me détendre.

— C'est bien ce que je soupçonnais. Elle voulait te séduire.

— Au début, j'en ai eu peur et je me tenais sur mes gardes, comme tu peux imaginer. Mais elle cherchait plutôt à m'hypnotiser, je pense, parce qu'elle était toute concentrée et qu'il n'y avait rien de sensuel dans son approche. Quoi qu'il en soit, la scène était irréelle. Tranquillement, on en est venus à parler de mes chatons. Elle a voulu savoir leur âge.

— Elle te frottait encore dans le cou ?

— Oui, oui. Et elle me regardait dans le miroir devant lequel elle avait fait pivoter le fauteuil où j'étais assis. Je lui ai répondu la vérité : quatre mois. « Ce n'est pas que je ne les trouve pas mignons, a-t-elle dit, mais, que veux-tu, ils dérangent Cabochon, et ils me dérangent aussi, par ricochet. Au fait, ils sont de quelle race ? » Je lui ai dit que je n'en savais fichtre rien. Elle a haussé les épaules, comme si ça n'avait pas beaucoup d'importance. Et c'est là qu'elle m'a demandé, mine de rien, si j'avais revu Justine depuis mon retour d'Afrique. Son visage demeurait impassible mais ses doigts, dans mon cou, s'étaient raidis. J'ai répondu que non, mais que j'aurais bien aimé cela. Et à mon tour de lui retourner la question. Là, elle s'est éloignée pour aller chercher le carafon de vin. Elle en a rempli deux coupes et m'en a tendu une. Elle semblait préoccupée. On a bu en silence. Son vin était sublime. Sans être connaisseur, je sais faire la différence entre un grand cru et de la piquette.

— Mais la question, elle n'y avait toujours pas répondu ?

— En effet, mais je ne l'avais pas oubliée non plus, malgré la diversion du vin. Alors, je lui ai proposé un marché. Je lui ai dit : « D'accord, je déménage mes chats, et, en échange, tu me dis ce que tu sais au sujet de Justine. » Elle a paru surprise. « Mais je ne sais rien, a-t-elle affirmé. Rien du tout. » Elle paraissait vulnérable, tout à coup. Alors j'ai joué franc-jeu. Je lui ai dit que je voulais retrouver Justine. Je lui ai parlé de mon enquête en Outaouais. Je lui ai dit que ta mère te recherchait, qu'elle avait été aiguillée sur une fausse piste et qu'elle s'était rendue en Abitibi. Je lui ai raconté sa longue lutte contre la dépendance, avec la rechute, le désespoir, la remontée. Elle m'écoutait attentivement. Elle ne savait manifestement rien de tout cela ou alors c'est une sacrée bonne actrice, car elle paraissait troublée par mes révélations. À la fin, elle m'a juste dit, comme ça : « Gaëtane a rencontré Justine vendredi soir. »

— Je te l'avais bien dit, m'écriai-je. C'est de ça qu'elles parlaient, l'autre jour.

— Eh oui, tu avais raison, Jean-Philippe. Ce qu'il y a de positif, c'est qu'Oléna travaille maintenant pour nous. Elle va essayer de glaner des détails sur l'endroit de la rencontre. Tu comprends, Gaëtane a géré cette affaire-là à sa manière, dans le plus grand secret. Oléna ne connaît pas la teneur de la conversation, ne sait pas où elle a eu lieu. Quant à ton père, Gaëtane ne lui en a même pas parlé. Il ignore tout de cette rencontre.

— Tu sais, le cousin, je n'ai pas grande confiance. Oléna me déteste. Elle ne fera rien pour me faciliter la vie.

— Je ne suis ici que depuis deux mois, Jean-Philippe, mais, d'après mes observations, si elle te déteste, tu le lui rends bien. Quoi qu'il en soit, c'est difficile de savoir si Oléna était complètement sincère la nuit dernière, car elle était dans un état second. Pour qu'elle m'emmène dans son antre…

— Elle a atteint son objectif, en tout cas. Elle t'a évacué des lieux.

— Un marché, c'est un marché. Donnant, donnant.

— Mais avais-tu besoin de fuir au beau milieu de la nuit, comme un voleur ?

Je pensais à ma mère, qui m'avait elle aussi quitté en pleine nuit.

— Tant qu'à faire ! Je n'ai pris que l'essentiel. J'ai empli mon coffre, j'ai mis les chatons dans leur cage, puis je me suis éloigné à quelques rues et nous avons dormi dans la voiture. J'ai visité des logements à louer toute la journée et j'ai trouvé un deux-pièces meublé. Pas loin d'ici, dans la Côte-au-Sirop.

— Évidemment, gloussai-je.

— Je savais que tu la trouverais bonne. J'ai aussi entrepris des démarches pour dénicher un vrai laboratoire. Il y en a un qui serait bien, sur le croissant. Dans un bureau de dentistes où il y a une salle vacante. Je vais probablement le louer.

Il se leva et ouvrit la fenêtre toute grande. Ainsi, c'était par là qu'il était monté.

— Vous avez enlevé les contre-fenêtres juste à temps, dit-il en me montrant son canif suisse. J'ai moins de misère à défaire une moustiquaire qu'une vitre. Alors, Jean-Philippe, c'est ça qui est ça. Je voudrais qu'on garde le contact, toi et moi. Je te dirai où j'en suis au fur et mesure. Viens me voir. J'aurai le téléphone un de ces jours et je te donnerai le numéro. En attendant, voici mon adresse.

Il se croisa les doigts et enjamba la fenêtre pour sauter dans l'érable voisin, tandis que je redescendais au rez-de-chaussée pour m'assurer que personne ne fouinait du côté du jardin.

Je me demandais si les choses allaient vraiment s'arranger. Pour le moment, j'étais trop étourdi par tout cela pour oser l'espérer.

22
Énigmatique Xandro

Jean-Philippe l'évitait ostensiblement. Violaine avait essayé de lui parler à quelques reprises, mais c'est à peine s'il lui répondait. « Il est gêné de s'associer avec moi en public », songeait-elle, dépitée. Déjà, ceux qui les avaient vus ensemble le vendredi taquinaient le jeune homme. Celui-ci haussait les épaules en feignant l'indifférence. Violaine avait beau bloquer ses oreilles, elle entendait quand même ces facéties, sans pouvoir y répondre puisqu'elles s'adressaient à lui. Elle en souffrait, bien sûr, mais elle trouvait surtout dommage que les liens qui s'étaient créés avec Jean-Philippe le vendredi, ne veuillent plus rien dire trois jours plus tard. Elle avait espéré que la conversation reprendrait spontanément entre eux, là où ils l'avaient laissée. Elle avait même attendu un coup de téléphone de lui en fin de semaine. Elle lui aurait demandé s'il avait enfin eu des nouvelles de sa mère.

À force de ressasser tout cela dans sa tête, elle trouva une autre interprétation à cette fin de non-recevoir de la part de Jean-Philippe: « Son père a dû lui interdire de sortir avec moi », supposait-elle. Persuadée qu'il regrettait de l'avoir invitée au party, elle s'attendait à tout moment qu'il annule le rendez-vous.

Le mardi, elle décida d'en avoir le cœur net et elle s'installa à sa table, au dîner.

— Dis donc, Jean-Philippe, c'est bien vendredi qu'a lieu le fameux party chez ton copain Francis?

Il sembla tomber des nues, puis se ressaisit.

— Oui. Même que j'irai l'aider à décorer son salon dans l'après-midi, après le départ de ses parents pour Québec. Ensuite je reviendrai au Faubourg et je passerai te prendre. Huit heures moins quart, ça te va?

Elle l'écoutait, bouche bée. Elle ne l'avait pas souvent entendu parler aussi longtemps sans bégayer. Elle s'enhardit.

— J'ai réussi à me faire remplacer au bar, vendredi. En échange, je vais devoir travailler samedi après-midi. Mais, bah! on n'a rien pour rien en ce bas monde. N'est-ce pas?

Elle attendit en vain sa réponse. Il était retombé dans son mutisme et évitait son regard. Elle retint donc les questions qui lui brûlaient les lèvres. Le visage fermé du garçon la rebutait, alors elle avala son dîner en vitesse et quitta la table, mortifiée.

Un poème d'amour de Xandro l'attendait à son retour chez elle, ce jour-là, glissé mystérieusement sous sa porte de chambre. Il combla le vide créé par l'attitude de Jean-Philippe. Son chevalier servant se remit à occuper ses pensées. Xandro l'aimait sans réserve, elle le sentait. Ce n'étaient pas les commentaires railleurs de ses copains qui l'arrêteraient, lui. Elle avait la conviction que ce garçon-là ferait tout pour elle. Par contre, elle était encore sous le choc de la découverte de son identité multiple. Elle ne comprenait pas ses agissements. Qui était-il, au juste ? Que faisait-il sur la place publique à personnifier les mendiantes ou les saltimbanques ? Avait-il tellement besoin d'argent ? Elle, qui détestait l'imposture, lui en voulait de l'avoir dupée à la gare. Et s'il l'aimait autant qu'il le lui écrivait, pourquoi ne venait-il plus l'attendre à la porte de l'hôtel quand elle rentrait de l'école ? Elle ne l'avait pas revu depuis leur rencontre fortuite sur le croissant, le samedi précédent.

Le mercredi, son père lui demanda d'aller prendre livraison d'un colis pour lui au centre-ville. Et c'est là qu'elle l'aperçut. Simplement vêtu d'un pantalon court, d'un gilet rayé et d'un béret, il jouait de l'harmonica en compagnie d'un aveugle, dans un couloir du métro McGill. L'ayant tout de suite reconnu, elle lui fit un signe de la main et attendit. Il répondit par un clin d'œil. Manifestement, il ne pouvait quitter son poste, mais il changea subtilement la mélodie qu'il interprétait pour jouer *Il y a longtemps que je t'aime, jamais je ne t'oublierai.* Elle griffonna quelques mots sur un papier qu'elle déposa dans son chapeau, au milieu des pièces que les gens y lançaient.

Cher Xandro,

Je voudrais comprendre le pourquoi de tes déguisements. Fais-moi signe.

Violaine

Le vieil aveugle, à ses côtés, la remercia d'un salut pathétique en psalmodiant : « Que la bénédiction du Tout-Puissant descende sur vous, monsieur ou madame ! » Violaine devina que c'était un faux aveugle.

Ce soir-là, vers vingt et une heures trente, Xandro se présenta à l'hôtel. Violaine descendait justement pour sa demi-heure quotidienne à la réception, juste avant l'ouverture du bar. Elle remarqua ses cheveux devenus bruns. Elle le trouva plus beau ainsi, l'air moins juvénile. Elle se demanda quel âge il pouvait avoir.

— Bonsoir, lui dit-il. Ça m'a beaucoup touché que vous m'écriviez cette note. Cela prouve que vous tenez à moi.

— Ça prouve seulement que je veux comprendre, Xandro. J'ai horreur des imposteurs qui se déguisent en réfugiés pour attirer la pitié de leurs concitoyens.

Le visage du garçon se rembrunit.

— Moi aussi, avoua-t-il. Ce jour-là, je n'avais pas le choix. Je travaille pour un maître, vous comprenez.

— Celui qui faisait l'aveugle, cet après-midi ?

— Lui-même, et qui jouait le héraut samedi quand j'étais Guillaume Tell. Lorsque vous m'avez donné la barre au caramel, la première fois que je vous ai vue, j'ai su que je ne personnifierais jamais plus les mendiants. Maintenant, je fais des tours d'adresse ou je joue de la musique pour gagner des sous. Mais, comme ce n'est pas moi qui invente les scénarios, je dois parfois accepter des rôles moins plaisants.

— Ton maître a un esclave, si je comprends bien? Toi!

— Pas du tout, je suis son élève. Nous avons une entente. Je l'aide à amasser des fonds et il me forme. Il m'enseigne le français, les mathématiques et les matières scolaires habituelles, mais aussi le théâtre et tous les métiers de la scène. Lui-même est un grand acteur. Une fois prêt, je m'inscrirai à l'école du cirque. C'est le rêve de ma vie.

— Je reconnais que tu as du talent, dit Violaine en souriant.

Une sonnerie stridula et Xandro sortit son téléphone cellulaire. Il fit «allô», écouta et se mit au garde-à-vous. Il termina la communication et annonça en rigolant:

— Imaginez-vous que je m'en vais faire le pitre. Ce soir, je donne un numéro de clown jongleur sur des échasses.

— Où ça?

— Rue Saint-Denis. Il faut que j'aille me changer. Alors, je vous quitte, mais ce n'est que pour mieux vous revenir.

Des clients se présentèrent sur ces entrefaites et la jeune fille dut s'occuper d'eux. Xandro prit quand même le temps de noter un numéro sur un papier.

— Voici le numéro de mon cellulaire, lui dit-il, lorsque les clients eurent quitté les lieux. Si jamais vous aviez besoin de moi…

— Tu aurais l'air fin si ton appareil sonnait pendant que tu es juché sur tes échasses ou que tu lances une flèche, fit-elle, moqueuse.

— Aucun danger. Pendant mes performances, je le mets en position de vibration. Pas de sonnerie. Parfois, je coupe le contact, mais, si je ne réponds pas, laissez un message et je vous rappellerai très vite. Sachez que vous pouvez compter sur votre chevalier servant.

— À propos, lui cria-t-elle comme il passait la porte, merci pour le poème.

Elle aurait voulu lui demander comment le billet doux s'était retrouvé sous sa porte. Avait-il laissé le message à la réception, demandant au proposé de le livrer à sa chambre ? Elle avait pourtant un casier où l'on déposait son courrier. Elle s'était d'ailleurs informée, mais personne ne savait de quoi elle parlait. Eh bien, ça ne faisait qu'augmenter l'aura de mystère qui entourait cet étrange jeune homme.

23
Cul-de-sac

Le cousin m'avait laissé un cadeau sur mon bureau, que j'ai trouvé après son départ. Une petite photo de ma mère, qui datait de l'époque où elle avait vingt ans. « C'est la seule que j'ai, avait écrit Edmond, mais c'est mieux que rien. Comme ça, tu la reconnaîtras si tu la rencontres, et tu pourras lui dire un bon mot pour moi. » Je l'avais glissée dans mon portefeuille et je la regardais souvent. Elle était comme en mon souvenir, mais plus jolie encore, si cela se pouvait.

Les jours qui ont suivi, j'ai vécu comme un zombie. Je ne m'attardais plus avec les gars après l'école, préférant rentrer et m'enfermer dans ma chambre avec un livre. Je ne voulais rien savoir de personne. Violaine me tournait autour à l'école – j'imagine que notre conversation du vendredi lui avait donné des idées –, mais sa vue me triturait la conscience et je coupais court à tout dialogue. J'avais pris mon parti de ne rien lui dire avant le party. Et tant pis si elle réagissait mal une fois chez Francis! J'en étais venu à avoir hâte que le vendredi soit passé, pour mettre ce party-là derrière moi. En classe, je n'arrivais pas à me concentrer. En fait, je ne pensais qu'à maman et à l'idée que j'allais peut-être bientôt la revoir. Tout le reste m'indifférait.

Le jeudi, n'y tenant plus, j'allai sonner à l'adresse que le cousin m'avait donnée, dans la Côte-au-Sirop.

— Salut, Jean-Philippe, dit Edmond.

L'air découragé, il me raconta que ses expériences avaient donné des résultats négatifs et qu'il devrait élaborer un nouveau protocole de recherche pour son vaccin.

— Repartir à zéro, quoi!

— Et dans ton enquête?

Son visage se rembrunit encore.

— Rien. Gaëtane est avare de toute information concernant la rencontre avec Justine. Je commence à la soupçonner d'avoir ourdi un monstrueux complot. Il faudrait parler à ton père, Jean-Philippe.

— J'ai essayé, dis-je. Il affirme ne rien savoir.

Je lui racontai notre fin de semaine au lac du Carcajou (en omettant, bien sûr, les détails inutiles).

Le cousin demeura songeur.

— Dommage que je n'aie pas plus d'affinités avec Normand. Si nous pouvions établir une relation de confiance entre nous deux…

— Pas d'affinités, pas d'affinités. Il y a tout de même que tu aimes son ex-femme. C'en est une, ça!

— Oui, évidemment. Tout ça pour te dire que je tourne en rond et que mon enquête ne mène à rien.

24
Le party

Violaine rayonnait dans son ensemble pantalon bleu de Delft. Elle s'était coiffée pour créer l'illusion d'un visage plus mince. Un maquillage sobre faisait ressortir l'éclat de ses yeux marron. Pour l'occasion, Justine était devenue manucure : sur les ongles de la jeune fille, d'abord couverts d'un vernis rosé, elle avait peint, à l'aide d'un pinceau minuscule, des kanji japonais de couleur bourgogne, un pour chaque doigt, tous différents. L'effet était réussi. La jeune fille chaussait des souliers plates-formes qu'elle avait testés pour la danse : maintenus à la cheville par une courroie, ils n'empêchaient aucun mouvement. « Jean-Philippe ferait mieux d'avoir envie de danser, se dit-elle. Parce que moi, les jambes me démangent déjà. » L'attitude du garçon la préoccupait et elle se demandait quelle sorte de compagnon il serait pour la soirée. « S'il se dégèle, tant mieux, philosophait-elle.

Mais sinon, tant pis. Je vais suivre le conseil de Justine et m'amuser. Je ne m'arrêterai pas de respirer pour lui. »

Seule ombre au tableau, M. et Mme Galdès voyaient d'un mauvais œil l'amitié qui se développait entre Justine et Violaine. Ils avaient pour principe de ne jamais mêler affaires et vie privée, et créer des liens étroits avec une cliente présentait des risques. Ils ne savaient rien de cette personne. Elle paraissait aimable, soit, mais, malgré cela, mieux valait s'en tenir à des rapports polis, sans plus. Pour la première fois de sa vie, Violaine avait tenu tête à ses parents. Non seulement c'était Justine qui l'avait secourue au bar, le soir où elle pleurait dans les verres, mais elle l'avait accompagnée dans son magasinage. En outre, par son écoute et ses conseils, elle l'aidait constamment à faire le point. « Profite de chaque jour, de chaque minute, de chaque instant », lui avait-elle recommandé, et Violaine entendait adopter cette consigne.

Bref, ce fut en chantonnant qu'elle vint à la rencontre de Jean-Philippe. Le jeune homme demeura sidéré en l'apercevant. Pendant plusieurs secondes, il ne put pas bouger, encore moins parler. Consciente de son admiration, Violaine éclata de rire. Elle fit un signe de la main à Justine, qui les observait du salon de la réception, puis elle offrit son bras à Jean-Philippe.

— Alors, dit-elle, on ne va pas rester là toute la nuit ? J'y tiens, moi, à cette soirée de danse.

Il y avait une éternité qu'elle ne s'était sentie aussi sûre d'elle. Elle flotta littéralement jusqu'au trottoir.

Pour sa part, Jean-Philippe n'avait pas fait grand frais de toilette, se contentant de passer un tee-shirt propre sur son jean. Une fois de plus, Violaine le trouva bizarre. Pourquoi était-il aussi tendu ? Il avait l'air préoccupé et demeurait muet. Ils marchèrent presque en silence jusqu'au métro. Violaine parla du temps qu'il faisait, mais ne trouva pas d'écho chez son compagnon. Une fois dans le métro, elle chercha encore à détendre l'atmosphère.

— Merci de m'avoir donné l'occasion de prendre congé, lança-t-elle joyeusement. Il y a tellement de monde au bar. Et le vendredi, je ne te dis pas…

Lorsque son compagnon finit par ouvrir la bouche, il bégayait tellement qu'il se tut après deux phrases. Violaine n'insista pas. Inutile de l'humilier. Si jamais il lui parlait de sa difficulté de parler, elle tenterait de l'aider. Elle avait déjà songé à lui proposer le chant. Elle avait connu, du temps où elle faisait partie de la chorale, un bègue qui avait beaucoup amélioré son élocution en chantant. Ce soir, son problème à elle paraissait pas mal moins grave que celui de Jean-Philippe. Elle chassa cependant ces considérations. Elle ne voulait avoir que des pensées positives. La vie était belle, elle s'en allait danser, elle avait envie de s'amuser et rien ne devait altérer son enthousiasme. Son cœur palpitait, n'attendant que l'occasion pour s'ouvrir à l'amour. Si Jean-Philippe finissait par se relaxer, tout était possible.

○

Francis examinait d'un œil critique le décor qu'il avait concocté pour son party. Il avait dressé la table de la salle à manger avec une nappe bourgogne, sur laquelle trônaient insolemment une profusion de breuvages et d'aliments : jus et boissons gazeuses, noix et croustilles, sandwiches, viandes froides, bâtonnets de légumes, cubes de fromage, olives farcies, cornichons marinés, trempettes variées. Sans parler du dessert qui attendait son heure de gloire au frigo.

Toutes les deux minutes, Francis regardait sa montre. Il attendait Micheline Dubé. Elle avait refusé qu'il vienne la chercher, préférant arriver par ses propres moyens. « Je serai là avant tout le monde, lui avait-elle assuré, et tu m'expliqueras en quoi consiste mon rôle d'hôtesse. » Micheline n'était pas particulièrement jolie, mais elle avait un sens de l'humour désopilant. Plusieurs étés passés au même camp avaient permis à Francis de l'apprécier. Toujours prête à embarquer dans des projets farfelus, elle jouissait d'une grande popularité parmi les campeurs, et d'un leadership incontesté chez les filles. Elle était grande, grosse et affirmée, et portait son obésité sans le moindre complexe. Ce serait la première fois en dix ans que Francis la verrait dans un contexte urbain.

Quatre autres copains du camp d'été seraient là, aussi, chacun accompagné d'une copine bien enveloppée. Francis était persuadé que les jeunes filles seraient ravies de l'honneur qu'on leur faisait. Avec un oncle qui était historien d'art, il avait fait le tour des musées et avait acheté, à prix avantageux, des affiches représentant des portraits de femmes plantureuses réalisés par des grands peintres. Il avait tapissé les murs de ces chefs-d'œuvre d'un autre âge. Jean-Philippe l'avait dissuadé d'utiliser les photos grotesques qu'il s'était procurées via Internet.

Le coup de sonnette lui fit l'effet d'un coup de fouet. Il se précipita à la porte.

— Bonsoir, fit-il d'une voix incertaine

Qui était donc cette inconnue dont le jean moulant et le gaminet en V trahissaient les mensurations parfaites? Chose certaine, elle ne correspondait pas au profil recherché pour la soirée.

— Salut, mon beau Francis, roucoula l'arrivante. Alors, tu me fais la bise? Depuis le temps qu'on ne s'est pas vus! Tiens, voilà le fudge que tu m'as demandé.

Il prit la boîte qu'elle lui mettait dans les mains, se laissa bécoter sur les deux joues, mais demeura sans voix.

— Mais enfin, Francis, tu ne me reconnais pas?

Il tomba des nues. C'était Micheline Dubé. Il secouait la tête, incrédule. Non, ça n'était pas possible.

— Non, mais tu as fondu ou quoi? lâcha-t-il enfin, songeant qu'il allait perdre la face devant ses copains.

— Bien quoi! Pensais-tu que j'allais rester toutoune toute ma vie? Eh bien, j'ai des nouvelles pour toi, mon bonhomme. Quand j'ai eu seize ans, j'ai décidé que le temps était venu de maigrir. Et voilà le résultat!

Francis ne pouvait cacher sa déception, et Micheline s'en rendit compte. Bousculant le garçon qui demeurait paralysé dans la porte, elle entra résolument et déposa son sac à main sur un guéridon.

— C'est chouette, chez toi! admira-t-elle en faisant le tour du salon et de la salle à manger. Oh là là! Ce n'est pas la bouffe qui manque! Je comprends que tu aies besoin d'aide pour recevoir. Combien de personnes attends-tu au juste? Mille?

Francis finit par reprendre ses sens, mais sa déception ne s'atténuait pas. Le visage de Micheline s'empourpra.

— Veux-tu me dire, Francis Drolet, pourquoi tu as pris la peine de m'inviter si c'est pour me faire la baboune? Tu ne me donnes pas signe de vie depuis l'été dernier et, tout à coup, à propos de rien, tu m'invites à un party. Tu me demandes même de jouer les hôtesses. J'arrive avant les autres pour te donner un coup de main, j'apporte une recette de fudge que j'ai mis une grosse heure à préparer, et voilà que tu te transformes en glaçon pétrifié. Reviens-en, mon bonhomme, sinon je prends mes cliques et mes claques, et je m'en retourne chez moi.

Songeant que ce serait là sa seule planche de salut, Francis se prit à espérer qu'elle le fasse quand la sonnette retentit de nouveau. La mort dans l'âme, il alla accueillir Violaine et Jean-Philippe.

Tous les invités furent bientôt là, et Francis fit contre mauvaise fortune bon cœur. Ils se retrouvèrent bientôt au milieu du salon à jaser. Francis n'avait pas jugé bon de prononcer le petit discours de bienvenue qu'il avait préparé : celui-ci ne tenait plus devant la nouvelle silhouette de Micheline. Mais comme les quatre autres filles étaient à la hauteur de ses espérances – rondes et ragoûtantes à souhait –, il résolut de ne rien changer à ses plans pour le reste de la soirée. En bon boute-en-train qu'il était, il raconta d'abord une série d'histoires dingues qui brisèrent la glace. Puis il fit jouer un disque de salsa et entraîna Micheline sur le parquet du salon qu'il avait débarrassé du tapis, en espérant que son exemple serait suivi. Tout en dansant, il passait en revue les quatre autres invitées. Plutôt grassette qu'obèse, Denise paraissait peu volubile, ne parlant qu'avec Martin. Francis espéra qu'elle se dégênerait et se promit de danser avec elle pour accélérer le processus. Georges avait amené Marie, une petite boule de fraîcheur printanière, jolie et pleine d'entrain, une fille qui pétait le feu. Il y avait aussi Monique, dite Momo, qui avait apporté sa guitare – une grande demoiselle au regard mélancolique, assez bien prise. Son copain Alain la décrivait comme une poétesse. Il y avait, enfin, Violaine, la plus belle et la plus élégante de celles qui étaient là, preuve que les rondeurs n'empêchaient aucunement d'être magnifique. Jean-Philippe, décidément, avait l'œil.

Violaine fut agréablement surprise par l'accueil enthousiaste de Francis et sympathisa d'emblée avec Micheline. C'est quand les autres filles arrivèrent qu'elle eut la puce à l'oreille. Elles étaient bien grosses. Passant en revue les affiches de Renoir et de Rubens qui décoraient les murs, elle en vint à se demander si le hasard était en cause ou alors autre chose. Elle aurait voulu poser la question à Jean-Philippe, mais celui-ci conversait avec ses copains du camp et elle n'osa pas l'interrompre. Après tout, ses soupçons, d'ailleurs assez vagues, n'étaient peut-être pas fondés.

C'est alors que Micheline, d'un petit signe, l'invita à la suivre. Les deux filles se retrouvèrent dans la salle de bains.

— Je connais Francis depuis dix ans, explosa Micheline, indignée, mais jamais je ne l'aurais cru capable d'une telle ignominie. Organiser un party de grosses, non mais faut-il être crétin ! Je comprends, maintenant, pourquoi il était si déçu de me voir. Il a failli me fermer la porte au nez.

— Tiens ! Mais pourquoi ?

— J'ai perdu quarante-deux kilos depuis l'été dernier. Et Francis ne m'avait pas revue quand il m'a proposé de venir à cette fête idiote. J'étais plus grosse que toutes vous autres...

Violaine se sentit défaillir. Elle pensa à Jean-Philippe et se retint pour ne pas crier. Elle se sentait humiliée, flouée, piétinée dans sa dignité. Elle avait envie de rouler sous le plancher.

— Tous les gars étaient dans le coup? demanda-t-elle.

— Aucun doute là-dessus. Ils sont dans la même équipe au camp d'été, les Joyeux Hurluberlus, qu'on les appelle. La terreur des moniteurs. Ils passent leur temps à faire des coups pendables. On a failli les renvoyer je ne sais combien de fois et, si on ne l'a pas fait, c'est que le père d'Alain préside le conseil des gouverneurs du camp. J'avoue d'ailleurs que je les trouve amusants, en général, mais ceci dépasse les bornes. Francis est celui qui embarque les autres, d'habitude, et ses quatre coéquipiers sont en admiration béate devant lui. Il les aura convaincus. Jean-Philippe ne t'a rien dit, n'est-ce pas? Eh bien, nous serons impitoyables. Ils ont besoin d'une bonne leçon. Francis, surtout. Fais comme si de rien n'était jusqu'à ce qu'on puisse se concerter entre filles. On se passe le mot et on se retrouve ici à onze heures. D'ici là, on leur en met plein la vue. On est fines fines, on joue le jeu. Mais ils vont voir de quel bois on se chauffe.

— Je vais te dire franchement, je ne suis pas certaine de pouvoir être fine. J'ai seulement envie de foutre le camp d'ici.

— Ça donnerait quoi?

— Ça donnerait qu'ils sauraient que je n'apprécie pas. On devrait toutes se sauver. Leur claquer la porte au nez. Oh, et puis, ça me ferait du bien de leur casser quelques assiettes sur la tête, aussi. On ne peut pas les laisser s'en sortir comme ça.

— Je n'en ai pas la moindre intention non plus. Je veux une vengeance spectaculaire. Mais il faut prendre le temps de bien la préparer. J'ai déjà des idées. Allez, Violaine…

— Bon, bon, c'est d'accord. Mais, tu permets, j'ai une question.

Violaine détaillait Micheline avec circonspection. Ainsi c'était bel et bien possible de maigrir.

— Cucurbitacées ? demanda-t-elle.

— Cucurbita*quoi* ?

— Ton régime ? Ta diète ? Ça n'a pas été trop pénible ?

— Oh que si ! Au début, surtout. J'avais tout le temps faim. J'étais suivie par un médecin et une diététiste, que je vois encore tous les mois pour être certaine que ça continue de bien aller. Je faisais de l'exercice, de la musculation, du vélo, de la marche. Le régime comprend une grande variété d'aliments. Il s'agissait simplement de mesurer les quantités. Je me suis habituée après un mois, environ, et je ne regrette rien. J'espère seulement ne pas réengraisser. Là, je serais découragée.

— Aujourd'hui, peux-tu manger normalement ?

— Ça dépend de ce que tu entends par « normalement ». Je mange moins qu'avant, et surtout, mieux. Parfois j'ai des rages… de chocolat, par exemple. Dans ce temps-là, il faut m'attacher les mains derrière le dos.

— Combien de temps ça t'a pris?

— Neuf mois pour perdre quarante-deux kilos. Environ un kilo par semaine. Certaines semaines, je ne maigrissais pas du moindre gramme. Ça, c'était le plus dur à supporter. Il fallait continuer quand même, sans lâcher. Heureusement, ça n'arrivait pas trop souvent. Je m'étais fixé un objectif: être mince pour le bal des finissants, qui a lieu dans trois semaines.

— Tes parents t'aidaient? Les miens ne voient même pas que j'ai un problème.

— Ma famille me soutient depuis le début. Mes parents ont complètement chamboulé leur façon de cuisiner pour accommoder mon régime. Ma mère s'est inscrite avec moi à des cours d'aérobie. Et j'ai une amie qui a été ma complice. On a fait un échange. Elle, elle est diabétique, moi, j'étais obèse. Alors, pour éviter les tentations, nous nous faisions mutuellement nos lunches, en nous arrangeant pour avoir toujours des mets appétissants. C'est ce qui m'a le plus aidée.

Songeant à Lili, Violaine sentit les remords la tenailler. Elle ne parlait plus à son amie depuis leur chicane. Elle ne marchait plus avec elle pour venir à l'école et passait le peu de temps libre qu'elle avait avec Justine Rainville. Elle avait souvent voulu faire la paix, mais plus le temps avançait, moins elle en avait le courage. Chaque jour qui passait envenimait la situation et rendait la démarche plus difficile. Les deux filles se croisaient en classe, se saluaient en feignant l'indifférence, puis s'en allaient chacune à sa place, la mort dans l'âme.

Violaine se jura de corriger la situation dès le lendemain.

Retrouvant Jean-Philippe dans le salon, elle se demanda comment elle avait bien pu lui trouver quelque chose d'intéressant, à ce traître qui avait eu le culot de l'inviter à un party organisé pour rire des grosses. Elle lui en voulait tellement qu'elle n'était pas certaine de pouvoir tenir le coup jusqu'à vingt-trois heures. Elle avait seulement envie de retourner chez elle, de se réfugier dans sa chambre et de pleurer.

Mais si elle n'était pas venue, elle n'aurait pas rencontré Micheline. Micheline, la preuve vivante qu'il était bel et bien possible de perdre quarante-deux kilos en un laps de temps envisageable. Neuf mois, soit trente-neuf semaines ou deux cent soixante-treize jours. Pas évident mais sans doute faisable. En commençant demain, par exemple, elle pourrait être aussi svelte que Micheline pour la prochaine Saint-Valentin, à une semaine près. Tentant, oui, drôlement tentant.

Mais ça voudrait dire aussi les privations, la faim perpétuelle, la mauvaise humeur... À moins que la motivation soit assez forte pour transcender tout cela.

Francis servait des verres de jus et de boissons gazeuses et invitait tout le monde à s'approcher du buffet. Violaine garnit copieusement son assiette. Elle se regardait agir comme si elle se voyait de l'extérieur, une grosse fille, sûre d'elle, qui mangeait avec appétit au milieu d'un groupe de jeunes gens admiratifs. Une fille qui donnait l'impression d'être de bonne humeur, de s'accepter, de profiter à plein de la vie.

Puis elle regarda Micheline et elle frémit.

Elle se rendit compte tout à coup qu'elle était atrocement jalouse de sa silhouette svelte. Elle avait envie de porter un jour, elle aussi, un jean et un gaminet moulants. Des images défilaient devant ses yeux comme si elle feuilletait un catalogue : pantalons fuseaux, robes fourreaux, tee-shirts ajustés, bikinis minimalistes, déshabillés seyants. Et le cuir ! Elle achèterait un tailleur en cuir souple noir, avec un chemisier en soie fuchsia. Fermant les yeux, elle se visualisa clairement, habillée en taille dix.

Une musique de swing se mit à jouer et Jean-Philippe la tira de sa rêverie. Elle n'avait presque pas mangé. Elle déposa son assiette et suivit son copain. « À quoi pense-t-il ? » se demanda-t-elle en dansant. Il avait retrouvé la parole au contact de ses copains du camp, mais il ne lui avait pas reparlé, à elle. Lui et ses copains devaient être de fameux lurons pendant l'été. Jamais il ne lui avait paru aussi relax. Il semblait avoir mis ses problèmes de côté. Elle songea que, comme pour elle, il pouvait s'agir d'un leurre, et qu'en dedans il vivait peut-être l'angoisse, voire le désespoir. En ce moment, pourtant, il semblait heureux de danser, heureux de danser avec elle. Et il dansait bien. Quel plaisir de tourbillonner avec lui, de se laisser emporter par le rythme ! Malgré l'affront. Elle arriva bientôt à tout oublier pour s'étourdir dans la musique.

Des applaudissements marquèrent la fin de la pièce. Les autres s'étaient arrêtés pour les regarder. Jean-Philippe fit un salut comique et Violaine esquissa une révérence.

— Bravo ! s'écria Francis. Ça, ça s'appelle danser. Tu permets, Valois ?

Francis enlaça Violaine d'un geste sûr et l'entraîna à son tour. Elle se laissa guider. Ce garçon savait danser, même mieux que Jean-Philippe. Il était plus grand, plus mince et plus souple. La jeune fille lui en voulait d'avoir organisé ce party monstrueux, mais le plaisir de la danse fut encore le plus fort. Puis, comme la musique se faisait plus langoureuse, Francis l'attira contre lui de façon à sentir ses formes généreuses et lui glissa à l'oreille: « Tu es une perle rare, un trésor. Je n'ai jamais rien ressenti d'aussi fort avec aucune autre fille. Jamais. Hum, est-ce que ça te plairait de sortir avec moi de temps en temps ? » Sans attendre de réponse, il enchaîna: « J'ai envie de te connaître. Je voudrais que tu te sentes belle, ce soir, et célébrée, dans ma maison. J'aime les femmes bien en chair et tu réponds à ce que je cherche. » Il récupérait ainsi des bribes de son discours de bienvenue qu'il chuchotait aux filles, une à une.

Peu impressionnée par son boniment de chanteur de pomme, Violaine le quitta brusquement dès que la pièce fut terminée. Elle n'aimait pas qu'on lui rappelle sa corpulence, même si c'était fait sans méchanceté. Elle sentit le besoin de s'isoler et se retira sur le patio attenant à la salle à manger pour prendre une bouffée d'air.

— Moche, hein ? fit une voix.

Elle n'était pas seule. Marie se trouvait déjà là, en train de griller une cigarette.

— Quand je pense que Georges ne m'avait rien dit ! Le jour où il m'a invitée, il m'a pratiquement cassé les oreilles en me racontant les exploits estivaux de son copain Francis. Francis par-ci, Francis par-là. J'aurais dû m'en douter. Toi, tu étais prévenue ?

— Que non ! Jean-Philippe est un garçon plutôt renfermé, un peu grognon. Il parle si peu… Je ne le connais pas beaucoup, mais, chose certaine, après ce party, je ne veux plus rien savoir de lui. Mon orgueil en a pris un coup.

— Nous aurons notre revanche, ne t'en fais pas. Il leur reste une demi-heure de bon temps, à ces jeunes gens insouciants. Après, ils vont regretter d'avoir même imaginé cette réunion stupide. Sais-tu le pire ?

— Euh, non.

— Eh bien, je suis au régime depuis deux mois, en grand secret. Je n'en ai parlé à personne. À l'école, je m'habille par exprès avec des vêtements amples, pour surprendre tout le monde quand j'aurai atteint mon objectif. Sauf ce soir, te rends-tu compte ? J'étrenne. Il me semble pourtant que c'est frappant, cinq kilos en moins. Je porte du seize, alors que j'ai toujours habillé du dix-huit. Eh bien, le grand nigaud à Georges ne s'en est même pas aperçu. Je me sentais si belle. Je ne sais même pas si j'aurai le courage de continuer. Que d'efforts inutiles !

— Il ne faut pas te laisser abattre. Georges te trouve belle telle que tu es, voilà tout. Les hommes ne remarquent pas ces choses-là. Tu ne maigris pas pour eux, mais pour toi.

— Là-dessus, tu as raison. Je ne ferai plus rien pour les gars. Mais je parle seulement de moi. Comment tu prends ça, toi, le principe de cette soirée ?

— Je me sens bafouée, comme toi, trahie. Moi aussi, j'étrenne. J'ai eu un mal fou à trouver quelque chose à porter.

— Ça valait la peine de chercher : ton ensemble est superbe et il t'habille vraiment bien.

— Merci. C'est grâce à une amie, elle-même très ronde, que j'ai déniché ce vêtement dans une boutique du croissant St-Rock.

— Ah oui ? Tu me donneras l'adresse. Je magasine souvent au Faubourg. Mais pour le moment, il vaut mieux rentrer. Francis va sortir le dessert et j'ai l'intention de me gaver. Au diable, la diète ! Je suis incapable de me priver quand je suis en furie.

— C'est comme moi, la colère décuple mon appétit.

○

— Avant de passer au dessert, déclara Francis, je voudrais faire une petite présentation.

Il dut répéter à quelques reprises avant d'obtenir le silence.

— Quand j'ai eu l'idée de ce party, reprit-il alors, je n'envisageais pas un tel succès. Mes hurluberlus sont rarement à la hauteur de mes attentes. Ma responsabilité de chef d'équipe m'oblige continuellement à penser à leur place durant l'été. Et ils manquent parfois de cran pour aller au bout de mes concepts.

Des protestations s'élevèrent, côté gars.

— C'est qu'il leur arrive à l'occasion d'avoir plus de jugeote que toi, mon bonhomme, rétorqua Micheline.

Sa réplique lui valut des bravos frénétiques et Francis dut grimper sur un tabouret pour garder le contrôle.

— Les gars, hurla-t-il pour couvrir la cohue, je dois vous dire que ce soir, cependant, vous ne m'avez pas déçu. Au contraire, je suis comblé. Vous m'avez donné la chance de connaître de très jolies filles, gentilles par surcroît, intéressantes et bonnes vivantes.

Applaudissements et sifflements.

— Je vous remercie du fond du cœur, dit encore Francis. Et je voudrais vous témoigner ma reconnaissance par une surprise. Au début, j'avais pensé récompenser celui de mes copains qui aurait déniché la fille la plus plantureuse, mais ensuite, je me suis dit que les autres seraient jaloux. Alors, j'ai des cadeaux pour tous vous autres.

Sautant à bas du tabouret, il ouvrit un tiroir du buffet, dont il extirpa des fanions triangulaires en feutre sur lesquels étaient caricaturés des éléphants fort sympathiques. Il les remit à Jean-Philippe, Alain, Georges et Martin.

— Apportez-les au camp, cet été, leur recommanda-t-il. J'ai élaboré un concept formidable, vous allez voir.

Il remonta sur son piédestal.

— Vous autres, les filles, croyiez-vous que vous seriez laissées pour compte ? Ah ! mais vous ne me connaissez pas ! Rien à moitié, c'est ma devise.

Il sortit de sa poche des épinglettes en verroterie, représentant des éléphants de différentes formes et couleurs.

— Laissez-moi le plaisir de les épingler moi-même.

Comme les autres filles, Violaine grinçait des dents de frustration. Elle se demandait jusqu'où irait Francis dans la quétainerie. Lorsqu'il s'approcha d'elle pour lui remettre l'éléphant bleu qu'il lui réservait « pour aller avec ton ensemble », précisa-t-il, elle fut agitée d'un frisson de dégoût. Puis un fou rire nerveux et méprisant lui échappa, incompressible.

— Désolée, siffla-t-elle entre ses dents, mais je trouve la situation tellement pathétique.

Micheline dut lui prendre le bras pour tenter de la calmer. Piqué, Francis eut la bonne idée de se taire en épinglant les autres bijoux.

— Et maintenant, annonça-t-il, place au dessert.

À son signal, Jean-Philippe et Martin ouvrirent le frigo et transportèrent avec panache la pièce de résistance de ce festin : un énorme gâteau en forme d'éléphant, garni de perles et de pierreries en bonbon, comme la monture des sultans, qu'ils déposèrent au centre de la table.

— C'est Jean-Philippe qui m'a suggéré le thème de l'éléphant, précisa Francis en s'adressant à Violaine. Il paraît qu'on t'a baptisée « bébé éléphant » à l'école, et que tu en ris plus fort que tout le monde. Parle-moi de ça, une fille qui sait prendre la plaisanterie.

Froissée par l'outrecuidance de Jean-Philippe, Violaine vint se planter devant Francis.

— Le dernier gars qui m'a appelée comme ça s'en repent encore, déclara-t-elle en souriant doucereusement, et ça fait déjà une mèche. Tu ne perds rien pour attendre.

Le ton léger démentait la menace de ses paroles, mais Francis recula quand même devant le feu qui animait ses yeux.

— Un gars averti en vaut deux, s'écria Micheline.

— Eh bien, mangeons, dit Francis pour alléger l'atmosphère.

— Minute, intervint Denise, je ne suis pas certaine qu'il y en ait assez pour tout le monde. Avec notre appétit éléphantesque, vous comprenez…

— C'est vrai, approuvèrent les filles.

— J'ai une idée, s'écria Micheline. On va au moins s'assurer de satisfaire notre appétit. Les éléphants ont leur pudeur, ils n'apprécient guère être la risée des humains. Alors, on va monter le gâteau et le manger en haut, à l'abri de vos regards voraces. Si vous êtes gentils, on va vous en laisser quelques miettes. Violaine et Marie, montez l'animal. Toi, Denise, apporte des assiettes et des fourchettes, Momo, trouve une spatule et des serviettes de table, et moi, je m'occupe du lait et des verres. On va s'organiser un party d'éléphants. Après cela, les gars, pour vous remercier de tant de gentillesse à notre endroit, on va donner un spectacle et on vous en promet pour votre argent. On redescend dans une demi-heure.

Francis fut pris au dépourvu par la vitesse avec laquelle tout se déroula. Les filles étaient déjà dans l'escalier, avec armes et bagages, quand il retrouva ses esprits.

— Vingt minutes, cria-t-il, pas une de plus. Sinon on vous assiège.

— Essayez voir ! Vous allez vous apercevoir que des éléphants, ça sait se défendre.

— Hé ! ce n'est pas juste, protesta Martin. On veut du dessert, nous autres aussi.

— Mangez du fudge, rétorqua Micheline, impitoyable.

Les cinq filles se retrouvèrent dans la chambre des maîtres, qui jouxtait la salle de bains, à l'étage. Elles poussèrent un fauteuil devant la porte de la chambre et verrouillèrent celle de la salle de bains. Découvrant une petite radio sur la table de chevet, elles mirent une musique de fond et tamisèrent les lumières.

— Je n'en pouvais plus, cracha Violaine. Les dix dernières minutes ont été les plus pénibles de la soirée. On aurait dû leur jeter leur gâteau d'éléphant à la figure.

— J'avoue que ça demande de bons nerfs, émit Marie.

— Vous avez faim, vous autres ?

— Non, mais je vais manger quand même, parce que j'ai besoin de toute mon énergie pour concocter notre revanche.

À genoux autour du lit où reposait l'éléphant, elle s'y attaquèrent en laissant libre cours à leur indignation.

— Des goujats, voilà ce qu'ils sont ! siffla Marie.

— Des scélérats ! enchaîna Micheline.

— Des sacripants ! dit Violaine.

— Des chenapans ! renchérit Denise. Je ne me pensais même pas grosse, moi. Grassouillette, peut-être, mais me faire traiter d'éléphant, non, ça, j'ai du mal à l'accepter.

— Bah, ce ne sont que de grands bébés à l'affût d'émotions fortes ! conclut Momo d'un ton indulgent.

— Des émotions fortes ? Eh bien, il ne tient qu'à nous de leur en donner.

Elles réfléchirent en se servant de nouveau.

— Délicieuse, cette oreille au caramel.

— La trompe est en pâte d'amande. Tenez, je la sépare en bouchées pour que vous y goûtiez.

— La queue en chocolat fond dans la bouche.

— Levons nos verres à Francis, le cornac qui sait nourrir les éléphants.

— Lève le tien si tu veux ! Moi, je refuse.

— La question est de savoir si on devrait, oui ou non, leur laisser du gâteau, à ces bébés gourmands.

— À moins de trouver une façon de leur couper l'appétit, émit Denise.

— Mais encore?

— Leur donner une bonne trouille. Je ne sais pas, moi. Produire un tel tintamarre que les voisins appellent la police.

— Hé! fit Marie, triomphante, qui a besoin des voisins?

Elle avait déniché un téléphone sur la table de chevet.

— J'ai une idée, dit Violaine. Passe-moi le combiné.

À mi-voix, elle expliqua son plan.

25
La revanche des éléphants

Momo descendit la première. Elle attrapa sa guitare et s'installa sur un tabouret.

— Bonsoir, dit-elle après avoir gratté quelques cordes. La troupe des Fabuleux Éléphants est heureuse de vous présenter, ce soir, quelques extraits de son spectacle *Notre-Dame de Barrit,* pour remercier Francis et ses Joyeux Hurluberlus de ce party. Les gars, installez-vous confortablement et portez une attention particulière aux paroles, qui ont été revisitées spécialement pour vous.

Pendant qu'elle jouait un prélude à la guitare, ses quatre complices descendirent et se groupèrent autour d'elle. Puis, sur le thème musical des *Sans-papiers,* tiré de la comédie musicale *Notre-Dame de Paris,* elles entonnèrent en scandant bruyamment du pied :

Nous sommes
des éléphants,
des sans-papiers.
Avec nos défenses
Nous foncerons.
Oh ! cher Francis,
Merci de nous donner
asile ! Asile !

Nous sommes
des éléphants,
des rejetées
de la société
des bien-pensants.
Sachez, messieurs,
que nous voulons crier
vengeance ! Vengeance !

Les gars lancèrent des sifflements admiratifs. Mais les filles ne prirent pas le temps de saluer. Après quelques mesures jouées à la guitare par Momo, elles enchaînèrent avec une nouvelle chanson, sur l'air de *La fête des fous*.

La fête des grosses !
La fête des grosses !

Tu as organisé
cette fête des grosses.
Tu nous as enfoncé
un poignard dans le cœur.

La fête des grosses !
La fête des grosses !

Ta gang d'hurluberlus
a bien sûr embarqué
dans ton plan farfelu.
Vous allez tous payer.

La fête des grosses !
La fête des grosses !

Des bravos polis marquèrent la fin de la pièce. Les gars commençaient à être mal à l'aise. C'est exactement ce que les filles souhaitaient. Momo s'attaqua alors au thème musical de *Déchiré,* et les filles se remirent à chanter, mais cette fois en hurlant :

Insultées,
nous sommes très fâchées.
Insultées
de cette humiliation,
de cette trahison.
Mais faut-il être obtus pour ne pas voir ?

Insultées,
nous sommes outragées.
Insultées !
Votre méchant party,
votre party cruel,
on veut que vous sachiez qu'on n'le prend pas !

Les chanteuses saluèrent alors, mais les jeunes hommes n'osaient plus applaudir. Puis, pendant une quinzaine de secondes, les filles hurlèrent à la force de leurs poumons en trépignant bruyamment. Francis essaya de les calmer, mais sans succès. Finalement, après quelques mesures endiablées jouées à la guitare, le silence se fit. Micheline s'approcha alors des gars, le doigt accusateur, et annonça d'une voix de circonstance :

— Et maintenant, les gars, nous allons vous soumettre au supplice de la question. Et ce sont vos réponses qui détermineront la gravité de votre punition.

L'interrogatoire commença.

— Qu'est-ce qu'un éléphant ?

— L'éléphant est un mammifère de l'ordre des ongulés, déclama Francis, qui s'était renseigné en prévision du party. Il est caractérisé par sa trompe, ses incisives en ivoire qui constituent des défenses, et son poids imposant qui atteint cinq ou six tonnes.

— Tu nous impressionnes par ton érudition, ironisa Micheline. Eh bien, justement, qu'est-ce qui, dans cette description, s'applique à nous ?

— Vous êtes des mammifères, cria Alain.

— Vous aussi, rétorqua Denise. Et on ne vous appelle pas des éléphants.

— Avons-nous une trompe ? insista Micheline. Pesons-nous cinq ou six tonnes ? Où sont nos incisives en forme de défenses ? Hein ? Je vous le demande au nom des filles qui sont ici, ce soir, de quel droit nous insultez-vous en nous comparant à ces animaux ?

— Vous nous avez réunies ici pour vous payer un pinte de bon sang à nos dépens, glapit Marie.

— Francis, dit Violaine, tu as félicité tes hurluberlus d'avoir été à la hauteur de tes expectatives. Nous sommes les trophées qu'ils exhibent ce soir. Eh bien, nous refusons d'êtres considérées comme des trophées.

— Nous ne sommes pas des trophées ! vociférèrent les filles.

— Accusés, reprit Micheline, reconnaissez-vous votre culpabilité ?

— Jamais de la vie ! proclamèrent les gars en criant plus fort que les filles.

Un tohu-bohu s'ensuivit, par-dessus lequel Micheline réussit à hurler :

— Jury, quel est le verdict ?

Momo joua quelques mesures solennelles, puis les filles déclarèrent d'une seule voix :

— Coupables.

Jean-Philippe se leva d'un bond. Il paraissait furieux.

— On bafoue nos libertés fondamentales ! clama-t-il. Nous avons le droit de nous défendre.

— C'est vrai, ça, nous allons nous défendre ! protestèrent les autres.

— Vous nous accusez de quoi, au juste ? voulut savoir Francis. Qu'est-ce que vous nous reprochez ?

— De nous avoir humiliées en organisant un party de grosses, répondit Violaine.

— Qu'est-ce qu'il y a d'humiliant là-dedans ? rétorqua Francis. C'est vous qui y voyez cette intention. Mon but était de vous rendre hommage. Un peu comme, pendant un bien-cuit, on fait la fête à quelqu'un en se moquant légèrement de ses travers.

— Ça ne se compare pas, trancha Marie. On n'organise pas un bien-cuit pour souligner le physique de la personne, mais sa personnalité, ses réalisations. Tu ne te rends pas compte de la sensation de trahison que nous avons eue en nous rendant compte que la *seule* raison pour laquelle nous étions invitées à ton party, c'était notre corpulence.

— Mais non, c'est aussi parce qu'on vous trouve gentilles.

— À d'autres, mon bonhomme! réfuta Micheline. Tu as failli me jeter à la rue quand tu as constaté que j'avais maigri.

— Nous détestons être pointées du doigt pour nos rondeurs, intervint Momo. Nous voulons être appréciées pour nos qualités, notre personnalité, notre conversation…

— L'un n'empêche pas l'autre, dit Georges. On vous apprécie pour tout ça, et on en a encore un peu plus à apprécier, parce que vous êtes grosses.

Les gars s'esclaffèrent et Martin prit la parole à son tour:

— Vous nous faites payer pour les crimes de toute la société, dit-il. S'il y a des cons à l'école, dans la rue ou ailleurs, qui vous crient des noms ou qui passent des remarques désobligeantes sur votre passage, est-ce une raison pour conclure que nous avions des intentions malveillantes en vous invitant ce soir?

— Je sors avec Momo depuis Noël dernier, intervint Alain. Moi aussi, je me fais ridiculiser pour ça. On m'appelle l'amateur de baleines à l'école. Que voulez-vous, la société est faite pour des gens étiquetés « normaux ». Tous ceux qui dévient un tant soit peu de la courbe de cette normalité statistique sont rejetés, pas seulement les obèses. Les gens sont idiots, ils ne pensent pas que leurs propos peuvent faire mal. Mais, personnellement, je m'en fous, parce que, quand je suis avec Momo, je me sens bien. Les autres peuvent dire ce qu'ils voudront, ça ne changera rien pour moi, pour nous deux. J'ai accepté l'invitation de Francis parce que c'est un bon copain, sans me poser de questions. Remarquez, j'ai quand même expliqué à Momo que mon chum était un peu dérangé.

Francis protesta avec véhémence, mais supporta stoïquement les rires de ses copains.

— En te gardant bien de me prévenir du thème de la soirée, lui reprocha Momo.

— Serais-tu venue si je te l'avais dit ?

— Je n'en sais rien. Peut-être que oui.

— Moi, je serais venue quand même, dit Marie, mais je me serais préparée en conséquence. Et nous aurions peut-être pu rire, nous autres aussi.

— Moi, je ne serais pas venue, dit Denise. Ceci dit, je ne pense pas que ça vaille seulement la peine d'essayer de vous faire comprendre tout ça. Vous allez recommencer à la première occasion. Les filles, on perd notre temps. Au fond, ces enfantillages sont sans conséquences.

— Eh bien, là, je ne suis pas d'accord, cracha Violaine. Il y a des conséquences et elles sont graves. Dans mon cas, du moins. Je suis amèrement déçue. C'est la première fois que je sors avec Jean-Philippe. Ce sera la dernière aussi. Jean-Philippe, mon vieux, en ce qui me concerne, tu n'existes plus. Ce que vous ne savez pas, c'est que c'est ma première sortie avec un garçon tout court. J'étais excitée, vous ne pouvez pas imaginer, mais, en même temps, terrorisée. À l'école ou en public, je m'efforce de toujours paraître de bonne humeur mais, en dedans, vous savez, j'ai de foutus complexes. Combien de fois j'ai failli dire à Jean-Philippe que je ne pouvais pas venir. Pourquoi ? Parce que je n'avais rien à me mettre. Rien. J'en pleurais. C'est alors que j'ai rencontré une dame qui est venue à mon aide. Cette dame, qui est ronde, elle aussi, mais beaucoup plus sereine que moi, m'a entraînée de force dans les boutiques, où j'ai enfin trouvé ce que je porte ce soir. Elle m'a redonné confiance en moi. Elle me répétait que, si Jean-Philippe m'avait invitée, c'est parce qu'il me trouvait intéressante et que je devais combattre mes inhibitions. Elle a été si persuasive qu'elle m'a convaincue. Ça faisait longtemps que je ne m'étais pas sentie aussi sûre de moi. Tantôt, avant de partir de chez moi, j'ai jeté mes complexes à la poubelle et décidé de mordre à plein dans la vie. J'avais la certitude qu'une ère nouvelle s'ouvrait devant moi. Jusqu'à ce que j'arrive ici et que je me rende compte de cette dégueulasserie. Là, ma confiance s'est dégonflée à la vitesse grand V. Du coup, j'ai perdu toutes mes illusions, sur Jean-Philippe, sur les gars en général, sur la société dans laquelle on vit, sur mes chances de m'affirmer avec le physique que j'ai. J'ai juste envie d'aller me cacher. Il me reste l'option de maigrir, ce qui m'a toujours horripilée. Mais je vois que je n'ai pas le choix. À défaut de perdre tous ces kilos en trop, je me demande si je serai jamais capable, à l'avenir, d'accepter une seule autre invitation, même avec les encouragements les plus stimulants de mon amie Justine Rainville.

Jean-Philippe se leva brusquement et marcha vers Violaine, qui était encore toute secouée d'avoir pu exprimer autant d'émotions sans flancher. Il la prit aux épaules.

— Justine Rainville? siffla-t-il entre ses dents. Tu dis ça pour me niaiser!

— Mais non..., balbutia-t-elle, interdite.

Il faillit crouler, mais parvint à se ressaisir. Les jambes flageolantes, il traversa la maison et sortit sur le patio.

Micheline avait voulu lui bloquer la route, mais Violaine l'avait retenue.

Les autres gars paraissaient bouleversés. Francis se reprit le premier.

— Savais-tu que c'était sa mère ? demanda-t-il à Violaine. Il l'a donc retrouvée ?

— Il l'attend depuis que nous le connaissons, ajouta Alain. C'était le drame de sa vie que de l'avoir perdue. Il rêvait à elle presque chaque nuit au camp, des rêves douloureux qui le réveillaient en sursaut. Combien de fois nous a-t-il fait passer des nuits blanches à nous parler d'elle…

— Je ne comprends pas sa réaction, fit Georges, qui alla rejoindre Jean-Philippe sur le patio.

Violaine se taisait, atterrée. Elle n'osait comprendre ce qui se passait. Se pouvait-il que Justine fût la mère de son copain ? Puis elle se rappela certaines de leurs conversations. Le plaisir que Justine prenait à la faire parler de Jean-Philippe. La promesse qu'elle avait soutirée à Violaine de lui présenter son copain en rentrant du party, quelle que soit l'heure. L'émotion dans sa voix… Tout cela et bien d'autres souvenirs se ruaient pêle-mêle dans la mémoire de la jeune fille.

« Il ne mérite pas une mère pareille », songeait-elle, rageuse.

— Je ne sais pas ce qui se passe ici en ce moment, déclara Micheline, décontenancée, mais moi, j'en ai assez. Denise a raison, à quoi bon crier vengeance ou essayer de changer les choses ? En ce qui me concerne, je laisse tomber. Alors, tourelou, tout le monde, je vous tire ma révérence.

Elle se dirigeait vers la porte quand un coup de sonnette intempestif les fit tous sursauter. Visiblement inquiet, Francis alla ouvrir.

— Police, fit le sergent en exhibant un insigne. Je suis bien chez les Drolet ? Lequel d'entre vous est Francis Drolet ?

— C'est moi.

Le policier entra et referma la porte. Puis, d'une voix tonitruante, il reprit :

— Eh bien, Francis, il paraît que c'est le party, ici, ce soir ? J'ai reçu des plaintes du voisinage. Non seulement vous créez un véritable tintamarre, mais vous faites des choses pas catholiques. Mais tout d'abord, je veux que vous me montriez la cachette.

Francis avait blêmi.

— Il doit y avoir erreur, dit-il. De quoi parlez-vous ?

— J'ai un mandat de perquisition. Alors, de deux choses l'une, ou bien vous me révélez la cachette, ou bien je fouille la maison avec mes hommes, qui attendent dehors. Et je vous jure que quand on fouille, on y va à fond de train.

— Nous avons peut-être fait un peu de bruit, admit Francis. Mais nous n'avons rien à cacher. J'ai organisé un party avec des amis, c'est tout.

— Et vos parents sont au courant ?

— Euh… c'est-à-dire qu'ils sont en dehors de la ville pour la fin de semaine. Ils rentrent lundi d'un congrès à Québec.

— C'est bien ce qu'on pensait. Quand le chat n'est pas là, les souris dansent.

Alain gloussa nerveusement. Il faillit répondre que c'étaient des éléphants, pas des souris.

— Manière de parler, dit le policier en le foudroyant du regard. Je sais qu'il n'y a pas de souris ici ce soir.

— Je vous le jure, monsieur l'agent, nous ne faisons rien de mal, reprit Francis. Demandez à mes amis. N'est-ce pas, les gars?

— Absolument vrai, m'sieur l'agent, confirma Martin. On n'a pas consommé d'alcool. Pas même une petite bière.

— Pourtant les voisins affirment avoir remarqué des choses insolites entre ces murs.

— Eh bien, ils ont des hallucinations, rétorqua Martin.

L'agent se racla la gorge avec sévérité.

— Je n'aime pas beaucoup les petits comiques, rugit-il.

Il se tourna vers les filles qui s'étaient regoupées ensemble en prenant des airs de martyres.

— Je remarque que ces demoiselles, ici présentes, ne sont pas très loquaces, fit-il. Leur silence est incriminant pour vous, messieurs. Mesdemoiselles, vous avez l'air sous le choc. Avez-vous subi des sévices quelconques? Répondez-moi franchement: ces jeunes hommes ici présents ont-ils été corrects avec vous, ce soir?

Les filles échangèrent des regards éperdus, parurent hésiter à répondre. Francis était dans ses petits souliers, et, à ses côtés, Alain et Martin commençaient à être angoissés. Georges et Jean-Philippe brillaient toujours par leur absence.

— Où sont les deux autres garçons ? voulut savoir l'agent. Vos voisins nous ont donné des indications très précises. Nous les trouverons probablement dans la cachette. Mais commençons par régler le problème de ces dames. Votre hésitation et votre désarroi, mesdemoiselles, en disent long sur l'inconduite de ces messieurs. Vais-je devoir procéder à un interrogatoire individuel et secret ?

Finalement, Violaine prit la parole :

— Ce ne sera pas nécessaire, monsieur l'agent, nous avions un compte à régler avec nos copains, et je pense bien que nous l'avons réglé. Mais, simple curiosité de ma part, pourriez-vous nous dire ce que les voisins ont aperçu, exactement ?

— Ils affirment avoir vu des éléphants…

— Ça par exemple !

Les filles éclatèrent de rire, et le faux policier se mit à rire avec eux.

— Avouez qu'on vous a bien eus ! dit Micheline aux garçons.

Violaine ouvrit la porte et fit entrer Xandro, qui attendait dehors.

Francis tremblait de tous ses membres. Ses amis durent le faire asseoir et l'asperger d'eau. Il avait eu peur.

— Je vous présente mon ami Xandro, dit Violaine. C'est lui qui nous a aidées à monter cette belle petite revanche, avec la complicité de son maître. Xandro se destine à une carrière dans le monde du cirque, et son maître est un excellent comédien, comme vous l'avez constaté. Ne te sauve pas, Xandro, je reviens dès que possible. Présentez-vous les uns aux autres. Il faut que j'aille voir ce qui arrive à Jean-Philippe.

○

— Il a été malade, dit Georges.

— Mais ça va mieux maintenant. Violaine, il faut que je te parle.

Appuyé contre la balustrade, Jean-Philippe n'en menait pas large et paraissait fébrile. Violaine s'accouda à ses côtés. Ils ne dirent rien pendant un moment. Georges s'était éclipsé.

— Je m'excuse, dit enfin Jean-Philippe.

Elle ne répondit pas. Une bataille se jouait en elle. Elle avait envie de le rembarrer, il ne méritait pas mieux. Mais elle tenta de se retenir. Elle haussa les épaules.

— Comment voulais-tu que je sache que c'était ta mère ? commença-t-elle froidement. Tu ne m'as jamais dit son nom. Et elle ne m'a rien dit non plus.

Elle se détourna légèrement, prétendit ne pas voir ses larmes.

— Elle m'a fait promettre de te faire entrer à l'hôtel quand je reviendrais, ce soir, pour te rencontrer, quelle que soit l'heure. Elle t'attend...

— Elle ne t'a pas dit que j'étais son fils. Est-ce qu'elle le sait ?

— Je le pense. Tu vois, elle s'est installée à notre hôtel il y a quinze jours et nous sommes devenues amies en fin de semaine dernière, à un moment où j'étais particulièrement déprimée. Ce soir-là, elle m'a ramassée au bord du désespoir. Et le lendemain, elle m'a emmenée magasiner. C'est là que je lui ai parlé de toi pour la première fois. Je n'y ai pas fait attention sur le coup, mais, en y repensant, je me rends compte que, depuis ce temps-là, elle me pose plein de questions à ton sujet.

Violaine ne pouvait s'empêcher de parler sèchement, ce qui n'aidait guère son compagnon à reprendre le contrôle de ses émotions.

— Elle m'a conseillée pour mon maquillage, ma coiffure, mes souliers, mes accessoires. C'est elle qui a peint mes ongles. C'est une mère très chouette. Elle prend le temps d'écouter.

— Tu as dit qu'elle était… enfin, ronde?

— Oui, tu ne le savais pas?

— Comment veux-tu? Ça fait quatorze ans que je ne l'ai pas vue. Elle me cherchait, paraît-il, et moi je l'attendais. Mais qu'est-ce qu'elle va penser de moi quand elle saura à quel party je t'ai invitée?

— Rien du tout, parce qu'elle ne le saura pas.

Jean-Philippe soupira de soulagement.

— Merci, murmura-t-il.

— Je vais te dire franchement, Jean-Philippe, si je garde ça secret, c'est pour Justine, pas pour toi. Je ne veux plus rien savoir de toi après ce soir. Je t'ai servie de trophée une fois de trop. De toute façon, maintenant que le party est fini, tu n'as plus aucune raison de t'intéresser à moi. Écoute, je vais retourner avec les autres. Toi, je te suggère d'aller te rafraîchir dans la salle de bains, tu en as grandement besoin. Quand tu seras prêt, on s'en ira.

○

En fait, le vrai party venait de commencer. Maintenant que les filles et les gars étaient quittes, tout le monde s'amusait ferme. Le reste du gâteau avait regagné la table et était la proie des gars dont la peur avait décuplé l'appétit. Bertin et Xandro avaient donné une démonstration de leur savoir-faire varié en jouant de petits sketches comiques de leur cru, chaudement applaudis. Beau joueur, Francis saluait l'initiative des filles avec enthousiasme et affirmait que, sans cette peur bleue si bien orchestrée, le party n'aurait jamais eu autant de succès. Bertin le subjuguait. Il lui demanda carrément de lui donner des cours pour monter des numéros.

— Mieux encore, vous devriez venir au camp passer l'été, dit-il. Vous feriez un fameux moniteur. On organise des spectacles tous les soirs autour du feu de camp. On monte même deux pièces de théâtre. Je suis sûr que vous seriez bon là-dedans.

Bertin se détendait. Il s'était fait tirer l'oreille quand Xandro lui avait demandé d'interrompre leur numéro d'échasses pour courir à la défense de Violaine. Mais ces jeunes étaient bien sympathiques et le camp d'été lui permettrait peut-être d'échapper à ses créanciers, du moins pour un temps. Il posa quelques questions, nota le numéro de téléphone du père d'Alain et répondit qu'il n'avait pas de projets précis pour les vacances.

Francis mit un disque et Violaine invita Xandro à danser. Elle le remercia de s'être une fois de plus porté à sa défense.

— Sans avoir cassé la gueule à personne, précisa-t-elle en riant.

— Le gars avec qui vous êtes venue, il est où? C'est lui que j'aurais voulu démolir.

— Il a été malade. Disons que, sans le vouloir, je lui ai asséné moi-même un coup de poing assez puissant pour l'assommer.

Lorsque Jean-Philippe redescendit, il avait retrouvé une partie de ses couleurs. Les copains du camp l'accueillirent avec effusion, comme s'il revenait après une longue absence.

— Jean-Philippe, vieux frère, ça va mieux ?

— Ça va.

— Là où y a de la gêne y pas de plaisir, hein, Valois ? ironisa Francis en constatant que son copain avait fouillé dans ses affaires pour trouver une tenue de rechange. Bah ! tout ce qui m'appartient est à toi.

— Ouais, euh, je n'avais pas le choix. J'ai pris une douche et il fallait bien que je me rhabille.

— On apprécie, cria Micheline. On n'aurait surtout pas voulu te voir atterrir ici en costume d'Adam.

— Pour rencontrer ta mère, aussi, ça vaudra mieux, dit Georges.

Jean-Philippe avait du mal à contrôler ses tremblements.

— C'est une histoire incroyable, souffla-t-il.

Bertin Therrio s'était approché de lui, incrédule.

— Dois-je comprendre que vous êtes Jean-Philippe Valois ?

— Oui, fit celui-ci, interloqué.

— Le fils de Justine Rainville ? Non, mais quelle coïncidence ! Savez-vous, jeune homme, que je vous cherche depuis des mois ?

— ???

— Votre mère vous cherche, elle, depuis des années.

Jean-Philippe paraissait dépassé par ces révélations.

— C'est beaucoup de coïncidences, en effet. Violaine m'apprend que ma mère réside à son hôtel. Je suis encore sous le choc.

— Vous connaissez Justine ? dit Violaine à Bertin. J'avoue que je ne comprends pas, moi non plus.

— Tout a commencé le jour où je vous ai aperçue à la gare, raconta Xandro à la jeune fille. Je vous ai suivie et j'ai demandé à Mme Rainville de faciliter une rencontre entre vous et moi. C'est ainsi qu'elle a loué une suite à votre hôtel.

— C'est donc elle qui me livrait tes messages ! comprit Violaine.

— Mme Rainville nous aide dans nos numéros à l'occasion. Rappelez-vous Guillaume Tell et le héraut. Elle était aussi à la gare, même si vous ne l'avez pas remarquée.

Violaine et Xandro poursuivirent leur conversation tandis que Bertin entraînait Jean-Philippe à l'écart pour lui parler seul à seul.

— J'essayais de découvrir où vous habitiez, lui dit-il. Le seul indice que j'avais, c'était le hasard d'une rencontre survenue dans le croissant St-Rock entre Justine et Oléna Valois. Mais comme vous avez un numéro de téléphone confidentiel, il n'y avait pas moyen de vérifier si vous logiez bel et bien au Faubourg...

— Où m'avez-vous cherché, alors ? s'informa Jean-Philippe.

— J'ai essayé par les commissions scolaires, mais là aussi les renseignements à votre sujet étaient confidentiels. Je savais que votre père travaillait comme dessinateur industriel, et j'ai téléphoné aux compagnies susceptibles de l'engager. Mais ça n'a rien donné. Contre toute attente, après plusieurs semaines d'essais infructueux, j'ai quand même réussi à piquer l'attention de votre tante Gaëtane avec une petite annonce dans *La Presse*. Elle m'a téléphoné. C'est comme ça que j'ai pu organiser une rencontre entre elle et Justine, vendredi dernier, qui s'est terminé sur un refus catégorique de sa part. Pas question de permettre à votre mère de vous revoir. Et elle m'a refilé une adresse bidon. C'est une coriace, votre tante Gaëtane. Elle a même réussi à me semer pendant que je la filais.

— Mais pourquoi, cet entêtement ? Ma mère veut me revoir. Je veux la revoir, moi aussi. De quel droit nous empêche-t-elle de nous retrouver ?

Jean-Philippe se sentait étourdi. C'était beaucoup d'émotions à assimiler d'un seul coup.

— À votre place, je me méfierais de votre tante Gaëtane, conseilla Bertin.

— Je me méfie de Gaga depuis toujours, avoua Jean-Philippe. Je ne lui ai jamais fait confiance un seul instant.

26
Les retrouvailles

Violaine s'assit sur le siège arrière avec ce jeune Xandro qu'elle semblait trouver bien à son goût. Bof! Je ne pensais tout de même pas qu'elle allait me tomber dans les bras après la baffe de ce soir. Je n'étais pas jaloux, rien de ça. Sauf qu'elle m'en voulait et que sa rage muette me flagellait, même si elle s'efforçait de la contenir. Les excuses ne servaient à rien. Je souhaitais qu'elle puisse oublier un jour... Mais, pour le moment, j'avais d'autres chats à fouetter.

Ma mère! J'allais revoir ma mère.

J'étais angoissé. Je ne la connaissais pas, cette femme, ma mère... une inconnue. Elle m'attendait.

Je tressaillis. Et si elle allait me trouver antipathique?

Qu'est-ce que j'allais lui dire? Oserais-je lui poser les mille et une questions restées sans réponse depuis son départ?

Saurait-elle m'expliquer pourquoi Gaga s'opposait avec autant de véhémence à ce que nous reprenions contact? Et le vieux, dans tout ça? Ce qu'insinuait Bertin Therrio était terrible.

Ma mère m'attendait. J'avais des papillons dans l'estomac.

La voiture s'engagea dans la rue Dalens, j'aperçus de loin l'insigne du Gîte du Gitan. Mon cœur s'emballa. Nous y étions. La voiture s'arrêta et M. Therrio la gara dans le stationnement. Nous descendîmes. Il était une heure vingt. La porte de l'hôtel était fermée, mais Violaine en avait la clé. La réception était plongée dans la pénombre. Violaine se dirigea vers le téléphone de la console et composa un numéro. Je l'entendis qui parlait à ma mère.

— Installez-vous ici, dit-elle en désignant des fauteuils. Justine descend dans quelques minutes.

Minutes interminables. J'entendais comme dans un écho les autres parler à mes côtés. De la musique montait d'en bas, du fameux bar où travaillait Violaine, sans doute.

Je ne la vis pas arriver. Je levai la tête et j'eus une vision. Elle se tenait là, devant moi, les bras grands ouverts. Je me levai d'un bond et lui sautai au cou.

Les questions pouvaient attendre. Mon angoisse disparut comme par enchantement. Seul comptait l'amour de ma mère, et de ça je ne pouvais douter.

Elle me dit *Jean-Philippe* tout doucement. Et je pleurai. Elle me murmura à l'oreille qu'elle m'aimait gros comme le soleil, la lune et les étoiles. Et je la crus. Moi, j'étais incapable de dire un seul mot. Les trois autres s'éclipsèrent. Il n'y eut plus que nous deux. Pas question de rentrer chez moi. J'avais retrouvé ma mère, et nous n'aurions pas assez de toute la nuit pour reprendre le temps perdu.

○

Le lendemain, très tôt, je passai un coup de fil à la maison. Ce fut Gaga qui répondit, mais je lui dis que je voulais parler au vieux. Elle dut penser que j'étais mal pris, car elle se mit à m'engueuler dans l'appareil. Elle me demanda où j'avais passé la nuit, où j'étais, ce que j'avais pensé de découcher ainsi sans prévenir. Je lui dis que je ne parlerais à personne d'autre qu'au vieux. J'appelais depuis le téléphone public, à l'entrée de l'hôtel, de sorte que l'afficheur de la baraque ne pourrait pas identifier le lieu où j'étais.

Je finis par avoir le vieux au bout du fil. Je lui dis que j'avais besoin de lui. Je lui donnai rendez-vous à la réception du Gîte du Gitan. Il parut surpris. Je lui dis que c'était très important. Je lui demandai de ne pas en parler aux autres. Mais bof! ça ne changerait rien. Maintenant que j'avais retrouvé maman, Gaga devrait se lever de bonne heure pour m'empêcher de la revoir aussi souvent que je le voudrais. De toute façon, peut-être avait-elle l'écouteur à l'oreille pour ne rien manquer de notre conversation.

— Tu sais où c'est, le Gîte?

— Oui, oui, je connais. Pas de problème.

Il arriva au bout de vingt minutes. Seul. Je soupirai de soulagement. J'allai à sa rencontre. Je lui dis, sans ambages, que maman nous attendait, que nous déjeunions ensemble, ce matin.

Son visage changea tout à coup. Il blêmit.

En entrant dans la salle à manger, j'aperçus Violaine qui causait avec maman. Elle s'interrompit pour venir nous accueillir, me salua sans chaleur, avec un sourire forcé qui ne lui ressemblait pas.

— Bonjour, monsieur Valois, dit-elle au vieux.

— Mademoiselle Violaine, comme je suis heureux de vous revoir !

— Jean-Philippe a dû vous dire que je travaille ici. C'est même moi qui aurai le plaisir de vous servir, ce matin.

— Tout le plaisir sera pour nous, répondit-il galamment.

Elle nous escorta jusqu'à notre table. Maman se leva pour accueillir le vieux, lui serra la main, puis nous fit asseoir. Le vieux regardait maman comme s'il voyait une apparition.

— Je suis contente de te revoir après toutes ces années, Normand.

— Tu as l'air tellement bien ! s'écria le vieux, déconcerté. Je n'en reviens tout simplement pas.

— Quoi ? On t'avait fait croire que j'étais morte ou quoi ?

— Pas morte, mais guère en forme.

Maman soupira profondément, ferma les yeux, les rouvrit et sourit.

— Nous avons beaucoup de choses à nous dire, Normand. Mais nous allons d'abord manger. L'estomac vide, moi, je ne suis bonne à rien.

Violaine arrivait d'ailleurs avec une corbeille de viennoiseries et un plat de fruits et fromages. Elle nous servit de grands bols de café au lait et nous demanda si nous désirions autre chose.

— Non merci, Violaine, dit maman.

— Faites-moi signe si vous avez besoin de quoi que ce soit.

J'étais un peu déçu de la tournure de la conversation. Toute la nuit, avec maman, nous avions abordé plein de sujets. Mais elle avait toujours fait ressortir le côté positif des choses. Là, avec le vieux, c'est son ressentiment qui remontait à la surface. Elle lui en voulait. Et lui, il paraissait bizarre, agressif même. C'était la première fois que je revoyais mes parents ensemble depuis quatorze ans et ils allaient m'offrir une scène de ménage! Bof! sans doute fallait-il passer par ça si je voulais comprendre.

Alors, tout en mangeant, maman raconta au vieux les hauts et les bas de sa lutte contre l'alcoolisme et la dépression. Le premier séjour à l'hôpital. Sa guérison. Sa déception de ne pas nous trouver à Rockland. Ses vaines recherches. L'Abitibi.

— Pourquoi n'es-tu jamais venu me voir à la clinique? lui reprocha-t-elle.

— Comment voulais-tu que je sache que tu étais à la clinique?

— En lisant mes lettres, tiens! Je t'ai écrit aussitôt. Je t'ai donné l'adresse, je t'ai demandé de venir me voir. Ça, c'est une autre de mes interrogations: pourquoi n'as-tu jamais répondu à mes lettres?

Le vieux écoutait, éberlué. Il protesta avec véhémence:

— Je ne veux pas dire que tu déparles, mais ce que tu racontes m'apparaît relever de la fiction. Tu me fais subir un interrogatoire en règle comme si j'étais coupable de tous les crimes de l'humanité. Tu oublies que c'est toi qui as quitté le foyer conjugal.

— Il était si peu conjugal, le foyer. C'était la chasse gardée de ta sœur. Tu n'étais jamais là. J'ai expliqué à Jean-Philippe, au cours de la nuit, comment j'en étais venue à fuir. Je pense qu'il a compris.

— Reste que ça n'a rien d'agréable que de se faire plaquer par sa femme. Tu ne m'as même pas laissé d'adresse et je n'ai pas eu de tes nouvelles avant, ma foi, plus d'un an…

— Qu'est-ce que tu racontes ? Un an ! Mais je suis entrée en clinique la semaine après mon départ. J'étais en profonde dépression. Comme je te le disais il y a une minute, je t'ai envoyé l'adresse immédiatement. Le médecin t'a écrit, lui aussi, pour t'inviter à me rendre visite et à m'amener mon fils.

— Eh bien, moi, je t'affirme, Justine, que je n'ai eu aucune nouvelle de toi ni d'aucun médecin dans aucun hôpital avant une année complète. À ce moment-là, j'ai vu, de mes yeux vu, le rapport médical qui rapportait que ton cas était désespéré. Le médecin déconseillait toute visite à cause de ton état morbide.

— Quoi ? Qu'est-ce que tu as le culot de raconter là ?

— La vérité. Je recevais des rapports périodiques. J'ai même payé tes frais de séjour dans cette clinique.

Maman prit une profonde inspiration pour contrôler sa colère, et elle reprit :

— Je ne nie pas avoir eu des périodes de détresse profonde, mais je m'en suis sortie assez vite. Le médecin a tenté tant et plus de te joindre au téléphone. Sauf que vous vous êtes empressés de changer le numéro tout de suite après mon départ. Vous aviez tellement hâte que je quitte la maison familiale!

— Je pense que tu fabules, Justine.

Maman s'adressa à moi:

— Et toi, Jean-Philippe, tu te souviens des dessins que je t'envoyais chaque semaine?

— Non, dis-je. Je ne les ai jamais reçus. Et je trouve ça bien dommage. Moi aussi, je t'en aurais envoyé.

— J'étais guérie quand j'ai quitté l'hôpital après mon premier séjour, et remplie de joie à l'idée de vous revoir, reprit maman. Mais quand j'ai constaté que j'avais perdu votre trace, après plus d'un an de recherche, j'ai fait une rechute grave, et, cette fois, j'ai plongé dans l'enfer des drogues. Et puis un jour, après plusieurs mois, j'ai décidé de me reprendre en main. Je me suis présentée de nouveau à la clinique et j'ai demandé de l'aide. Je n'avais pas d'argent, alors j'ai juré à la directrice que je rembourserais jusqu'au dernier centime toutes les dépenses que j'encourrais pendant ma cure. Je m'étais promis que, quoi qu'il arrive, que je vous retrouve ou pas, cette fois, je tiendrais le coup et que je m'en sortirais pour de bon. Et j'ai tenu parole. J'ai maintenant une formation en travail social qui me permet de gagner ma vie. Je m'en suis vraiment sortie à tous les points de vue. J'ai remboursé les frais à la clinique. J'ai recommencé à vivre. Ce qui ne m'a pas empêchée de poursuivre mes démarches pour revoir Jean-Philippe. Et c'est le hasard, finalement, qui m'a permis de réaliser mon vœu.

Le vieux secouait la tête, incrédule.

— Rien de ce que tu racontes ne correspond à ma connaissance des faits, dit-il. Alors, ou bien tu inventes cette histoire de toutes pièces, ou bien je deviens fou.

C'est bien toi qui es là devant moi, mais c'est comme si j'avais la berlue. Ça ne se peut pas que tu sois là. Laisse-moi m'habituer à l'idée.

— Allons donc, Normand. Vendredi dernier, tu avais accepté de venir me rencontrer ici même. Je sais bien que c'est Gaëtane qui est venue à ta place, supposément parce que tu avais un empêchement, mais, telle que je la connais, elle se sera empressée de te faire un compte rendu détaillé, et de te dire comment je suis, aujourd'hui. Elle n'a pas manqué de me souligner que j'avais engraissé, en tout cas.

— Justine, je t'en prie, cesse tes élucubrations. Gaëtane n'est jamais venue te voir.

Je jugeai bon d'intervenir.

— C'est absolument vrai, dis-je. Oléna était au courant, elle l'a dit au cousin Edmond.

Le vieux secouait la tête d'incrédulité. Maman lui raconta alors tout ce qui s'était dit entre elle et Gaga lors de la rencontre. Ouille! Ça n'avait pas dû être beau. Je comprenais la nervosité excessive de Gaga depuis ce jour-là.

— Et maintenant, Normand, conclut maman, je veux discuter avec toi des arrangements qui me permettront de voir mon fils sur une base régulière. Gaëtane m'a fait part de tes craintes, mais rassure-toi: je ne me drogue plus et je ne bois plus aucun alcool. J'ai repris les rênes de ma vie et vous n'avez plus aucune raison d'avoir peur...

— Je vais parler à Gaëtane, dit le vieux. Pourquoi aurait-elle gardé ça pour elle? Je ne sais rien de tout cela.

Alors, maman se vida le cœur. Elle raconta au vieux comment Gaga l'avait harcelée du temps où elle habitait la maison familiale de Rockland. Avec des détails troublants. J'en avais de gros frissons. Gaga pouvait-elle avoir été aussi méchante ?

Quand je dis que le vieux tombait des nues, c'est que je n'ai pas d'expression plus juste pour décrire sa réaction. Je devinais sa colère aussi. Il secouait la tête.

— Je n'ai rien vu, dit-il.

— Je vais te dire, Normand, c'est avec le recul que j'ai compris toutes les subtilités de ses manigances. C'est plus difficile à percevoir quand on a le nez dessus.

Papa soupira tristement et haussa les épaules d'impuissance.

— Quels sont tes projets à court et à moyen terme, Justine ? s'informa-t-il après un moment de silence.

— Je vais louer un appartement, dit-elle. Et j'ai fait des demandes d'emploi dans les CLSC. On m'a dit qu'il y aurait une trentaine de postes disponibles à travers le territoire de la communauté urbaine, dans le cadre du programme de maintien à domicile des personnes âgées.

— Bonne idée, dit le vieux. Tu m'en donneras des nouvelles. Écoute, Justine, excuse mes réactions de ce matin. J'ai l'impression de rêver. Nous en avons encore pour des heures à nous expliquer ce qui s'est passé. Je commence à soupçonner Gaëtane de malversation. Je veux qu'elle me donne sa version des faits. J'ai des questions à lui poser. Et quand j'en aurai le cœur net, nous pourrons reprendre cette conversation. Jean-Philippe, accompagne-moi. Tu seras mon témoin.

Je quittai ma mère sans trop de regret, puisque je savais que j'allais la revoir.

— J'ai l'impression que nous avons tous trois été lésés dans cette affaire, dit papa en guise de conclusion.

○

Quand papa la confronta à ses agissements douteux, Gaga devint complètement hystérique. Elle se mit à trépigner en affirmant que maman n'était pas une femme pour lui. Oui, elle l'admettait, c'était elle qui l'avait poussée dans ses bras. Elle reconnaissait son erreur et elle avait décidé de la corriger après ma naissance. Elle avait délibérément planifié de se débarrasser de ma mère, sous prétexte qu'elle ne se conformait pas aux règles de la maison paternelle. Gaëtane hurlait comme une vraie harpie. Elle ne fit aucune difficulté pour avouer avoir détourné toute la correspondance que maman nous adressait. Elle admit avoir falsifié les rapports médicaux. Elle avait même l'air de s'en vanter.

— C'était pour ton bien, Normand. Et pour le bien de Jean-Philippe.

Olé-Olé piqua une crise de nerfs en apprenant tout cela. Elle s'en voulait, elle se traitait de tous les noms. Elle s'affaissa, découragée, en gémissant qu'elle était une voyante pourrie, car elle avait mal interprété ses vibrations. Apparemment, toutes les ondes négatives qu'elle percevait depuis quelques semaines lui venaient de Gaga alors qu'elle les avait à tort attribuées à maman. Au bord du désespoir, elle prit son chat dans ses bras et s'enferma dans sa tourelle. Elle en ressortit un peu plus tard pour annoncer à Gaga qu'elle déménageait... avec un homme qu'elle fréquentait en secret depuis des mois.

Après tous ces sparages, papa m'entraîna dans son cabinet de travail, dont il ferma la porte. Ouf! Ça faisait du bien de se laisser envelopper par le silence et la chaleur des lieux. Papa paraissait catastrophé. En lui, la colère le disputait à la tristesse. Il laissa seulement tomber :

— Je suis désolé, Jean-Philippe. Tu avais parfaitement raison de me faire réaliser, l'autre jour, à quel point ta mère t'avait manqué. J'y ai réfléchi pas mal depuis notre fin de semaine de pêche. J'ai tiré certaines conclusions. Et là, je me rends compte qu'une partie de ce qui est arrivé est ma faute. Je n'aurais jamais dû laisser Gaëtane me mener par le bout du nez, comme ça.

— Bof ! À quoi bon revenir sur le passé ?

— Je veux que tu saches que je le regrette, c'est tout.

— Papa, je ne veux plus rester ici, chez Gaëtane.

— Maintenant que ta mère est revenue dans notre vie, Jean-Philippe, il va falloir remettre en question pas mal de choses.

— Vous avez divorcé, si j'ai bien compris ?

— Gaëtane s'est arrangée pour faire annuler notre mariage par des moyens retors dont elle a le secret. Quoi qu'il en soit, Justine et moi, nous ne pourrions pas reprendre la vie commune après tout ce qui est arrivé. Mais nous sommes sûrement capables de recréer des liens tous les trois ensemble. Nous verrons ça au fil des jours. C'est encore tellement inattendu, ce retour. Changement de sujet, Jean-Philippe. Entre toi et Violaine, est-ce qu'il y a quelque chose de sérieux ?

— On est sortis ensemble, hier soir... Mon copain Francis, tu sais, du camp d'été ? eh bien, il organisait un party et j'y ai invité Violaine. En fait, c'est comme ça que j'ai retrouvé maman. Mais, pour répondre à ta question, non, je ne pense pas que ça puisse devenir sérieux.

— Dommage, c'est vraiment une fille bien.

C'est drôle, je me sentais soudain parfaitement à l'aise avec le vieux. J'étais prêt à lui confier tous mes secrets, comme je savais que je pouvais le faire avec maman. De fait, peut-être le consulterais-je un jour pour savoir comment faire oublier à Violaine le gros affront d'hier soir. Lui, l'expert en femmes, il saurait sûrement me conseiller. Sait-on jamais…

Épilogue

L'année scolaire tirait à sa fin et les examens qui commençaient la semaine suivante rendaient tout le monde fébrile. Entre les cours, on ne parlait que de projets de vacances ou de travail d'été.

Violaine en était à sa vingt-cinquième journée de « jeûne », comme elle avait baptisé sa diète amaigrissante. Elle avait déjà perdu cinq kilos et demi.

— Comment vas-tu faire pour préparer tes dîners toute seule pendant l'été ? demanda Lili tandis qu'elles marchaient vers La Passerelle ce matin-là.

— Tu m'écriras les menus avant de partir pour la campagne. Je n'aurai qu'à trouver les bons aliments. Tu m'indiqueras aussi où tu te les procures.

— D'accord. Toi, quand pars-tu, au juste ?

— Je ne t'ai pas dit ? Je ne pars pas cet été. Je reste à Montréal. Mes parents ont besoin de moi. Les affaires ne vont pas aussi bien que par les années passées. Mais j'aurai des congés et je pourrai faire du conditionnement physique. Tu vas voir, quand tu reviendras au mois d'août, j'aurai perdu cinq autres kilos.

— Je vais te donner le numéro du chalet de ma grand-mère. Si tu as de grosses fringales et besoin d'encouragement pour ne pas succomber, tu m'appelleras.

— Tope-là. Je vais te prendre au mot. Je ne veux pas perdre le moral et je t'avoue que, certains jours, j'ai vraiment envie d'abandonner. Et toi partie... Je vais te dire, Lili, je ne sais pas si j'ai raison de vouloir maigrir. Peut-être suis-je faite pour être grosse. Peut-être vivrais-je plus heureuse si je gardais tous mes kilos en trop. Mais pour le savoir, il faut que j'essaie. Tu comprends?

— Parfaitement. Et moi, je suis certaine que tu seras plus heureuse une fois que tu auras atteint ton poids idéal. En tout cas, je ne veux pas que tu abandonnes quand tu es si bien partie. Mais j'y pense, il te reste tout de même Xandro, qui te voue une admiration quasi indécente.

— Xandro s'en va au camp de l'école du cirque pour deux mois. Il est fou comme un balai. C'est son grand rêve de devenir saltimbanque. Il a cependant juré de m'envoyer chaque jour un poème, pour que je ne tombe pas dans les bras d'un autre pendant son absence.

— Tu l'aimes?

— Pour le moment, Xandro est mon ami et rien d'autre. Il a deux ans de moins que moi, après tout, c'est un peu jeune. Disons que son affection me fait un gros velours, un point c'est tout.

— Et Jean-Philippe?

— Ah! ne me parle pas de Jean-Philippe. Raconte-moi plutôt ce qui arrive dans ta vie sentimentale à toi.

— Dans ma vie sentimentale, c'est le calme avant la tempête. Sergio m'est devenu aussi indifférent qu'un poteau de téléphone. Mais au village, près de chez ma grand-mère, il y a un groupe de jeunes fort intéressants. Je vais foncer dans le tas…

Elles arrivaient sur le terrain de l'école lorsqu'une voix les arrêta :

— Violaine ?

Elles se retournèrent. C'était Jean-Philippe.

— Euh, bonjour. Violaine, est-ce que je pourrais te parler ?

La jeune fille eut envie de refuser, mais Lili lui serra le bras en lui coulant un regard entendu.

— Faut que je me sauve, dit-elle, j'ai rendez-vous avec Mme Perrier avant le cours de français.

Violaine resta donc face à face avec Jean-Philippe.

Elle ne lui avait pas reparlé depuis la fin de semaine du party. Plantés l'un devant l'autre, ils se regardèrent sans rien dire pendant une demi-minute, puis, pour meubler le silence, Violaine demanda des nouvelles de Justine. Le visage du garçon s'éclaira.

— Elle va bien. Comme tu sais, elle a trouvé un logement dans la rue des Soupirs. Elle est maintenant tout installée. Elle a bon espoir de décrocher un emploi d'ici peu, et, en attendant, elle travaille comme bénévole à l'hôpital. Elle a même un soupirant. Le cousin Edmond. Je t'en avais parlé, tu te rappelles ? Nous aussi, mon père et moi, nous déménageons le 1er juillet. Loin de mes tantes sorcières et de leurs maléfices.

Elle sentit l'amertume dans sa voix et comprit que Jean-Philippe avait dû vivre des moments difficiles ces derniers temps. Pourtant, il levait sur elle des yeux sereins qui lui rappelaient le regard de Justine.

— Violaine, commença-t-il, il faut que je te remercie, parce que c'est en quelque sorte grâce à toi que j'ai retrouvé ma mère.

— Simple concours de circonstances...

— Eh bien, justement, ces circonstances ont été pénibles pour toi, et je voudrais te dire...

— Ne tourne pas le fer dans la plaie, je t'en prie.

— Écoute-moi juste un instant, Violaine. Vois-tu, c'est très important pour moi que tu saches que je le regrette.

— Me semble que tu t'es déjà excusé.

— Oui, mais tu n'as pas oublié.

— Je n'oublierai jamais, Jean-Philippe. Tu ne sais pas ce qu'est une mémoire d'éléphant? Sache que c'est redoutable.

— Si je comprends bien, je n'ai aucune chance de jamais me faire pardonner?

Il la regardait tendrement et elle marqua le coup.

— Violaine, murmura-t-il avec douceur.

Elle esquissa un sourire incertain, trop surprise pour parler. Alors il s'approcha d'elle et lui prit la main.

— Je reste en ville cet été. Je me suis trouvé un emploi.

Elle réussit à retrouver un filet de voix.

— Et le camp?

— Euh, je n'y vais pas cette année. Alors, je me disais, comme ça, qu'on pourrait peut-être, je ne sais pas, moi, faire des choses ensemble, toi et moi. Il paraît qu'il y a des tas d'activités intéressantes à Montréal pendant juillet et août. Si tu voulais seulement me donner une autre chance…?

Elle soupira profondément.

— Les éléphants ont bonne mémoire, répondit-elle après un moment, mais ils ne sont pas nécessairement rancuniers.

— Les éléphants sont aussi autre chose, chuchota-t-il à son oreille. Et moi, tu vois, c'est comme ça que je te considère. Que tu le veuilles ou pas, Violaine, tu es mon porte-bonheur.

Table des matières

PLAN DU FAUB

LÉGENDE

1. ÉCOLE PRIMAIRE ST-ROCK
2. COMPLEXE SPORTIF
3. ARÉNA
4. LIBRAIRIE LE VOLUBILE
5. ÉGLISE ORTHODOXE
6. ÉGLISE CATHOLIQUE ST-ROCK
7. PRESBYTÈRE
8. MÉTRO LES ÉGLANTIERS
9. PARC L'OASIS
10. SYNAGOGUE
11. POSTE DE POLICE ET DE POMPIERS
12. CENTRE MÉDICAL

CROISSANT ST-ROCK
CÔTE-AU-SIROP
DE LA VIEILLE FERME
AIRE DU VERSEAU
MONTÉE À REBOURS
DODGSON
DE LA SABLIÈRE
DES DUCATS
ALLÉE DES COUVENTINES
WODEHOUSE
BOULEVARD DE LA PASSERELLE
POLYVALENTE LA PASSERELLE
MAURICE-RICHARD
DE L'ALLIANCE
DE L'OASIS
DU MARAIS
ST-COEUR
PARSNIP
CHARLEMAGNE
DE LA DAGUE
TREMBLAY
GARE
HÔPITAL

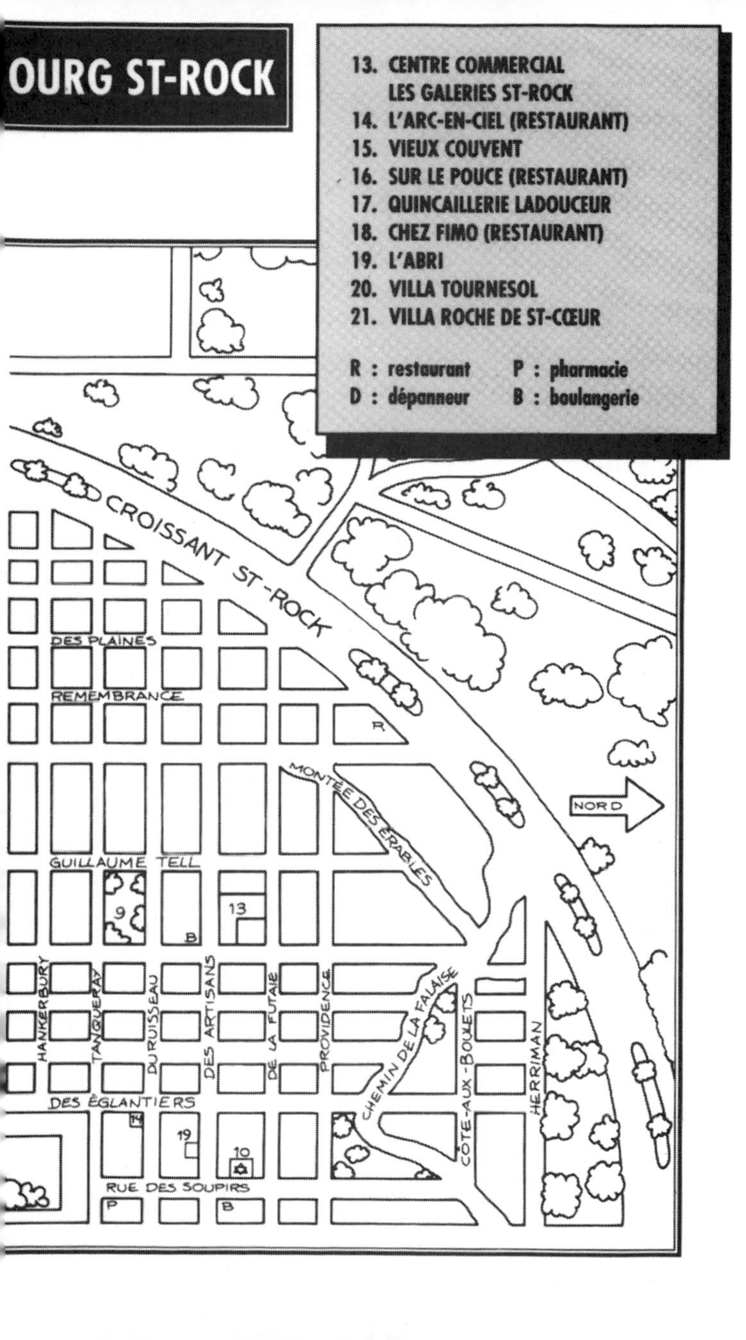
OURG ST-ROCK
13. CENTRE COMMERCIAL LES GALERIES ST-ROCK
14. L'ARC-EN-CIEL (RESTAURANT)
15. VIEUX COUVENT
16. SUR LE POUCE (RESTAURANT)
17. QUINCAILLERIE LADOUCEUR
18. CHEZ FIMO (RESTAURANT)
19. L'ABRI
20. VILLA TOURNESOL
21. VILLA ROCHE DE ST-CŒUR
R : restaurant
P : pharmacie
D : dépanneur
B : boulangerie
CROISSANT ST-ROCK
DES PLAINES
REMEMBRANCE
R
MONTÉE DES ÉRABLES
NORD
GUILLAUME TELL
9
13
B
HANKERBURY
TANQUERAY
DURUISSEAU
DES ARTISANS
DE LA FUTAIE
PROVIDENCE
CHEMIN DE LA FALAISE
CÔTE-AUX-BOULETS
HERRIMAN
DES ÉGLANTIERS
14
19
10
RUE DES SOUPIRS
P
B

AVEZ-VOUS QUELQUES MINUTES ?

Lectrices et lecteurs, maintenant que vous avez terminé la lecture de ce roman, nous aimerions connaître vos impressions.

- Quels sont vos personnages préférés dans *Le porte-bonheur*?
- À qui vous identifiez-vous le plus dans ce roman ?
- Connaissez-vous des personnes obèses ?
- Croyez-vous que Violaine va effectivement tenir bon dans son programme d'amaigrissement ?
- Sera-t-elle plus heureuse si elle y parvient ?

Envoyez vos réponses, ainsi que vos commentaires sur ce livre, et sur la collection Faubourg St-Rock en général, à l'adresse ci-dessous :

Marie-Andrée Clermont
Faubourg St-Rock
Éditions Pierre Tisseyre
5757, rue Cypihot
Saint-Laurent (Québec)
H4S 1R3

Ou par courriel à l'adresse suivante :
clermont@aei.ca

COLLECTION FAUBOURG ST-ROCK

directrice: Marie-Andrée Clermont

1. **L'engrenage,** de Marie-Andrée Clermont, 1991.
2. **L'envers de la vie,** de Susanne Julien, 1991.
3. **Symphonie rock'n'roll,** de Vincent Lauzon, 1991.
4. **Le cœur à l'envers,** de Susanne Julien, 1992.
5. **Roche de St-Cœur,** de Marie-Andrée Clermont, 1992.
6. **Concerto en noir et blanc,** de Vincent Lauzon, 1992.
7. **La vie au Max,** de Susanne Julien, 1993.
8. **La rumeur,** de Danièle Desrosiers, 1993.
9. **Double foyer,** de Marie-Andrée Clermont, 1993.
10. **C'est permis de rêver,** de Susanne Julien, 1994.
11. **Sonate pour un ange,** de Vincent Lauzon, 1994.
12. **La faim du monde,** de Robert Soulières, 1994.
13. **D'amour et d'eau trouble,** de Marie-Andrée Clermont, 1994.
14. **Nouvelles du Faubourg,** recueil de nouvelles, 1995.
15. **Les rendez-vous manqués,** de Susanne Julien, 1995.
16. **Pas de vacances pour l'amour,** de Danièle Desrosiers, 1995.
17. **La marque rouge,** de Marie-Andrée Clermont, 1995.
18. **Le roman de Cassandre,** de Danièle Desrosiers, 1996.
19. **État d'alerte,** de Michel Lavoie, 1996.
20. **La gitane,** de Marie-Andrée Clermont, 1996.
21. **Des mots et des poussières,** de Susanne Julien, 1997.
22. **Le bal des finissants,** de Danièle Desrosiers, 1997.
23. **Ça fête au Faubourg,** recueil de nouvelles, 1997.
24. **Une place à prendre,** de Dominique Giroux, 1998.
25. **Requiem gai,** de Vincent Lauzon, 1998.
26. **Ma prison de chair,** de Susanne Julien, 1999.
27. **Ça bosse au Faubourg,** recueil de nouvelles, 1999.
28. **Le porte-bonheur,** de Marie-Andrée Clermont, 1999.